Johann Zenz

Achat-Schätze

Alles über einen faszinierenden Stein

Unter Mitarbeit von
Rainer Bode, Reiner Haake, Don Kayes

bode

Edition MINERALIEN-Welt

Inhalt

Einführung	5
Der Achat im Spiegel der Jahrtausende	6
Definitionen, Eigenschaften und Besonderheiten	15
Arten, Formen & Strukturen	24
Zur Entstehung der Achate	52
Wie alt sind Achate?	64
Gewinnung der Achate	65
Färbung, Verarbeitung und Verwendung der Achate	68
Die bedeutendsten Achatfundorte der Welt	90
Deutschland	91
Europa	118
Afrika	124
Asien	128
Nord- und Mittelamerika	130
Südamerika	136
Australien & Neuseeland	140
Kleines Achat-ABC	147
Literatur	157
Register	158
Sammlungs- und Fotonachweis	160

Einführung

Alles dreht sich um „Mäuse" - gerade in diesen Tagen, in denen ACHAT-Schätze gedruckt wird, spricht man viel von Geld, Weltwirtschaftskrise, Rezession ... Unsere Mäuse sind da wesentlich wertbeständiger. Sie sind, wie es der Leser auf den ersten Seiten schon bemerkt haben wird, von großartigen Künstlern durch geniale Kenntnisse über den „Stein Achat" und liebevollen Perfektionismus zu einem wertvollen Kunstwerk gemacht geworden.

Der Achat fasziniert die Menschheit seit Jahrtausenden. Aber gerade in den letzten Jahren ist ein neuer Boom entstanden, zu dem sicher das großartige Buch ACHATE von Johann Zenz aus dem Jahr 2005 einen wesentlichen Beitrag geleistet hat. Das Buch, in deutscher und englischer Sprache gedruckt, war rasch vergriffen. Eine Neuauflage wird es nach derzeitigem Stand nicht mehr geben.

Der Verlag hat sich deshalb entschlossen, diese Grundidee zu übernehmen und für alle diejenigen, die ACHATE nicht erwerben konnten, eine „komprimierte" Version in unserer „Edition MINERALIEN-Welt" herauszubringen. Vieles wurde aus der ersten Auflage übernommen, aber auch zahlreiche neue Achat-Fotos von aktuellen Fundorten sind jetzt hinzugekommen, viele aktuelle Hinweise und Tipps ergänzen die Vielfalt der Themen.

ACHAT-Schätze versteht sich als Führer zu den Achaten in der ganzen Welt, zu der Faszination an Farben und bizarren Formen, die ein Achat in sich trägt und die erst nach einem gekonnten Schnitt mit der Säge dem Menschen erstmals sichtbar werden. Ich denke, dieser Anspruch wird nach einem ersten Durchblättern sofort ersichtlich.

Achat - Sammlermineral Nummer 1 in der Zukunft? Dass sich das Achatsammeln einer steigenden Beliebtheit erfreut, ist auch der derzeitigen Sammel-Situation zu verdanken: die „klassischen" Sammelmöglichkeiten für Mineraliensammler wie Steinbrüche, Halden oder Bergwerke sind nicht mehr zugänglich, immer mehr Nationalparks und Naturschutzgebiete entstehen. Da wendet sich der Sammler doch gern den Achaten zu, denn die können immer noch gefunden werden - auf leicht zugänglichen Äckern und Feldern zum Beispiel. Und wir tragen auch dazu bei, denn in Kürze wird ACHATE II erscheinen, völlig neu, mit komplett neuen Themen, neuen Fundorten, Fundstellen-Updates und alles über die Schönheit und das Vorkommen von Jaspis - und wieder mit rund 2000 wunderschönen Fotos!

An ACHAT-Schätze haben wieder etliche enthusiastische Achat-Liebhaber mitgewirkt, denen es Dank auszusprechen gilt. In erster Linie geht er an den Autor Johann Zenz, der wie immer fachkompetent und unkompliziert bei der Arbeit war. Dank gilt auch Michael Gienger, der uns den Kontakt zu Don Kayes (Fa. Aradon/Australien) hergestellt hat und aus dem eine fruchtbare Zusammenarbeit entstand. Danke sage ich unseren redaktionellen „Mitstreitern" Stefan Hamann und Dr. Steffen Jahn, die in routinierter Art und Weise dieses Werk mit entstehen ließen. Und großer Dank gilt auch allen Sammlern, die uns freundlicherweise ihre schönsten Schätze zum Fotografieren überließen und somit dazu beitrugen, dass sich die Leser auch an diesen Achaten erfreuen können, die sie sonst vermutlich niemals zu Gesicht bekommen würden.

Rainer Bode

Herausgeber
Edition MINERALIEN-Welt

Der Achat im Spiegel der Jahrtausende

Der erste Kontakt des Menschen mit Achaten und anderen kryptokristallinen Chalcedonvarietäten wird wohl schon während der Steinzeit erfolgt sein. Allerdings dürften diese frühen Menschen wegen der leichteren Bearbeitbarkeit in der Regel dem Feuerstein oder dem Bergkristall den Vorzug gegeben haben.

Die Sumerer in Mesopotamien verarbeiteten bereits diverse Edelsteine. So findet sich in den Sammlungen des American Museum of Natural History in New York eine kostbare, aus Achat gearbeitete und mit Gravuren versehene Axt, die auf ein Alter von etwa 3000 bis 2300 v. Chr. datiert wurde. Auch Siegel, Ringe und vor allem zylinderförmige Ketten-Perlen mit Bohrungen in einer Größe um etwa 5 cm wurden von den Sumerern mit Vorliebe aus Karneol und Achat hergestellt.

Der Karneol wird auch im berühmten Gilgameschepos extra erwähnt. Die Babylonier verwendeten gerne „Augenachate", die der Abwehr jeglichen Unheils dienen sollten.

DAKE (1938) glaubt, dass der organisierte Abbau von Mineralien der Quarz-Familie etwa um 3500 v. Chr. durch die frühen Ägypter begann, die Bergkristall und Amethyst, aber auch Achat nördlich von Assuan und am Gebel Abu Diyeiba und den umliegenden Wüstengebieten gesammelt haben sollen. Neuere Funde aus dieser Region fehlen fast völlig, selbst die berühmten „Nilkiesel", braunschwarze Jaspisknollen mit zum Teil lebhafter Zeichnung, sind kaum erhältlich. Lediglich Neufunde kugelförmiger (sedimentärer?) Achatbildungen von der Halbinsel Sinai sind bekannt.

Persische Athleten hofften durch die Kraft eines Achatamulettes auf Unbesiegbarkeit, während die Kreter Achate zur Heilung von Skorpionbissen gebrauchten.

Vor allem die rötlichen bzw. rotbraunen Chalcedonvarietäten wie Karneol oder Sardonyx waren bereits im alten Orient sehr geschätzt, in der Folge auch bei Griechen und Römern, die auch dem schwarzen Onyx besondere Bedeutung beimaßen.

Die Achate des Theophrastos

Als Erstbeschreiber des Achates wird immer wieder der griechische Gelehrte Theophrastos (auch Theophrastus) bezeichnet.

Darüber hinaus ist hingegen nur wenig über ihn bekannt: Er wurde um 372 v. Chr. im Ort Eresos auf der Insel Lesbos geboren, studierte in Athen und wurde dort ein Anhänger Platons, später Schüler und Freund von Aristoteles, dem er als Vorstand, Lehrer und Sprecher der philosophischen Schule folgte. Er erreichte für damalige Zeiten ein unglaublich hohes Alter und starb mit 85 Jahren um 287 v. Chr. (CALEY 1956).

Leider sind viele seiner mehr als 220 (!) Werke heute verschollen, nur Teile sind überliefert. Wohlbekannt sind uns seine berühmten Charakterstudien und naturwissenschaftliche Arbeiten über die Pflanzen, durch welche er auch als Gründer der botanischen Wissenschaft gilt.

Die Abhandlung „Über die Steine" („Peri lithon"), in welcher der Achat und einige seiner Verwandten erst-

Theophrastos von Eresos, der Erstbeschreiber der Achate.

mals erwähnt werden, erscheint auf den ersten Blick wie eine Aneinanderreihung kurzer, nicht immer zusammenhängender Texte. Dieser eigenartige Stil ließ manchen Wissenschaftern Raum zur Vermutung, dass nicht Theophrastos selbst, sondern einer oder mehrere seiner Schüler dieses Werk verfasst haben könnten, und nur, um die Reputation des berühmten Namens zu nutzen, Theophrastos selbst als Autor benannt wurde. Egal, ob es sich - wahrscheinlicherweise - eher um Mitschriften von Vorlesungen des geschätzten Gelehrten oder wirklich um einen von ihm selbst niedergeschriebenen Text handelt - die Person des Theophrastos ist zweifellos im Zentrum dieses Werkes anzusiedeln. Im Text selbst finden sich Andeutungen, dass es am Ende des 4. Jahrhunderts vor Christus geschaffen worden sein muss.
Von seiner Abhandlung „Über die Steine" existieren nur sehr wenige alte Manuskripte, Ausgaben in Buchform und Übersetzungen, so etwa im „Codex Vaticanus Graecus 1302" aus dem 12.-14. Jahrhundert und dem „Codex Vaticanus Urbinas 108" aus dem 15. Jahrhundert. Eine der ältesten Buchversionen stellt eine venezianische Ausgabe (ALDUS. Editio princeps: „Aristoteles et Theophrastus") aus dem Jahre 1497 dar.
Sehen wir uns die berühmten Textstellen einmal genauer an. Da heißt es zunächst: *„Der onychion besteht aus alternierenden weißen und dunklen Farben; […] Der achates ist ebenfalls ein schöner Stein; er stammt vom Fluss Achates in Sizilien*

1. Kein Achat, sondern ein Bilderjaspis mit historischer Bedeutung: „Nilkiesel" aus Ägypten wurden durch Jahrtausende zur Schmuckherstellung verwendet. Höhe 7 cm.
2. Achat aus der Umgebung des Klosters St. Katharina auf der Halbinsel Sinai, Ägypten. 6 cm.

3. Seite eines Mineralien-Buches aus dem Jahr 1897 mit der Abbildung zweier Achate.

und wird zu einem hohen Preis verkauft."

Zuvor schreibt Theophrastos über den „sardion": *„Manche Steine sind sehr selten und klein, so wie der smaragdos, der sardion, der anthrax und der sappheiros, und beinahe alle diese können leidlich geschnitten und als Siegel gebraucht werden. […] Es gibt auch andere Steine aus denen Siegel geschnitten werden können und die bemerkenswert sind, manche von ihnen nur durch ihre Erscheinungsform, wie der sardion, der iaspis und der sappheiros... Da gibt es auch den Bergkristall und den Amethyst, und beide sind durchscheinend; und diese beiden und der sardion werden gefunden, wenn ganze Steine durchgeschnitten werden. […] Eine Art des sardion, die durchscheinend und von rötlicherer Farbe ist, wird als weiblich bezeichnet, und eine andere, die durchscheinend und dunkler ist, wird männlich genannt."* (THEOPHRASTOS „Über die Steine", zit. in CALEY 1956)

Selbst mit dem Wissen, dass Theophrastos mit den von ihm gebrauchten Namen sehr oft völlig andere Steine meinte als sie heute zugeordnet werden, ergeben sich doch einige verblüffende Erkenntnisse: Theophrastos kannte zweifellos bereits Achatgeoden mit Bergkristallen und Amethysten im Zentrum! Er nennt sowohl die rötlichen als auch die dunkleren Chalcedonbereiche dieser Geoden „sardion", wohl ein Vorläufer der heute noch gebräuchlichen Bezeichnung als Sarder oder Sardonyx. Mit der rötlichen Form des „sardion" war bei Theophrastos zweifelsfrei der Karneol, mit der bräunlichen Art der heutige Sarder gemeint. Beide Arten wurden mit Vorliebe als Siegelsteine geschnitten. CALEY (1956) nennt Zählungen, wonach bis zu 35% (!) der frühen griechischen und römischen Steingravuren aus rötlichem Chalcedon bestanden haben sollen. Mit dem „onychion" dürfte Theophrastos zweifellos zunächst einmal den heutigen Onyx beschrieben haben, einen Chalcedon mit wechselnden weißen und dunklen ebenen Lagen (Uruguay-Bänderung). Allerdings war der Begriff zu seiner Zeit viel weiter gesetzt. Er meinte damit auch Steine, deren Bänderung nicht nur ebene Schichten, sondern auch verwinkelte, wellige, augenartige oder konzentrische Formen zeigt.

Ein deutlicherer Hinweis auf Achate ist somit kaum mehr möglich! Damit ist Theophrastos zweifellos der erste Wissenschafter, der gebänderte Chalcedone, also Achate, in ihrer richtigen und heute noch gebräuchlichen Form beschrieb und charakterisierte. Etwas schwieriger verhält es sich mit dem von ihm verwendeten Namen „achates". Leider gibt der Autor außer der Tatsache, dass er „schön" sei, keinerlei Hinweise, wie denn dieser Stein nun aussehen solle. Somit bleibt eher zu vermuten, dass mit dem Material, das dem heutigen Achat seinen Namen gab, damals wohl eher ein vollkommen anderes gemeint war, dass dieser Begriff einfach für viele attraktive Steine mit Punkten, Linien oder Streifen in verschiedenen Farben verwendet wurde. In diese Sammelbenennung konnten durchaus auch verschiedene Chalcedone und Jaspisse eingeschlossen sein.

Woher stammten nun die Achate, die Theophrastos zur Bearbeitung vorlagen? Ein Großteil von ihnen mag aus den alten bekannten Quellen in Ägypten, Arabien oder sicher auch aus Indien gekommen sein. Aber gab es vielleicht auch in seinem engeren Lebensbereich achatähnliches Material?

Eine interessante Variante zur Beantwortung dieser Frage liefert Theophrastos' Herkunft: Sein Geburtsort „Eresos" im Südwesten der Insel Lesbos trägt heute den Namen „Skala Eressos", ein kleineres Dorf, das mit einigen größeren Hotels in der Umgebung hauptsächlich touristischen Zwecken dient. Es liegt wunderschön an einem langen Sand-/Kieselstrand, an dem es tatsächlich Moosachate, Jaspis, verkieselte Hölzer und schwach gebänderte Chalcedone zu finden gibt. Sie ließen sich bis vor einigen Jahren reichlich am und im Wasser auffinden (Achatsuche mit der Taucherbrille - eine wirklich spannende Variante, man bedenke auch die verwunderten Blicke der Liegestuhl-Touristen, als mein Sammlerfreund und ich immer wieder mit prall mit Jaspis und Achaten „gefüllter" Badehose, Taucherbrille und Schwimmflossen aus dem Meer watschelten …), und es ist durchaus denkbar, dass Theophrastos bereits als kleiner Junge mit diesen bunten „Kieselsteinen" gespielt hat.

Große Bekanntheit erfuhr in den letzten Jahren auch der heute als Nationalpark ausgebaute wunderbare versteinerte Wald von Lesbos. An vielen Stellen der Insel liegen zusätzlich ganze versteinerte Baumstämme in prächtigen Farben zum Teil auch direkt am Strand und im Meerwasser. Sollten alle diese Dinge Theophrastos, einem hochintelligenten Menschen mit ungewöhnlicher Wissbegierigkeit und offenem Geist, einfach verborgen geblieben sein? Ist nicht vielmehr als eine seiner „Achaturquellen" - unter welchem Namen auch immer - seine Heimatinsel zu vermuten?

Der eigentliche Name Achat soll nach Theophrastos vom Fluss „Achates" (heutiger Name angeblich „Drillo", oder „Dirillo") auf Sizilien abstammen. Ob jedoch dort direkt jemals Steine, die wir heute als Achat bezeichnen würden, gefunden wurden, ist nahezu unbekannt. Auch in alten Sammlungen findet sich kein vergleichbares Belegmaterial.

Erst CALEY (1956) bringt Licht in dieses Dunkel, indem er nach HOLM (1866) als richtigen Namen dieses Flusses „Carabi" oder „Cannitello" im Südwesten von Sizilien angibt.

Dies würde durchaus einen Hinweis auf die prächtigen roten und gelben Jaspachate vom Fundort Giuliana/Sizilien, die erst vor wenigen Jahren wieder entdeckt wurden, liefern. Ob dies das Material war, welches Theophrastos als „achates" bezeichnete? Es wäre durchaus möglich!

Mandelachate von sizilianischen Fundorten in ansprechender Stückzahl konnten jedenfalls bisher nicht verifiziert werden … C. PLINIUS SECUNDUS der Ältere (23-79), der in weiten Teilen seines Werkes den Ausführungen von Theophrastos folgt, bezeichnete allgemein gebänderte Edelsteine als Onyx und hält etwa den Augenachat für eine Abart desselben.

Er erwähnt den Achat in seiner „Naturkunde" erst nach der Aufzählung der wichtigsten Edelsteine: *„Der Achat (achates) stand einst in großem Ansehen, jetzt besitzt er keines mehr; man fand ihn zuerst auf Sizilien neben dem Flusse gleichen Namens, später in sehr vielen Ländern; er zeichnet sich durch seine außerordentliche Größe aus und zeigt zahlreiche Varietäten, die sich in seinen Beinamen ausdrücken. Man nennt ihn nämlich Jaspachat (iaspachates), wachsgelben Achat (kerachates), Smaragdachat (smaragdachates), Blutachat (haimachates), Milchachat (leukachates), Baumachat (dendrachates), der sich gleichsam durch kleine Bäume auszeichnet, Aithachat (aithachates), der beim Verbrennen nach Myrrhe riecht, Korallachat (ko-*

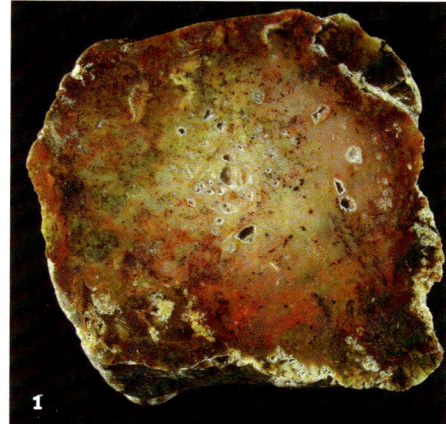

1. Moosachat vom Strand von Skala Eresos, Insel Lesbos, Griechenland. 9 cm.
2. Bunte Achate, Jaspise und Chalcedone vom Heimatort Theophrastos', Eressos auf der Insel Lesbos. Bildbreite 8 cm.

3-5. Achat- und Jaspisdarstellungen. Frühe französische Naturgeschichte, 1755.

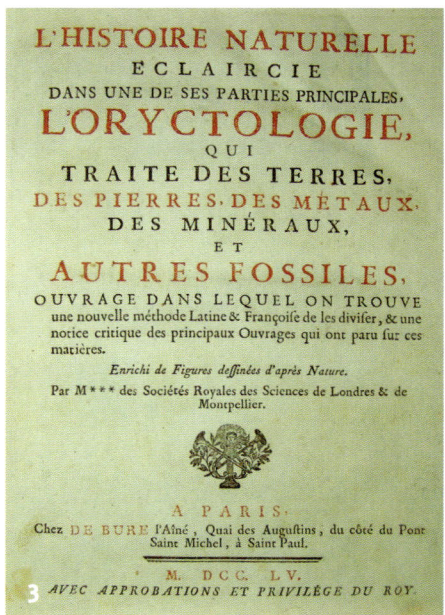
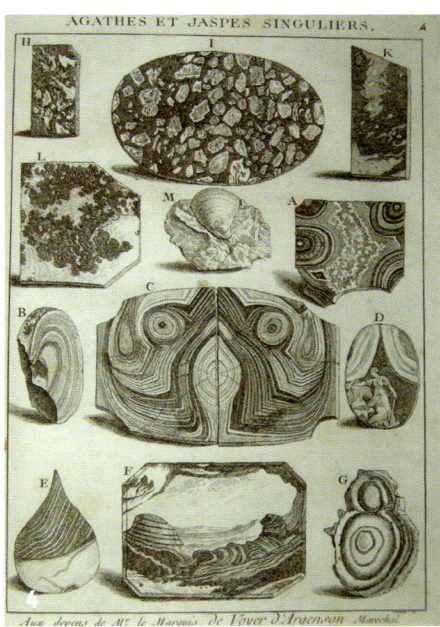
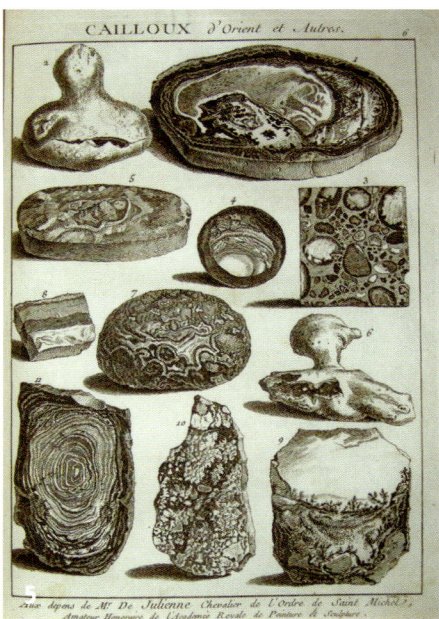

rallachates), der wie der Saphir mit goldenen Pünktchen bestreut ist und sich am häufigsten auf Kreta findet; man nennt ihn auch heilig, weil man glaubt, er nütze gegen die Stiche von Spinnen und Skorpionen, was ich auf jeden Fall von dem sizilianischen Achat annehmen möchte, weil in der Luft dieser Provinz das Skorpionengift sogleich seine Wirkung verliert. Auch die in Indien gefundenen Achate nutzen gegen die selben Übel, haben auch große und wunderbare Eigenschaften: sie zeigen Abbilder von Flüssen, Hainen und Zugtieren; man stellt aus ihnen auch Statuetten von Wagenkämpfern, Schmuck für die Pferde und kleine Reibmörser für die Ärzte her; ja ihr bloßer Anblick ist für die Augen von Nutzen. In den Mund gegeben stillen sie auch den Durst. Die phrygischen Achate enthalten kein Grün. Diejenigen, welche zu Theben in Ägypten gefunden werden, besitzen keine roten und weißen Adern; auch sie sind wirksam ge-

Dendritenachate aus Indien, so genannte „Mokkasteine", in einer Pariser Abbildung aus dem Jahr 1755.

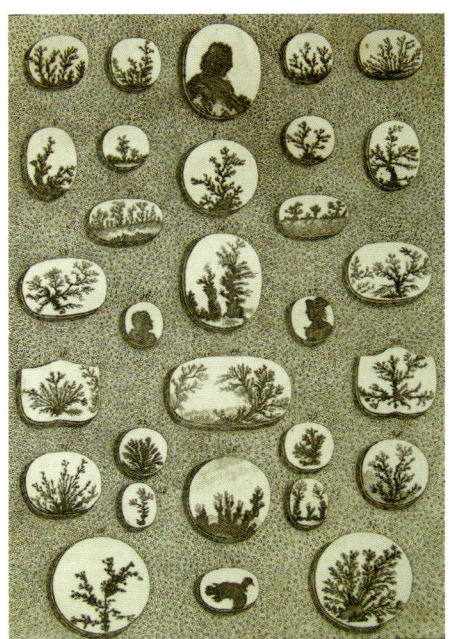

War er einer der ersten Achatsammler? Berühmter Holzschnitt aus dem „Hortus Sanitatis" (1509).

gen Skorpione. Dasselbe Ansehen genießen die kyprischen. Manche schätzen an ihnen die glasartige Durchsichtigkeit. Man findet sie auch im trachinischen Gebiet in der Gegend des Oite, auf dem Parnaß, auf Lesbos, zu Messene, wo sie den Blumen am Wegrand ähnlich sind, und auf Rhodos. Bei den Magiern gibt es andere Unterschiede an ihnen: Diejenigen, welche Löwenfellen ähnlich befunden werden, sollen eine Wirkung gegen Skorpione haben; in Persien aber wende man durch Räuchern mit Achat Stürme und feurige Wirbelwinde ab, halte den Lauf der Flüsse auf - als Beweis diene, dass sie, in kochende Kessel gegeben, diese abkühlen-, doch müsse man sie, damit sie nützen, mit Haaren von einer Löwenmähne anbinden; gebe man aber Haare von der Hyäne hinzu, so hielten sie die Zwietracht von den Häusern fern. Der einfarbige Achat aber macht die Athleten unbesiegbar; sein Kennzeichen bestehe darin, dass er, wenn man ihn zusammen mit Färbemitteln in einen Topf voll Öl werfe und zwei Stunden zum Sieden erhitze, sämtliche Farben in Zinnoberrot verwandle."

Eigentlich eine sehr ausführliche Beschreibung, die aber erkennen lässt, dass auch Plinius eine Vielzahl unterschiedlicher Steine dem Oberbegriff „Achat" zuordnete. Weiterhin finden sich bei ihm noch separate Beschreibungen des Sardonyxes, Onyxes, Jaspis und des Sarders.

In der Bibel werden insgesamt an 1.704 Stellen (!) Edelsteine und Mineralien erwähnt, auch Achate und andere Quarzvarietäten: der Onyx aus dem Lande Havilah oder der Sardonyx, Karneol, Jaspis und wieder der Onyx aus dem Garten Eden (DAKE 1938).

Allerdings wird auch hier, nicht nur in den diversen Übersetzungen, sehr „freizügig" mit der Zuordnung der Namen umgegangen, die Namen der Steine mitunter auch ziemlich vermischt. So etwa wird der „Sarder" in einer anderen Übersetzung einfach zum „Karneol". Auch die genaue Bedeutung der verwendeten Mineralnamen ist extrem unscharf und vielfach unklar.

In der Offenbarung des Johannes 4,2 lesen wir im Kapitel der einleitenden Himmelsvision über „Die Anbetung vor dem Thron Gottes": *„Und ich sah: Ein Thron stand im Himmel; auf dem Thron saß einer, der wie ein Jaspis und ein Karneol aussah. Und über dem Thron wölbte sich ein Regenbogen, der wie ein Smaragd aussah."*

Etwas später folgt bei der Offenbarung des Johannes 21,18-20: *„Ihre Mauer ist aus Jaspis gebaut, und die Stadt ist aus reinem Gold, wie aus reinem Glas. Die Grundsteine der Stadtmauer sind mit edlen Steinen aller*

Art geschmückt: der erste Grundstein ist ein Jaspis, der zweite ein Saphir, der dritte ein Chalzedon, der vierte ein Smaragd, der fünfte ein Sardonyx, der sechste ein Sardion, der siebte ein Chrysolith, der achte ein Beryll, der neunte ein Topas, der zehnte ein Chrysopras, der elfte ein Hyazinth, der zwölfte ein Amethyst."

In der englischen Version heißt es aber: *„The wall was built of diamond, and the city of pure gold, like clear glass. The foundations of the city wall were faced with all kinds of precious stones, the first with diamond, the second lapis lazuli, the third turquoise, the fourth crystal. The fifth agate, the sixth ruby, the seventh gold quartz, the eighth malachite, the ninth topaz, the tenth emerald, the eleventh sapphire and the twelfth amethyst"*.

Unschwer zu erkennen, schon beim einfachen Vergleich der englischen mit der deutschsprachigen Übersetzung herrscht ein gewaltiges Namenschaos …

Bei Isaiah 54,12 wiederum heißt es in einer Version: *„Und ich werde ihre Fenster aus Achaten machen, und die Tore aus Karbunkeln und all ihre Zäune aus wertvollen Steinen"*.

Eine andere Übersetzung wandelt diese Stelle völlig um zu: *„Aus Rubinen mache ich deine Zinnen, aus Beryll deine Tore und all deine Mauern aus kostbaren Steinen."*

Auch im kostbaren Brustschild des Hohen Priesters findet sich neben elf anderen Edelsteinen in der dritten Reihe auch ein Achat samt zwei geschliffenen Onyxen in der dazugehörigen Kette. Alle diese Edelsteine symbolisierten die Stämme Israels und deren Namen und trugen prächtige Gravuren.

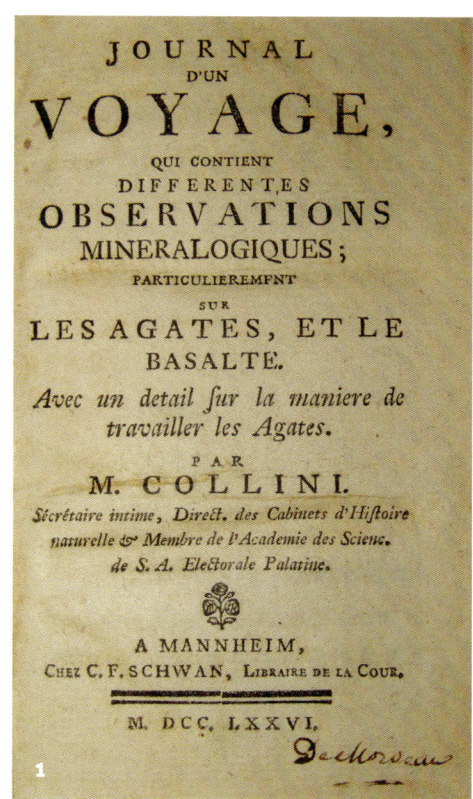

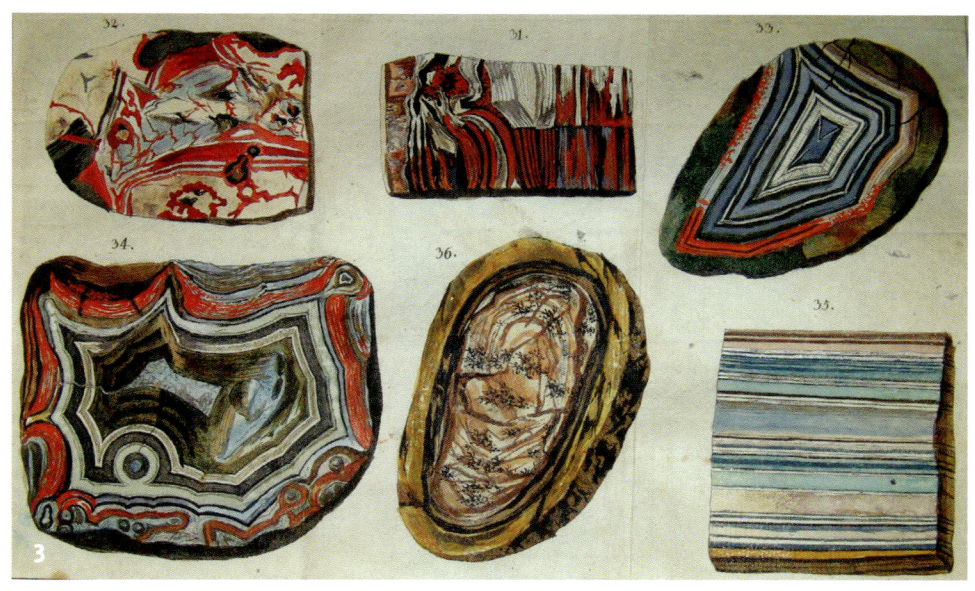

1. Titelblatt der wohl berühmtesten „alten" Beschreibung der Idar-Obersteiner Achatvorkommen von COLLINI in einer in Mannheim gedruckten französischen Ausgabe aus dem Jahr 1776.

2./3. Erster Teil („Von den Mineralien") des „Briefwechsels über die Naturprodukte" von J.G. Breitkopf aus dem Jahr 1781 mit handkolorierten Achat- und Jaspisabbildungen.

Bereits Jahrhunderte, bevor die berühmte Kaabah in Mekka als religiöses Heiligtum des Islam verehrt wurde, beteten arabische Nomadenstämme die geheimnisvollen 360 Idole im Tempel von Mekka an. Der am meisten geschätzte unter ihnen war Hobal, die Figur eines Mannes, der aus rotem Achat geschnitzt wurde (DAKE 1951). Ihm wurde auch die Macht zugeschrieben, das Wetter beeinflussen zu können.

Im „Lapidarium" des MORBODUS (Marbod von Rennes: „Liber de Gemmis") aus dem 11./12. Jahrhundert erfährt man über den Achat: *„Man sieht darin die Gestalt von Königen, die von Natur in ihm ist, oder das Abbild anderer Wesen"*, bzw. in einer Fassung aus dem 14. Jahrhundert, *„… es sind darin verschiedene Gestalten von Bäumen und gekrönten Königen, von wohlgeschmückten Göttern und Formen wilder Tiere"* (ARNOTH 1986).

Auch die „Heilige der Edelsteine", Hildegard von Bingen, die wahrscheinlich aus der achatreichen Nahegegend stammte, erwähnt im ersten richtigen Heilsteinbuch der Geschich-

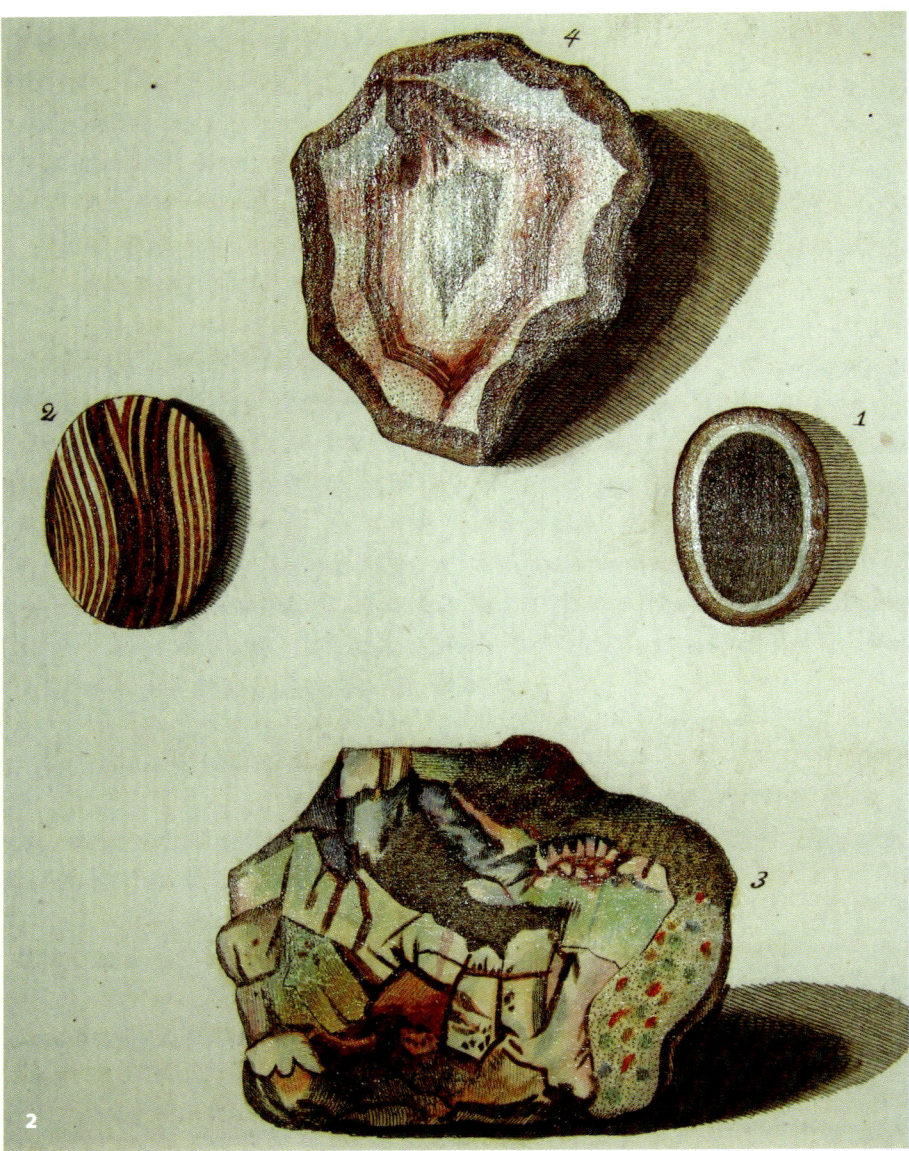

Mineralogisches Schulbuch aus Wien aus dem Jahre 1791 von J. BAUMEISTER (1) mit Abbildungen von Achat und Jaspis (2), Karneol (3) und Chalcedon (4).

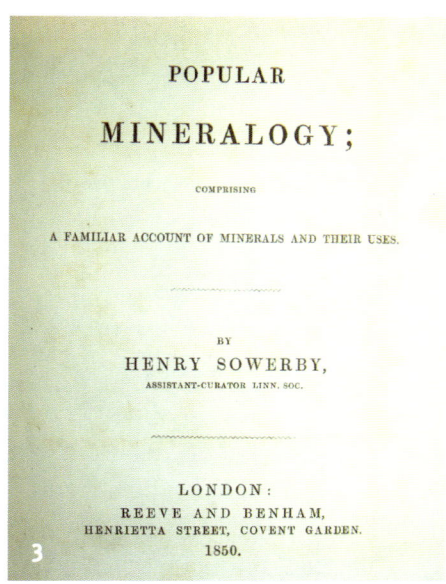
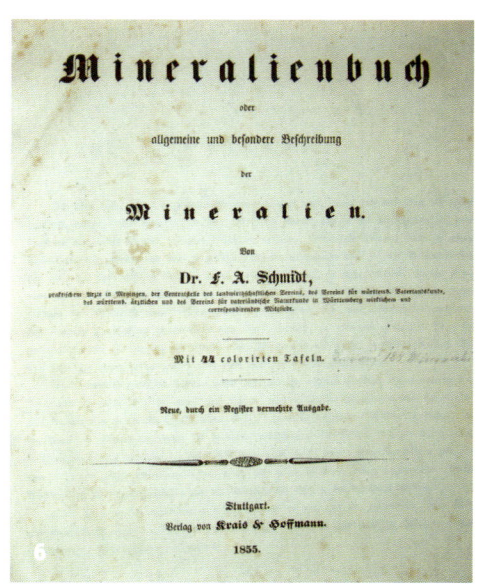
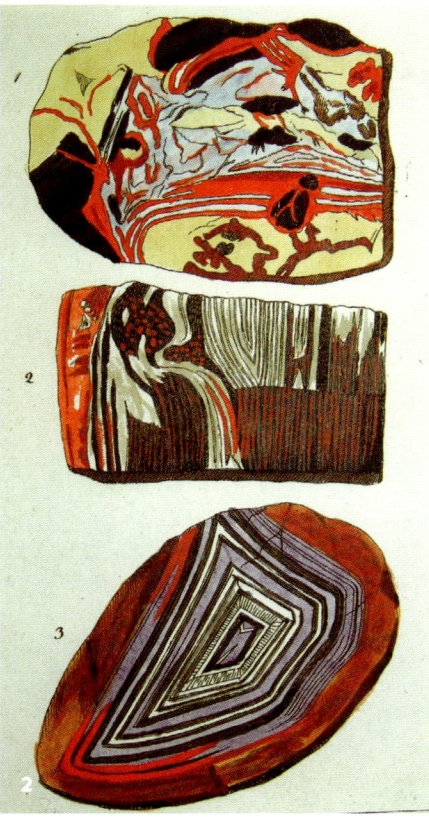
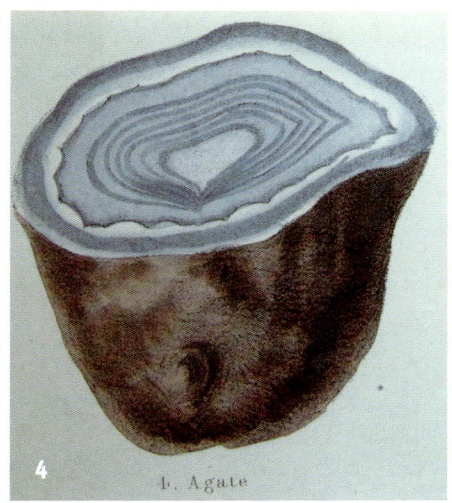

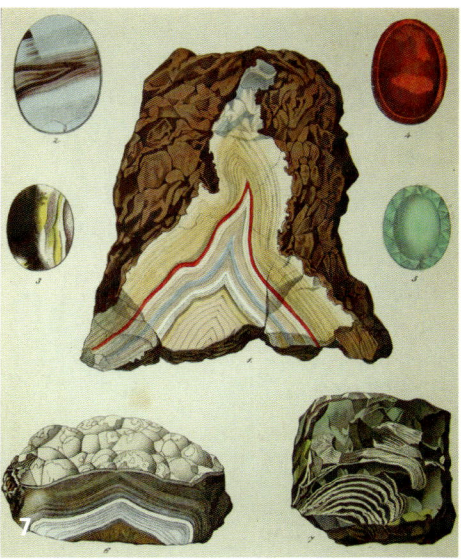

3.-5. Englisches Mineralogiebuch von H. SOWERBY aus dem Jahr 1850 mit Darstellungen eines (offensichtlich schottischen) Achates (4) und einer fein verästelten Chalcedonstufe (5).

6-7. Mineralienbuch von F. A. SCHMIDT, erschienen in Stuttgart 1855, mit Achat- und Jaspisabbildungen.

1./2. „Unterhaltungen aus der Naturgeschichte des Mineralreiches" von G. T. WILHELM, Wien 1828 und eine prächtige Achattafel daraus.

te um das Jahr 1150 verschiedene Chalcedonarten wie den Onyx („Onychio"), den Sardonyx („Sardonice"), den Sarder („Sardio"), den Chalcedon („Calcedonio") und auch den Achat selbst („Achate").

Welche Steine sie allerdings genau darunter verstand, ist heute nicht mehr exakt festzustellen. In vielen Fällen dürfte sie sich an den seit den Römern bekannten, sehr weit gesetzten und mineralartübergreifenden Definitionen orientiert bzw. überhaupt andere als die heute darunter verstandenen Mineralien im Auge gehabt haben.

Isaac Habert schreibt im Jahre 1585: *„Fische, wilde Tiere, Vögel, Wälder, tiefe Höhlen, Flüsse sind von Natur darin eingraviert"* (ARNOTH 1986). Während des Mittelalters wurden als Achate vor allem Steine mit verschiedenen bildhaften Zeichnungen bezeichnet. Für gebänderte Stücke galt weiterhin der Name Onyx.

J. E. Nierenberg beschrieb im Jahr 1635 hohle Kugeln, denen er den Namen „Coccus mineralis" gab.

R. Boyle berichtete 1672 über sehr harte, funkengebende Steine aus Indien, in welchen Kristallspitzen enthalten sind, die nach innen schauen. 1770 nannte Cronstedt einen Achat einen *„Kiesel von vermischten hohen Farben"*. Aber schon 1773 wird von BRÜCKMANN die unterschiedliche Färbung und Lagigkeit der einzelnen Schichten erkannt und diskutiert (RYKART 1989).

Der Name für den Chalcedon hingegen soll von der antiken griechischen Stadt Kalchedon, am Bosporus gelegen, stammen. Im Gegensatz dazu berichtet Plinius d. Ä. (23-79 n. Chr.) von einem feurig roten Stein aus Karchedon (Karthago), wahrscheinlich einem Granat, der in der Folge dann mit dem Chalcedon verwechselt wurde. Erst Albertus Magnus (1193-1280) beschreibt erstmals wieder einen Stein, bei dem es sich wirklich um Chalcedon gehandelt haben dürfte (RYKART 1989).

1. Abbildung eines deutschen Achates mit deutlichen Deformationserscheinungen der Bänderung aus BAUER (1895).

2. Achatmandeln von Noeggerath, wahrscheinlich von Teis/Südtirol und Idar-Oberstein. 1849.

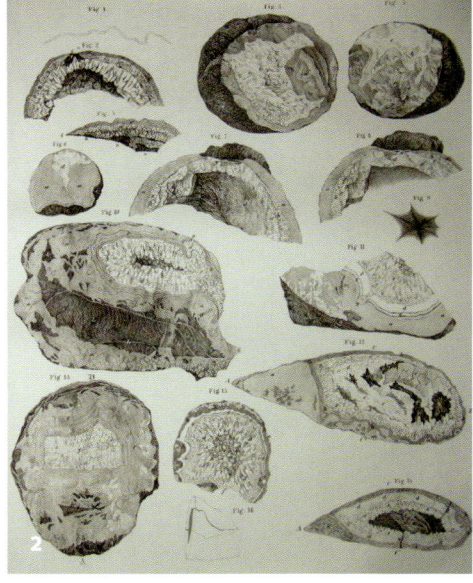

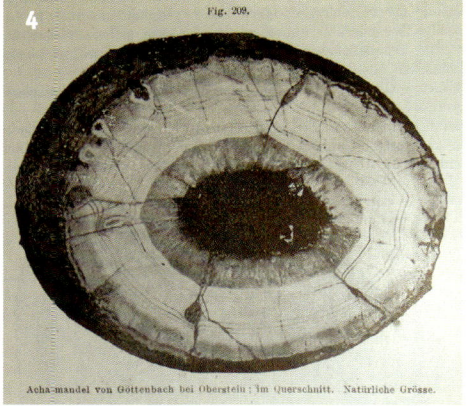

3. Achatmandel von Göttenbach bei Idar-Oberstein, Deutschland, aus BRAUNS (1912).

4. Achat von Göttenbach bei Oberstein. Aus BRAUNS (1912).

Definitionen, Eigenschaften und Besonderheiten

Was ist ein Achat überhaupt?

Trotz seiner weiten Verbreitung und des hohen Bekanntheitsgrades auch außerhalb mineralogisch begeisterter Kreise ist vielfach gar nicht so genau bekannt, was denn nun Achate überhaupt sind, woraus sie bestehen und welche Eigenschaften sie aufweisen. In der Literatur finden sich zum Teil unterschiedliche Definitionen: RYKART (1989) beschreibt Achate als „*mikrokristalline Quarzaggregate mit deutlich unterschiedlich gefärbtem, lagigem Bau. Achate sind stets als Hohlraumauskleidungen entstanden, so kommen sie in Blasenräumen vulkanischer Gesteine vor, seltener auf Gangspalten oder in Hohlräumen von Sedimenten. Achate, in derem Inneren ein größerer, normalerweise mit Quarzkristallen ausgekleideter Resthohlraum verblieben ist, bezeichnet man als Achat-Geoden oder Drusen. Achate, bei denen auch der zentrale Raum durch Achat oder durch andere Mineralien ausgefüllt ist, die also praktisch keinen Hohlraum aufweisen, bezeichnet man als Achatmandeln.*"

H. R. SCHWEIZER (1986) setzt seinen Achatbegriff sehr „weit" an und sieht ihn eher aus philosophisch-ästhetischer Sichtweise: Achate „*sind definiert als Steine, die Bilder zeigen. Freilich liegen die Bilder, die hier gemeint sind, in den meisten Fällen nicht offen zutage, sondern kommen erst durch Aufbrechen, Aufsägen und Schleifen zum Vorschein.*"

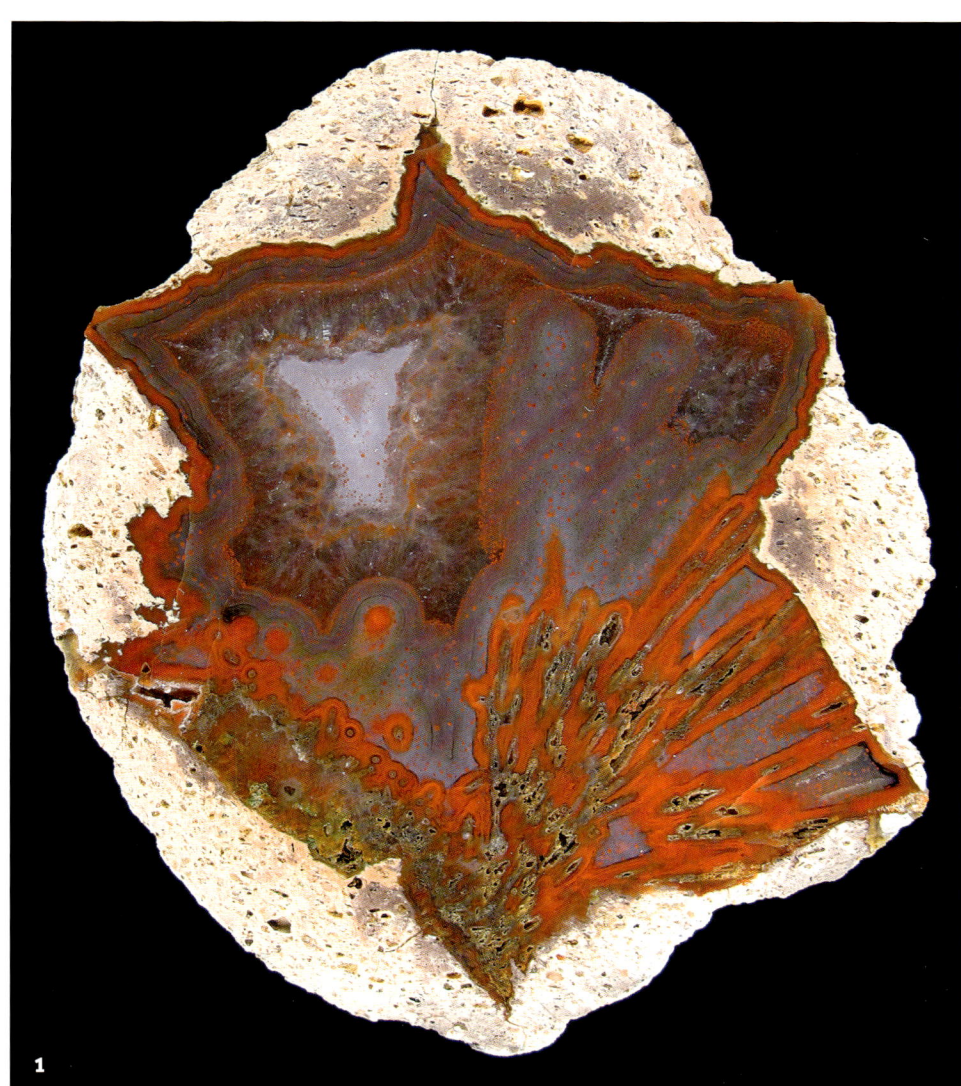

Ein „petrogenetisches Gesamtgebilde" - vielfältige Strukturen in Achaten von St. Egidien (1), Höhe 7,5 cm, und den Chimney Beds bei Buckeye, Arizona, USA (2), Bildbreite 1,5 cm.

Bei ihm sind Achate Naturschönheiten und in gewisser Weise auch das Produkt einer handwerklichen Kunst, ein „Artefakt" (ARNOTH 1986). ARNOTH (1986) selbst sieht den Achat als „*Chalcedon, der sich als bildhafte Erscheinung zeigt. Er verweist in die Welt der Steine, der Minerale, aber auch in die Welt der Sinnesdinge, der Bilder.*"
Nach LANDMESSER (2001) könnte man Achate zunächst einmal als ge-

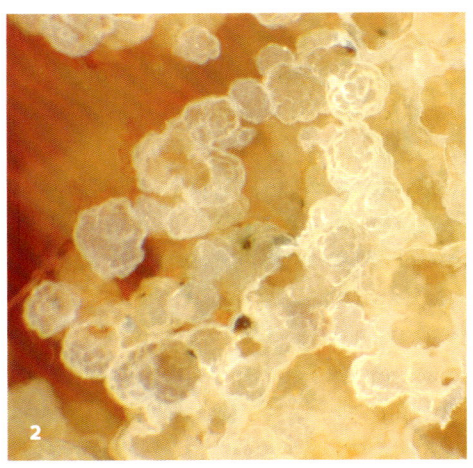

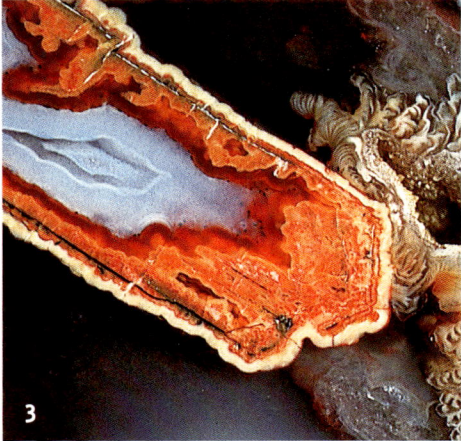

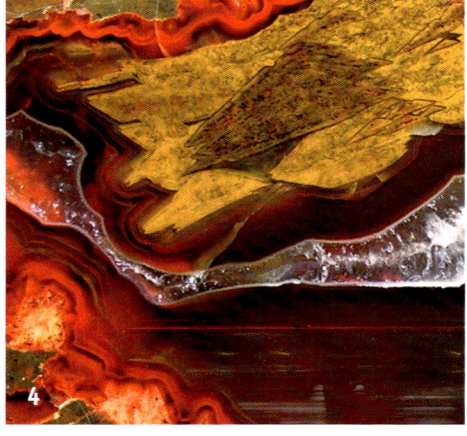

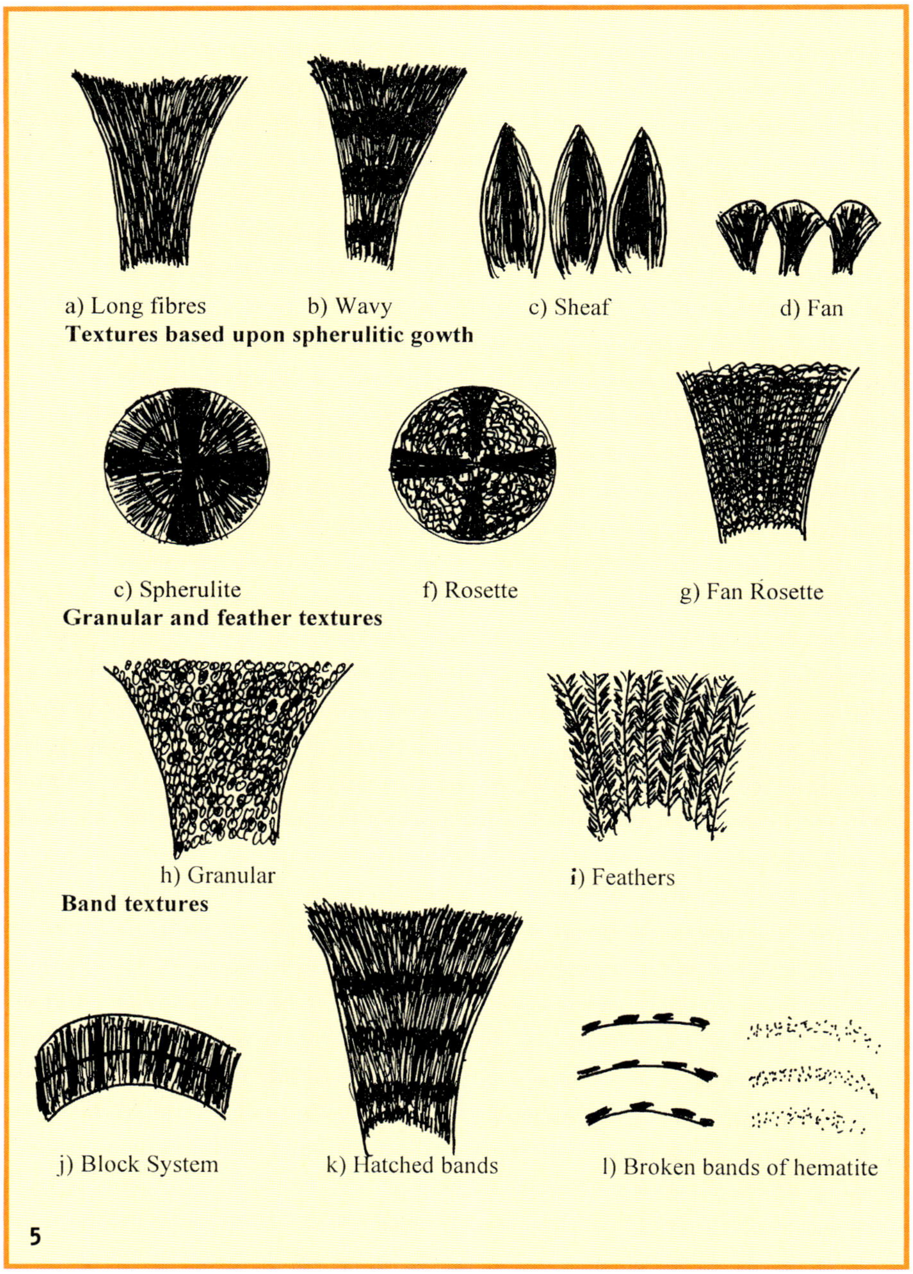

„Petrogenetische Gesamtgebilde":
1. Hämatit verwachsen mit Achat. Australien. 7 mm.
2. Klare, kantig-kugelige Bildungen. Ejido el Apache, Mexiko. 6 mm.
3. Pseudomorphose mit eigenem Achatsystem. Marokko. 3 cm.
4. Calcit/Baryt in Donnerei. Kasachstan. 3 cm.
5. Unterschiedliche Strukturen der Phänofasern und Sphärolithe aus MOXON (1996).

bänderte Chalcedone definieren, wobei Chalcedon wiederum aus kryptokristallinem Tiefquarz besteht. Das bedeutet vereinfacht ausgedrückt: Achate bestehen ganz einfach aus Quarz, SiO_2, wie auch der Bergkristall oder der Amethyst, sie besitzen die selbe chemische Zusammensetzung und auch die gleiche Kristallstruktur (Tiefquarz, trigonal).

Der Begriff „kryptokristallin" (= verborgen, nicht mit dem bloßen Auge sichtbar) zeigt aber schon den ersten gewichtigen Unterschied:

„*Betrachtet man Dünnschliffe von solch gebändertem Chalcedon zwischen gekreuzten Polarisationsfiltern, so wird ein merkwürdig faserig erscheinendes Auslöschungsmuster sichtbar*" (LANDMESSER 2001).

Diese nur unter dem Mikroskop sichtbaren Strukturen tragen den Namen „Phänofasern des Chalcedons" oder einfach „Scheinfasern", sie stehen dabei ungefähr senkrecht zur gemeinen Achatbänderung. Die Länge dieser Fasern kann bis zu 10 mm erreichen, die Dicke wurde zwischen $1,5 \times 10^{-1}$ mm und 4×10^{-4} mm gemessen (HAAKE 2000), allerdings schwanken diese Maße in verschiedenen Achaten sehr stark.

MOXON (1996) hat bei seinen Untersuchungen über die Mikrostrukturen des Achates sehr unterschiedliche und vielfältige Formen dieser „Fasern" festgestellt: Er beobachtete lange, wellige, garben- und bündelförmige, fächerartige, spärolithische, rosettenförmige, federartige, geblockte und granular aufgebaute Faserpartien innerhalb von Achaten.

Da es in der Welt der Achate aber nicht nur einfache gebänderte Stücke gibt, sondern auch zum Beispiel die bekannten Moosachate, die Achate mit nahezu planparalleler Uruguay-Bänderung, Achate mit Einschlüssen und Pseudomorphosen, sollte man eigentlich den Begriff auch auf diese Spezialformen ausdehnen.

Manche Wissenschaftler neigen sogar dazu, den Achat gar nicht als ein eigenständiges Mineral, sondern eher als Gestein zu betrachten: „*Achate sind petrogenetisch als Gesamtgebilde aufzufassen: Zonen mit gemeiner Bänderung, große Quarzkristalle, Uruguay-Lagen, Moosachat-Röhrchen und andere Strukturbildungen können so innig miteinander verwachsen sein, dass man sie nur gemeinsam durch ein petrogenetisches Gesamtgeschehen Achatgenese wirklich erklären kann. Der Achat ist damit eher als Gestein denn als Mineralbildung aufzufassen. Achat ist so etwas wie ein Edel-Gestein.*" (LANDMESSER 2000).

Unglaubliche Vielfalt an Strukturen, Systemen, Farben und Formen finden sich in einem Achat aus Agouim, Marokko. Ist es nicht eher ein „Edelgestein", aus unterschiedlichen Mineralien zusammengesetzt? Auf jeden Fall entzückt der im Original ca. 8 cm große Achat (1) beim Blick durch das Mikroskop noch einmal … (2).

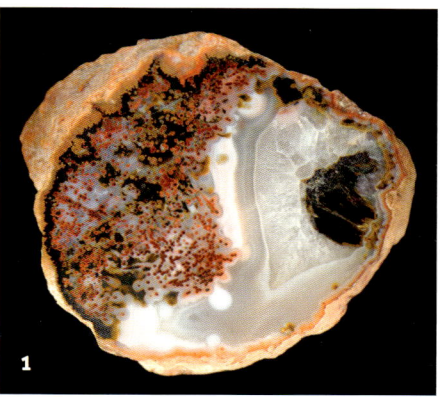

Eigenschaften der Achate

Achate bestehen also bekanntermaßen aus SiO_2 und gehören daher zu den Oxiden mit ihrer Abteilung der Dioxide. Die Härte des Achates liegt bei 6,5 auf der Mohs'schen Härteskala. Seine Dichte schwankt zwischen 2,49 und 2,64, sie kann sogar innerhalb eines Stückes etwas unterschiedlich sein (HAAKE 2000).

Achate zeigen in der Regel einen matten Wachsglanz bis Glasglanz, gelegentlich bewirken eingelagerte Pigmentpartikel auch einen Seidenglanz. Der Bruch erscheint muschelig, Spaltbarkeit besteht keine, bei lagigem Bau findet man gelegentlich ein spaltbarkeitsähnliches Phänomen parallel den Lagen.

Die Strichfarbe ist weiß.

Brasilianische Achate besitzen eine offene Porosität von 0,15-0,45%. Diese Porosität ist Grundlage für die künstliche Färbbarkeit der Achate. Dabei sind die porenärmsten Schichten innerhalb eines Achates meist porzellanartig weiß.

Achate sind in Fluorwasserstoffsäure leicht, in Kalilauge hingegen nur gering löslich.

Reiner Chalcedon ist beinahe farblos bis leicht bläulich gefärbt. Diese Blaufärbung entsteht durch den so genannten Tyndall-Effekt, die Streuung des Lichtes an submikroskopischen Einschlüssen.

Fremdmineraleinschlüsse zwischen den Mikrokristallen bewirken weitere Farben des Chalcedons/Achates aus nahezu dem gesamten Farbenspektrum. Diese können aus Al-Silikaten, Eisenoxiden und Calciumkarbonat bestehen. Der Fremdmineralanteil kann dabei bis zu 0,5 Gew.-% ausmachen.

Neben den farbgebenden Substanzen tritt eine Reihe weiterer Mineralien auf, die zum Teil als Einschlüsse, zum anderen Teil als Hohlraumbildungen in Geoden zu finden sind. Hier wären anzuführen: Die Schichtsi-

1. Häufige Farbverteilung in mexikanischen Laguna-Achaten: Die gelben Farbpigmente konzentrieren sich im Zentrum der Mandel. 4 cm.

2. Charakteristische blaue Chalcedonfarbe in dieser Pseudomorphose nach Fluorit von Trestia, Rumänien. 5 cm.

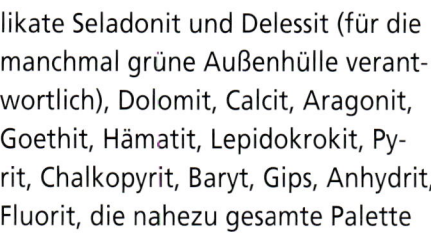

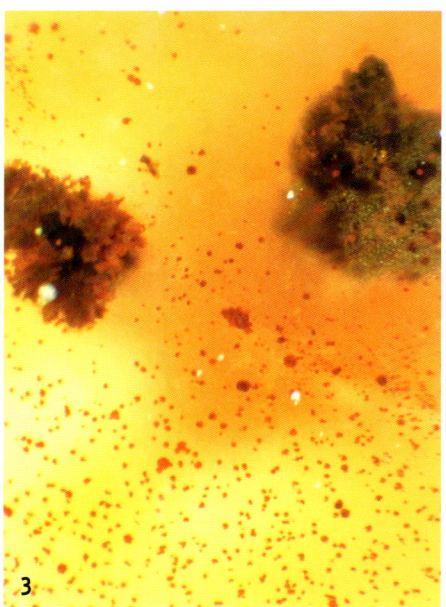

likate Seladonit und Delessit (für die manchmal grüne Außenhülle verantwortlich), Dolomit, Calcit, Aragonit, Goethit, Hämatit, Lepidokrokit, Pyrit, Chalkopyrit, Baryt, Gips, Anhydrit, Fluorit, die nahezu gesamte Palette makrokristalliner Quarze wie Bergkristall, Amethyst, Citrin (sehr selten) und Rauchquarz, Hyalit (vor allem in brasilianischen Achatgeoden), Opal, Prehnit, Zeolithmineralien wie Chabasit, Harmotom oder Skolezit sowie

1. Konzentration von Farbpigmenten entlang von Wachstumsgrenzen. 8 mm.
2. Goldfarbene Pigmentpünktchen. 1 cm.
3. „Cluster" von Eisenpigmentplättchen. 8 mm.

1. Unterschiedliche Pigmentkonzentration. 1 cm.
2. Apatit in Achat. Sailauf, Spessart. 1 cm.
3. Realgar in Achat. Oregon. 2 cm.
4. Antimonit in Achat. Oregon. 9 cm.
5. Bandunabhängige Einlagerung von roten Farbpigmentpunkten. Tschechien. 8 mm.
6. Verwachsungen roter und goldgelber Pigmentplättchen im Achatzentrum. 7 mm.
7. Netzförmige Pseudomorphosen nach Aragonit. 2 cm.
8. Chalkopyrit in Achat. Steinbruch Setz, Idar-Oberstein. 2 cm.

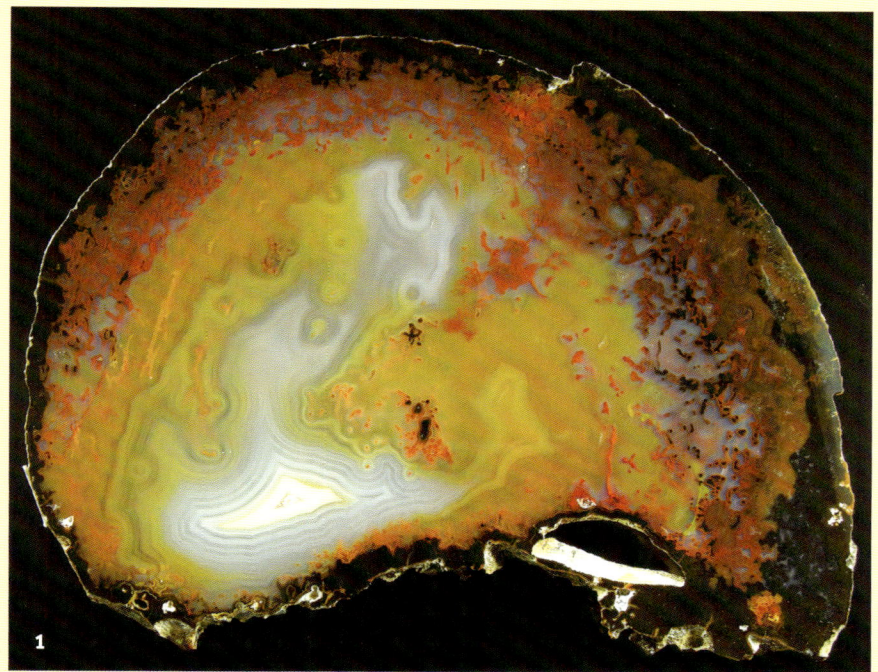
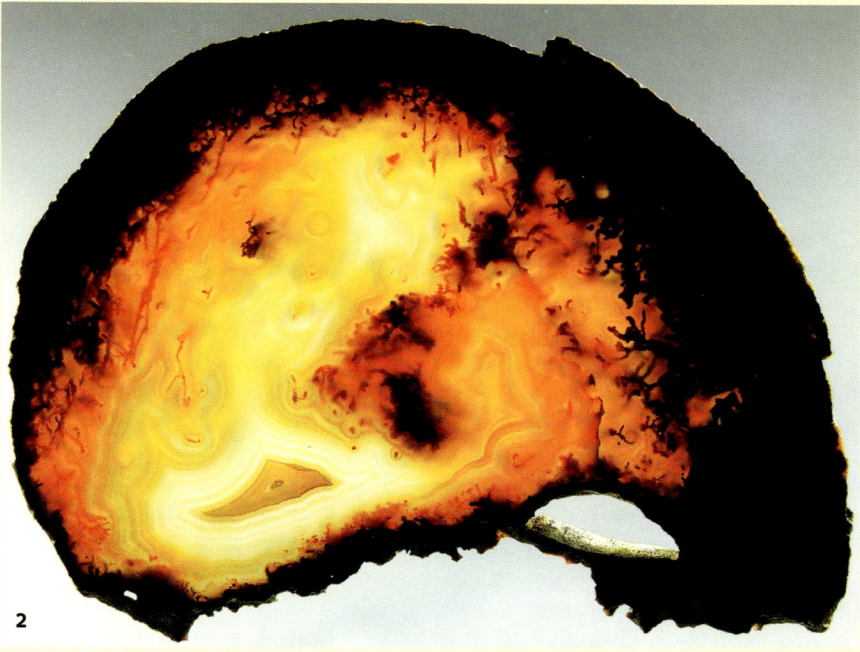

verschiedene Eisenkarbonate und Manganoxide.

LIEBER (1987) berichtet über Analysen eines Bereiches der Uruguay-Bänderung an einem brasilianischen Achat, der neben seinem Hauptbestandteil Tiefquarz auch Spuren von Calcium, Kalium, Titan, Eisen, Kobalt und Nickel in verschwindend geringen Größenordnungen von unter 0,002% enthielt.

Bis zu 2 Gew.-% Wassergehalt in mikrokristallinen Quarzen wurde festgestellt (RYKART 1989).

Eine verblüffende Eigenschaft stellt die Tatsache dar, dass Achate, die beim normalen Betrachten zum Beispiel weiße, blaue, schwarze, violette oder rote Farben zeigen, im Durchlicht beobachtet plötzlich bloß schlichte Brauntöne aufweisen. Einmal vorhandene Farben können auch wieder verschwinden oder umgewandelt werden, so etwa zu beobachten bei typischen Auslaugungen durch Humussäure (z.B. bei Achaten aus Botswana) oder durch eine Umwandlung der ursprünglich roten Farbe in graue Tönungen aufgrund von Änderungen der physikochemischen Gegebenheiten (etwa bei den Achaten aus Schlottwitz in Sachsen) (HAAKE 2000).

Die Dicke der einzelnen Schichten im Achat variiert, RYKART (1989) nennt bis zu 100 Lagen pro Millimeter, der englische Physiker BREWSTER maß bereits im 19. Jahrhundert bis zu 17.000 Lagen pro Inch (1 inch = 2,54 cm).

Kasten links: Völlig unterschiedliche Farben entstehen in ein und der selben Achatscheibe bei Auflicht (1 bzw. 3) und Durchlicht (2 bzw. 4). Achate von Rio Grande do Sul, Brasilien. 8 cm.

Die geheimnisvollen „Infiltrationskanäle"

Eine in Achaten recht häufig auftretende Bildung sind die so genannten Infiltrationskanäle. Synonym existiert für diese noch eine Reihe von weiteren Ausdrücken: Spritzlöcher, Zufuhrkanäle, Ausflusskanäle, Kanäle für zudiffundierende Lösungen, Entgasungsschläuche, Eruptionskanäle, ... RYKART (1989) definiert sie als „*konzentrisch, schichtig aufgebaute Chalcedonlagen, die den Mandelsaum röhren-trichterartig mit wandbildenden Chalcedonlagen im Mandelinneren verbinden.*"

„Infiltrations-" oder „Entgasungskanäle" in Moctezuma-Achaten aus Chihuahua, Mexiko: **1.** Am inneren Rand des Kanals bildete sich zusätzlich noch das Chromatographie-Phänomen. 4 cm.
2. Die orangefarbene Bänderung wurde im Bereich des Kanals komplett zerstört. 5 cm.

Dabei handelt es sich um oft extrem dünne, schlauchartige Gebilde, manchmal aber auch um deutliche dicke Röhren, die immer vom Zentrum des Achates zu dessen Wandbereichen führen.
Sehr selten durchbrechen diese Kanäle auch die äußere Kruste eines Achates und sind als kleines Loch von außen erkennbar. Infiltrationskanäle sind in vielen Achaten vertreten, manche Fundorte, wie etwa jene am Rancho Gregoria/Chihuahua, lieferten besonders interessante Exemplare.
In den Achatmandeln herrscht gelegentlich ein dichtes Netzwerk dieser hohlen, schlauchartigen Formen. Sie wurden in verschiedenen älteren Theorien der Achatgenese als Zufuhrkanäle für neue kieselsäurehaltige Lösungen gesehen. Die neuere

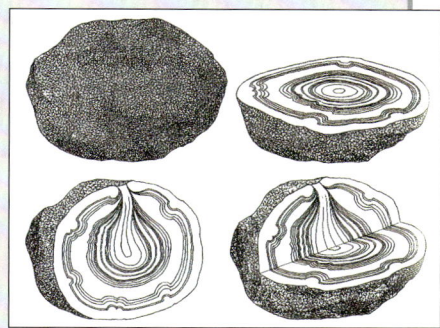

Klassische Veranschaulichung der je nach Schnittwinkel unterschiedlichen Bänderung einer Achatmandel am Beispiel einer Zwiebel. Aus ARNOTH (1986).

1. Mikroskopaufnahme eines „Infiltrationskanals" mit typischen Deformationserscheinungen der Bänderung. Patagonien. 1 cm.

2. „Doppelter" Infiltrationskanal in einem Porzellan-Achat vom Agate Creek, Australien. Sehr gut zu beobachten sind die Band-Deformationen und die Auswirkungen des Kanals auf die Farbverteilung in seiner Umgebung. Bildbreite 1,5 cm.

3. Auslaugungshöfe um Risse in einem Achat von Mendoza, Argentinien. 8 mm.

Achatforschung sieht diese Bildungen aber entweder als Druckentladungen vom Achatzentrum an die Peripherie oder auch als Deformationserscheinungen im erstentstandenen Gel an.

BLANKENBURG (1987) spricht von einer fluiden Phase im Inneren von SiO_2-Schmelztropfen im Magma. Durch Ansteigen des Druckes wird der Druck im Inneren des Achates größer als der Außendruck, wodurch die „Eruptionskanäle" entstehen sollen (LANDMESSER 1984).

Im englischen Sprachraum ist für dieses Phänomen schon seit langer Zeit der Begriff „Escape tube" sehr verbreitet.

Jeder Achat ist ein Individuum, kein Stück gleicht zu 100% einem anderen, selbst genetisch eng nebeneinander entstandene Achate können vollkommen unterschiedliche Färbung und Zeichnungen aufweisen. Schon das Ansetzen eines Schnittes nur wenige Millimeter weiter bringt oft völlig unterschiedliche Zeichnungen hervor.

Arten, Formen & Strukturen

Rund um den Themenbereich „Achat" herrscht ein wahres Wirrwarr an wissenschaftlichen Begriffen, Varietäts-, Erscheinungs- und Handelsnamen, von denen viele durchaus ihre Berechtigung haben, andere historisch gewachsen, manche aber auch wieder durchaus entbehrlich sein dürften. Auf den folgenden Seiten sollen deshalb einige der wichtigsten Ausdrücke der Achat-Terminologie genauer erläutert werden.

1. Achatisiertes Holz aus dem Blue Forest, Wyoming, USA, mit gelbem Calciteinschluss. 21 cm.

2. Verkieselter Holzstamm aus Indonesien. Im oberen Bereich bildete sich ein komplettes Band-Achatsystem mit der in achatisierten Hölzern seltenen Uruguay-Struktur. 8 cm.

3. Achatisierte Platane, Blue Forest. 21 cm.

4. Achatisierter Dinosaurier-Knochen. Rio Negro, Argentinien. 8 cm.

Achatisierte Hölzer, Knochen und Korallen

Achate bilden nicht nur Hohlraumfüllungen in Blasen vulkanischer Gesteine, in Sedimenten oder in Gängen verschiedenster anderer Gesteine, sondern können auch „fremdes" Material wie zum Beispiel Holz, Dinosaurierknochen, Korallen oder die Schalen von Schnecken oder Muscheln ersetzen. Man spricht dann in der Regel von achatisiertem/verkieseltem Holz, achatisierten Saurierknochen (hierbei kennt man auch die sehr „spezielle" Sonderform des achatisierten Dinosaurierdungs, der sehr fantasievoll auch „Coprolith" genannt wird) und eben achatisierten Korallen, Schnecken oder Muscheln.

Dabei können sich innerhalb der achatisierten Grundsubstanz durchaus auch eigene, gebänderte Achatsysteme entwickeln. Man denke etwa an die wundervollen „Mikro-Achate" in den Holzporen der Psaronien aus dem versteinerten Wald von Chemnitz oder an ähnliche Erscheinungen in den Poren achatisierter Saurierknochen aus Utah und Colorado. Manchmal, wie bei den achatisierten Redwood-Stämmen aus Utah, sind sogar nur die Umrisse des ursprünglich vor der „Versteinerung" vorhandenen Materials übrig geblieben. Ähnliches gilt für die einmaligen Funde von vollständig in Achat umgewandelte Saurier-Eier aus Argentinien. Auch das Phänomen der achatisierten Korallen ist seit langem bekannt. Wir kennen ausgezeichnete Exemplare vom Ballast Point in der Tampa Bay in Florida oder ähnliches Material aus Fundstellen in Georgia/USA. Auf dem Sektor der achatisierten Schnecken beeindrucken vor allem Funde aus den letzten Jahren aus der Himalaya-Region im Norden Indiens.

3

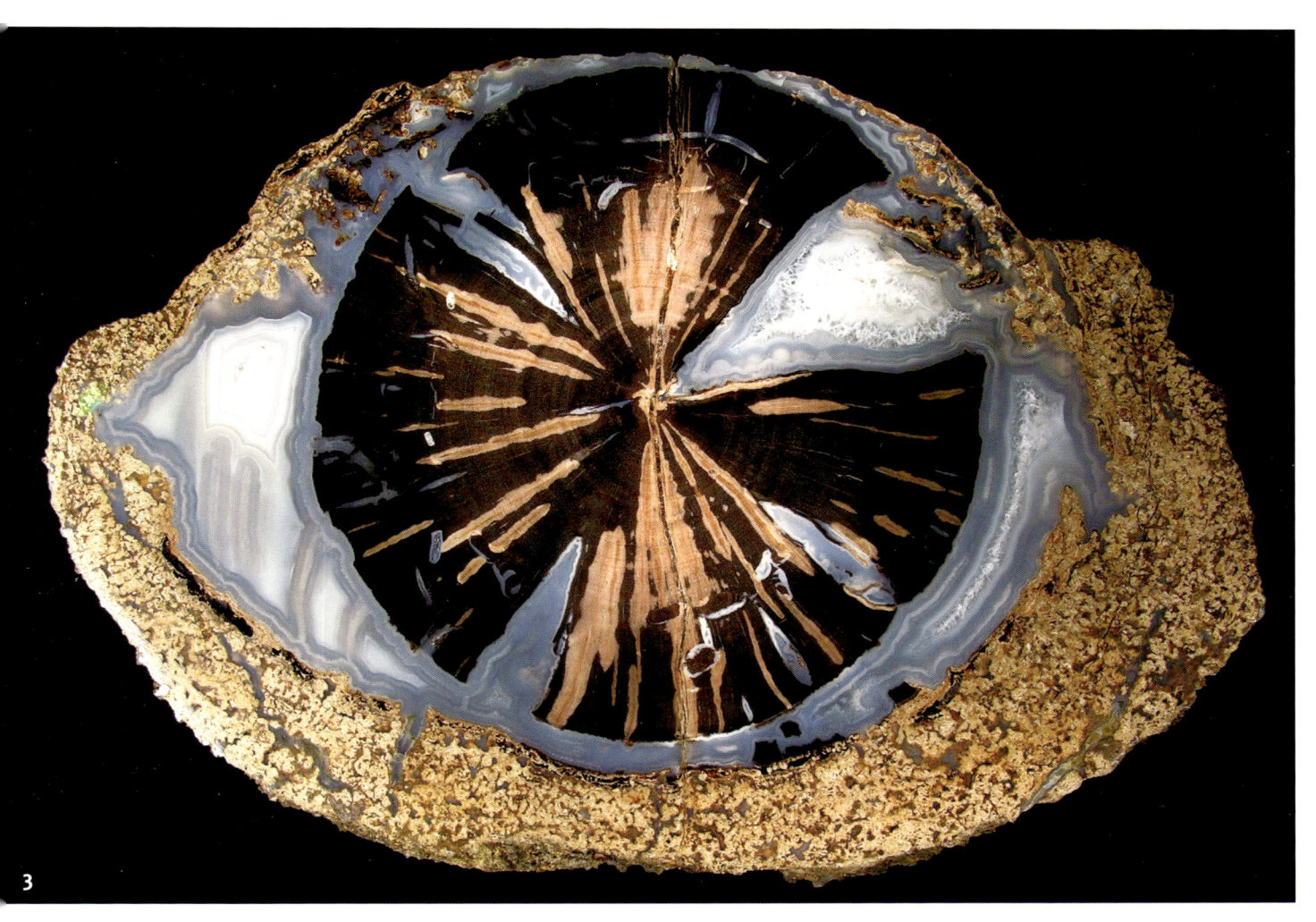

4

Augenachat

Darunter versteht man grundsätzlich einmal einen Achat mit kreisrunder Zeichnung. Allerdings kann es unterschiedliche Ursachen geben, wie dieses Bildnis zu Stande kommt:
Dies mag zunächst einmal dadurch sein, dass die gemeine Bänderung an einer Stelle des Achates bei entsprechendem Schliff (meist ist dafür eine gewisse Wölbung oder ein Schnitt im richtigen Winkel erforderlich) diese Zeichnung preisgibt. Denken wir zum Beispiel an die wunderschönen (gefärbten) schwarz-weißen brasilianischen Onyxe, die in seltenen Fällen sogar zwei oder drei große „Augen" in einem Stück präsentieren.
Eine weitere Möglichkeit, dass ein größerer Sphärolith beim Schnitt oder Schliff direkt „getroffen" wurde, führt ebenfalls zur Augenzeichnung. Das betrifft zum Beispiel jene Augenachate, die wir aus Botswana oder Minnesota (Lake-Superior-Achat) kennen.
Dagegen zählt die dritte Möglichkeit, nämlich dass eine im Achat eingeschlossene dickere „Röhre", wenn sie im richtigen Winkel angeschnitten wird, ebenfalls ein meist rundes, augenähnliches Bild erzeugt, im anglo-amerikanischen Raum eher zum Begriff „Tube"-Achat (= Röhrenachat), hier wird also genauer unterschieden.
Zusätzlich gibt es in der amerikanischen Terminologie auch den Ausdruck „Bullenauge", dies zeigt eine seitlich links und rechts spitz zulaufende Augenform.

1./2. Lake Superior-Augenachate. 3 cm.

3. Augenachat aus Botswana. 3 cm.

4. Augenachat aus Brasilien. 7 cm.

Bandachat

Damit meint man eigentlich die Achate im engeren Sinn, die eine mehr oder weniger deutlich sichtbare Bänderung zeigen. Dieser nicht unbedingt sehr sinnvolle Begriff (denn ureigenstes Wesen der meisten Achate ist eben ihre Bänderung) scheint lediglich im Vergleich zu nicht gebänderten Formen wie Moos-, Plume- oder Sagenitachat angebracht. Gelegentlich wird dieser Ausdruck auch als Unterscheidung der mehr runden, gleichmäßigen oder geschwungenen Zeichnung des „Bandachates" mit der eher scharfkantigen Bänderung des „Festungsachates" gebraucht.

Mitunter wird der Terminus „Bandachat" unnötigerweise auch für Gangachate verwendet.

1. Feiner Bandachat vom Rancho Gregoria, Chihuahua, Mexiko. 5 cm.

2. Wunderschöner Bandachat vom Finkenberg, Idar-Oberstein. 6,5 cm.

Bilderachat

Kaum ein anderes Mineral vermag die menschliche Fantasie mehr anzuregen als der Achat. Viele Zeichnungen im Achat werden mit mehr oder weniger Berechtigung gerne mit Bildern und Szenen aus der realen Welt in Verbindung gebracht. So bezeichnet man oft Achate, die solche Phänomene zeigen, als Bilderachate.

1. Extrem seltenes „Gesicht" in einem Achat vom Alianza-Claim, Ojo Laguna, Mexiko. 10 cm.
2. Wer versteckt sich hier? Achat aus Freisen. 17 cm.

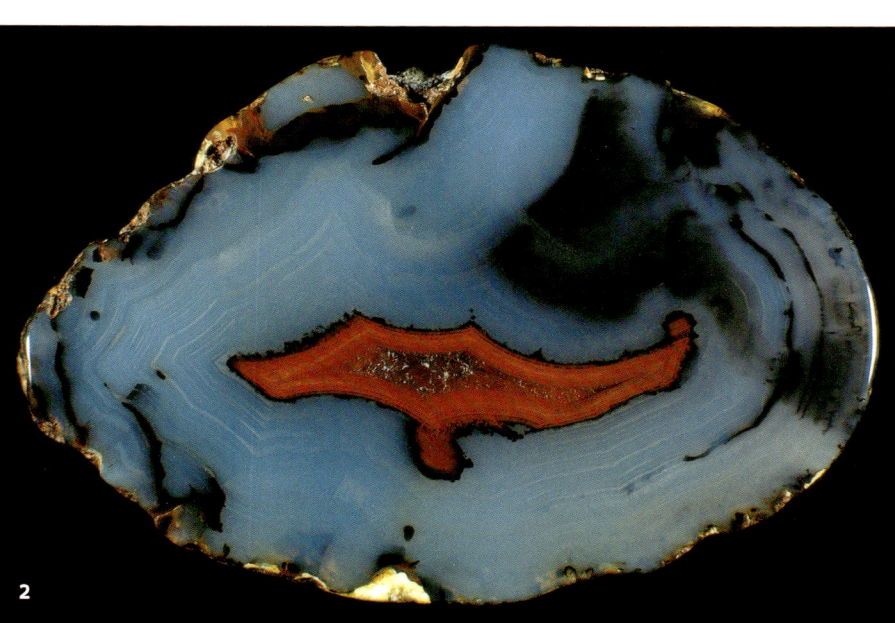

1. Vogel. Berschweiler, Baumholder, Deutschland. 9 cm.
2. Delphin. Auf Hassel, Freisen, Deutschland. 5 cm.
3. Clown. Windrad, Freisen. 7,8 cm.
4. Baum. Steinbruch Juchem, Idar-Oberstein, Deutschland. Höhe 8,2 cm.
5. Nofretete. Baumholder, Deutschland. 3,5 cm.

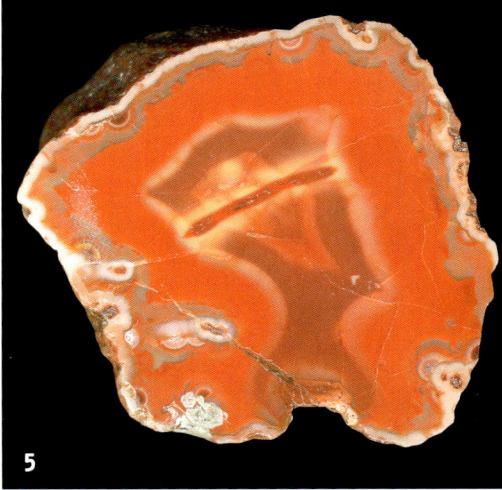

Chalcedon

Hauptbestandteil der Achate ist Chalcedon, ein krypto- (= griech. „verborgen") kristallines Quarzaggregat, welches in der Natur in seiner „gemeinen Form" in farblosem, grauem bis leicht bläulichem Zustand mit meist typisch nierig-kugeliger Oberfläche vorkommt. Je nach Farbe unterscheidet man weitere Varietäten wie Chrysopras, Karneol, Sarder, Onyx …

1. Chalcedon in typischer blauer Farbe von Cavnic, Rumänien. 6 cm.
2. Charakteristisch nierig-kugelige Oberfläche eines Chalcedons vom Yellowstone-Nationalpark, Wyoming, USA. 7 cm.

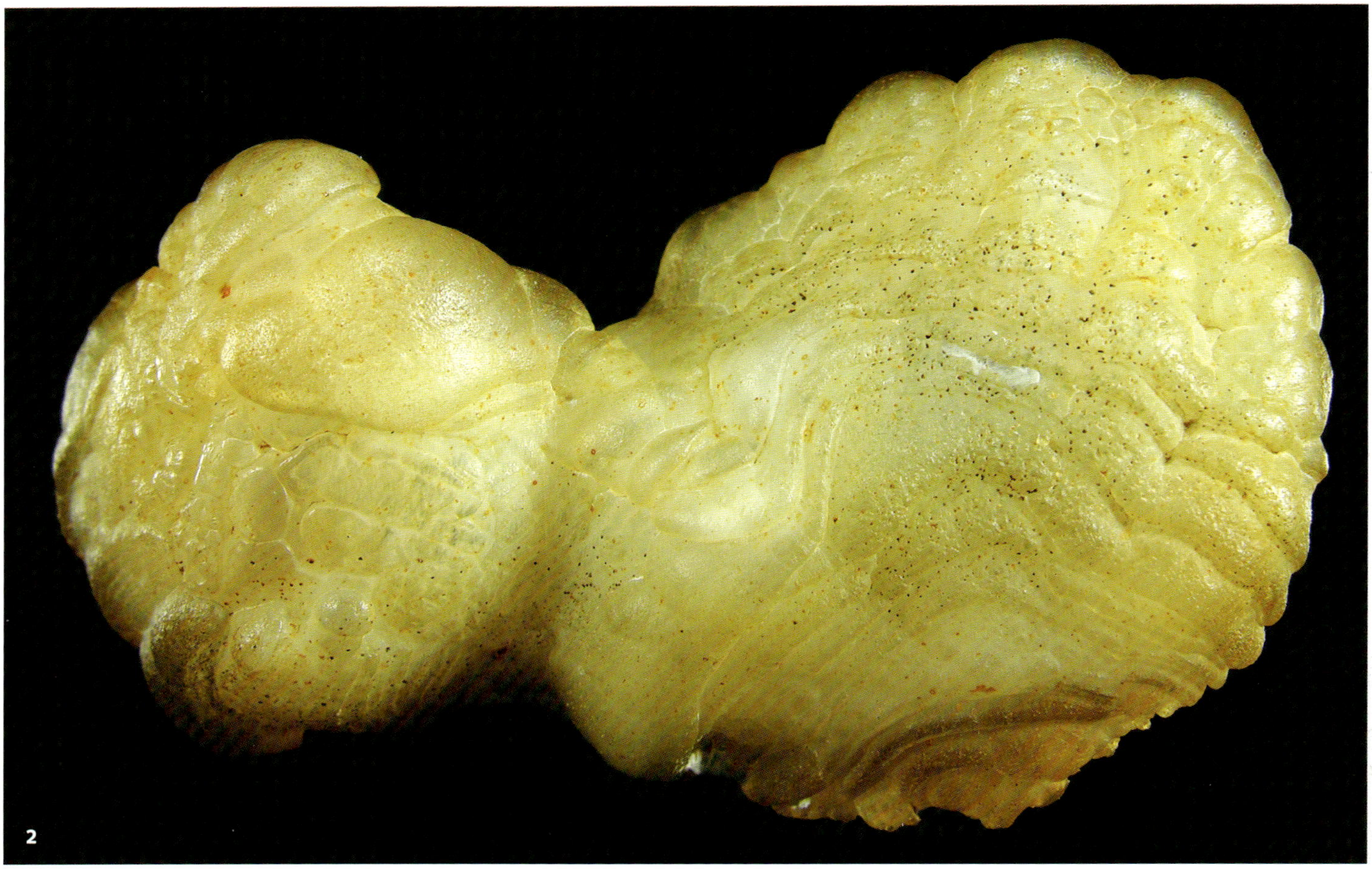

Chrysopras

Dies ist die oben erwähnte grüne Form des Chalcedons. Seine seltene Färbung entsteht durch die Einlagerung geringer Gehalte von Nickelverbindungen. Trocknet das Material zu sehr aus, kann es sein, dass die Farbe verblasst. Durch entsprechend feuchte Lagerung ist der Farbverlust manchmal zumindest teilweise wieder regenerierbar.

Die bekannten historischen Fundorte für Chrysoprase befinden sich in Schlesien/Polen, auch aus Australien kam in den letzten 40 Jahren reichlich gutes Rohmaterial auf den Markt.

1. Chrysopras von Sklary in Schlesien, Polen. 9 cm.

2. Australischer Chrysopras mit intensiver Farbe. 7 cm.

Dendritenachat

Hierbei handelt es sich um meist klare Achate mit bäumchen- oder pflanzenähnlichen verzweigten Einschlüssen, die Dendriten (von. griech. dendron = Baum) genannt werden und meist aus Eisenoxiden (braunrot) oder Manganoxiden (schwarz) bestehen. Eher seltener findet man sie auch in gebänderten Achaten, hier oft im Zentrum der Mandel und entlang von Rissen innerhalb des Achates. Mineralführende Lösungen dringen in diese Risse und Spalten ein und kristallisieren in Form von zweidimensionalen Skelettkristallen aus, die eben wie pflanzenartige Gebilde aussehen.

Eine wässrige Lösung von Ammoniumchlorid auf einer Glasplatte ausgebracht und im Mikroskop betrachtet liefert in kurzer Zeit sehr ähnliche Formen.

Im Unterschied zu den dicken dreidimensionalen Einschlüssen in Plume-Achaten sind die Dendriteneinschlüsse eher zweidimensional ausgeprägt. Ausgezeichnete Exemplare kommen beispielsweise aus Montana/USA oder Brasilien.

Der Mochastein (auch als Mookastein, Baumstein, Mückenstein oder Dendrachat bezeichnet) wurde angeblich ursprünglich im Jemen („Port of Mocha") gefunden. Viele dieser alten Stücke, von denen ein Großteil aber tatsächlich aus Indien stammte und nur über den Yemen verschifft worden sein dürfte, sind als prachtvolle Cabochons verarbeitet in den Sammlungen der großen Museen weltweit vertreten. GIENGER (2008) beschreibt zudem sehr ausführlich ein Mookait-Vorkommen bei Carnarvon in Westaustralien, welches von der Fa. Aradon abgebaut wird.

Die Bezeichnung „Dendritenchalcedon" für schwach bis ungebänderte Stücke scheint eher entbehrlich, ist aber in der mineralogischen Fachliteratur sehr verbreitet.

1. Dendritenwachstum, ausgehend von Rissen im Achat. Brasilien. 4 cm.

2. Landschaftszeichnung durch reiches Dendritenwachstum in einem Chalcedon-/Opalmaterial aus Kasachstan. 8 cm.

Donnereiachat

Dieser Begriff stammt angeblich aus der indianischen Mythologie, und zwar von einem Stamm aus dem Gebiet von Warm Springs, Oregon/USA: Grollten die Donnergötter, die bequemerweise gleich in Vulkanen (etwa in den Kratern des Mount Hood und Mount Jefferson) hausten, oder veranstalteten sie ausgelassene Spiele, so schleuderten sie - verbunden mit großem Getöse - kugelige Steine durch die Gegend, die eben „Donnereier" genannt wurden (ARNOTH 1986).

In der Begriffswelt des Achates handelt es sich dabei um so genannte Rhyolithkugeln, auch als Lithophysen bezeichnet, die in ihrem Inneren einen im Idealfall fünfzackigen, sternförmigen Achat enthalten.

Da sie zusammen mit der Matrix (Rhyolith, ein meist helles, mitunter aber auch braunes oder braunrotes, quarzhaltiges vulkanisches Gestein) meist kugelförmig, selten aber auch brotlaibartig bis spindelförmig auswittern, erhielten sie den Namen „Donnereier".

RYKART (1989) sieht ihre Bildung, vereinfacht ausgedrückt, als Gesteinsblasen, die zunächst mit Vulkan-Schlamm gefüllt waren. Durch Flüssigkeitsverlust und die damit verbundene Schrumpfung bildeten sich Hohlräume, die in den meisten Fällen eine sternartige dreidimensionale Struktur zeigen. In diesen Hohlräumen konnten sich nun die Achate bilden.

Diese Achatart ist sehr weit verbreitet, man kennt sie von Funden in Sachsen, im Schwarzwald, vor allem aber von zahlreichen Fundstellen in den USA (Priday Ranch in Oregon oder die berühmten Baker Eggs aus New Mexico).

Außer Achaten und den üblichen Hohlraumbildungen wie verschiedenen Quarzkristallen kommen auch vollständige Füllungen durch Opal (z.B. aus Idaho/USA oder Äthiopien), Jaspis oder Kombinationen von Achat und Opal vor.

1. Donnereiachat (Lithophyse) vom Hauskopf, Lierbachtal, Schwarzwald. 10 cm.
2. Klassischer Donnereiachat von Mt. Hay, Queensland, Australien. 6 cm.
3. Donnereiachat mit seltener weißer Bänderung aus Mexiko, der erst seit kurzer Zeit unter dem Namen „Coyamo-Achat" im Handel ist. Santa Ulalia bei Chihuahua, Mexiko. 8 cm.

Enhydros

Dieser mineralogische Begriff beschreibt Achate und Chalcedonknollen mit einem wassergefüllten Hohlraum im Zentrum. Bei richtigem Schliff/Schnitt und vor allem, wenn auch eine Luftblase vorhanden ist, sieht man eine sich bewegende Flüsigkeit und hört auch gluckernde Geräusche.

Auffallend oft ist dieser Flüssigkeitseinschluss auch innerhalb eines makrokristallinen Quarzzentrums im Achat zu finden. Bei zu trockener Lagerung kann es vorkommen, dass die Flüssigkeit unwiederbringlich verdunstet.

Die besten und größten Enhydros kommen aus Brasilien und Uruguay, aber schon Plinius berichtete über dieses Phänomen bei Achaten vom Monte Tondo in den Colli Berici bei Vicenza in Oberitalien (BAUER 1896). Für diese Art wird gelegentlich auch der Begriff „Wasser-Achat" verwendet, während der englischsprachige Ausdruck „Water-level-Achat" (water level = Wasserspiegel, Wasserstand) für Stücke mit Uruguay-Bänderung gebraucht wird.

Wassergefüllter Hohlraum im Zentrum einer Mandel aus Brasilien. 6 cm.

Feuerachat

Eine vor allem im amerikanischen Raum als Schmuckstein und auch als Schaustück in Sammlungen seit etwa 1945 beliebte Achatvarietät ist der Feuerachat. Dabei handelt es sich um einen weißen bis farblosen, in der Regel nierig bis kugelig ausgebildeten, lagenförmigen Chalcedon, der zwischen zwei Schichten dünne Häutchen aus irisierenden Eisenoxiden einschließt. Sie entfalten - noch stärker, wenn das Stück ein wenig bewegt wird - prächtige Farben in Rot, Orange-, Gelb-, Braun-, Grün- und ganz selten auch Violetttönen. Voraussetzung dafür ist allerdings ein fachmännischer Schliff, da der Verlauf der Schicht meist der nierigen Form der Chalcedonlagen folgt, sodass bloßes Anschleifen die Schönheit der Stücke nicht richtig zur Geltung bringt. Meist folgt man beim Schliff mit speziellen feinen Diamantwerkzeugen, wie man sie auch beim Steinschnitzen verwendet, den Wölbungen des Steins.

Feuerachate sind vor allem in den Vereinigten Staaten von Amerika sehr populär, gelten neben dem Türkis als mineralogisches Symbol des „Westens" und stellten ein begehrtes Sammelobjekt für Generationen amerikanischer Rockhounds dar. Muttergestein ist in der Regel ein hellfarbiger, feinkörniger Rhyolith (auch Liparit genannt). In dessen Hohlräumen überzieht er oft Hohlräume in nierigen Formen. Meist ist die Matrix jedoch verwittert und die ausgewitterten Feuerachate finden sich in Geröllrinnen an Berghängen oder einfach auf der meist steinwüstenartigen Oberfläche Mexikos oder des Südwestens der USA.

Heute noch produktive Fundstellen befinden sich zum Beispiel in Arizona und Kalifornien; ausgezeichnetes Material kommt in den letzten Jahren vor allem aus Mexiko.

Gute, vielfarbige Feuerachate, die in der Regel als Ringsteine oder für Anhänger verwendet werden, erzielen zum Teil sehr beachtliche Preise auf dem Markt, die für Europäer nicht immer ganz nachvollziehbar sind. Für den Feuerachat unterscheidet man in Fachkreisen eigene Qualitäten: „Imperial" (etwa 95% des Steines hat ein Farbenspiel), „Royal" (90%), „Gem" (80%), „Commercial I (75%)", Commercial II (50-60%) und „Commercial III" (weniger als 50% Farben) (GÜBELIN 1979).

Besonders geschätzt und nahezu unbezahlbar sind kleine Steinschnitzereien aus Feuerachaten, die gekonnt dem Verlauf des irisierenden Farbenspieles folgen.

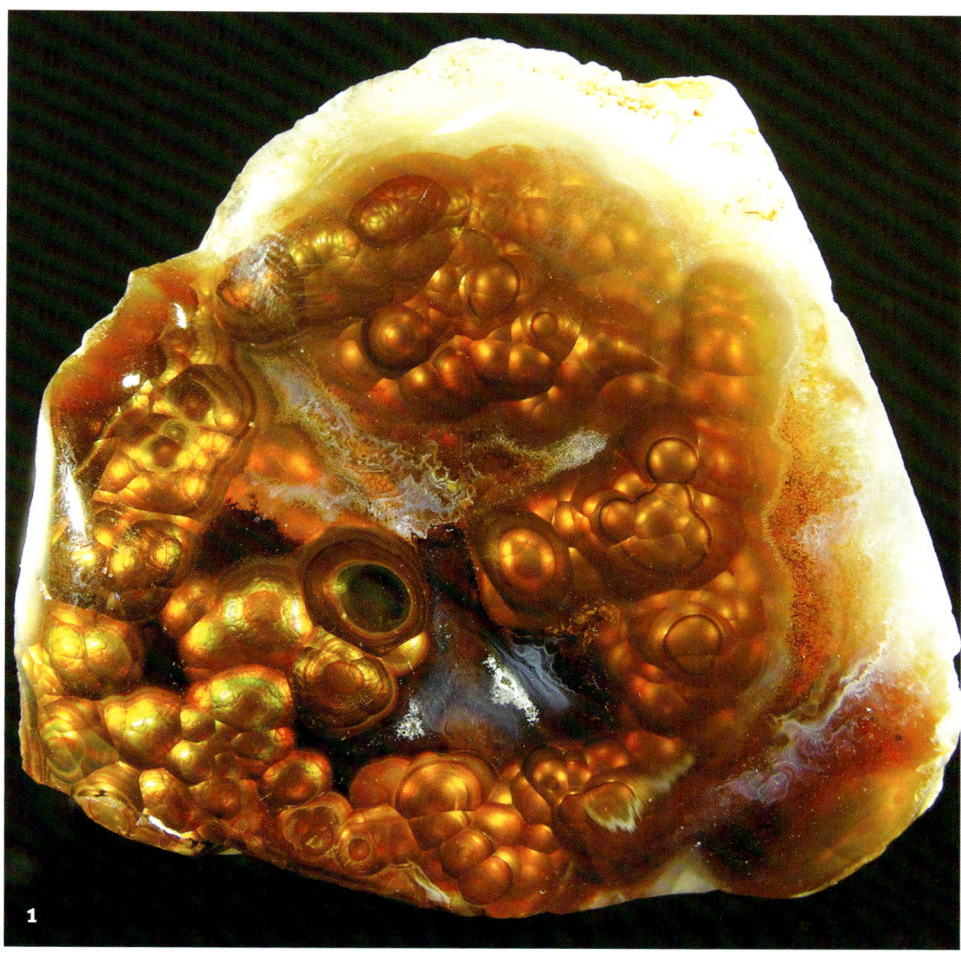

1./2. Feuerachate aus Chihuahua, Mexiko.
Der Schliff passt sich dem nierigkugeligen Verlauf der Chalcedonoberfläche an. Nur ein dünnes Häutchen erzeugt das gesuchte irisierende Farbenspiel. 5 cm.

Flammenachat

Mit dieser Bezeichnung ist eine typische Zeichnung des betreffenden Achates gemeint. Sie wird einerseits angewendet auf zum Teil recht dicke Gangachate aus Mexiko (Chihuahua), die in einer klaren bis dunklen Chalcedonmatrix rote oder grüne züngelnde, flammenähnliche Gebilde zeigen, die meist vom Rand zur Mitte des Stückes hin orientiert sind. Andererseits werden diese eigenartig geformten Bildungen gelegentlich auch in Achatmandeln beobachtet, und zwar vor allem in den Randzonen der Mandeln (z.B. bei Stücken aus der Region Freisen/Deutschland oder bei den bekannten Geoden, zum Beispiel aus dem Paraná-Becken in Brasilien). Bei dieser Variante kommt es allerdings regelmäßig zu Verwechslungen und Überschneidungen mit dem Begriff „Wolkenachat".

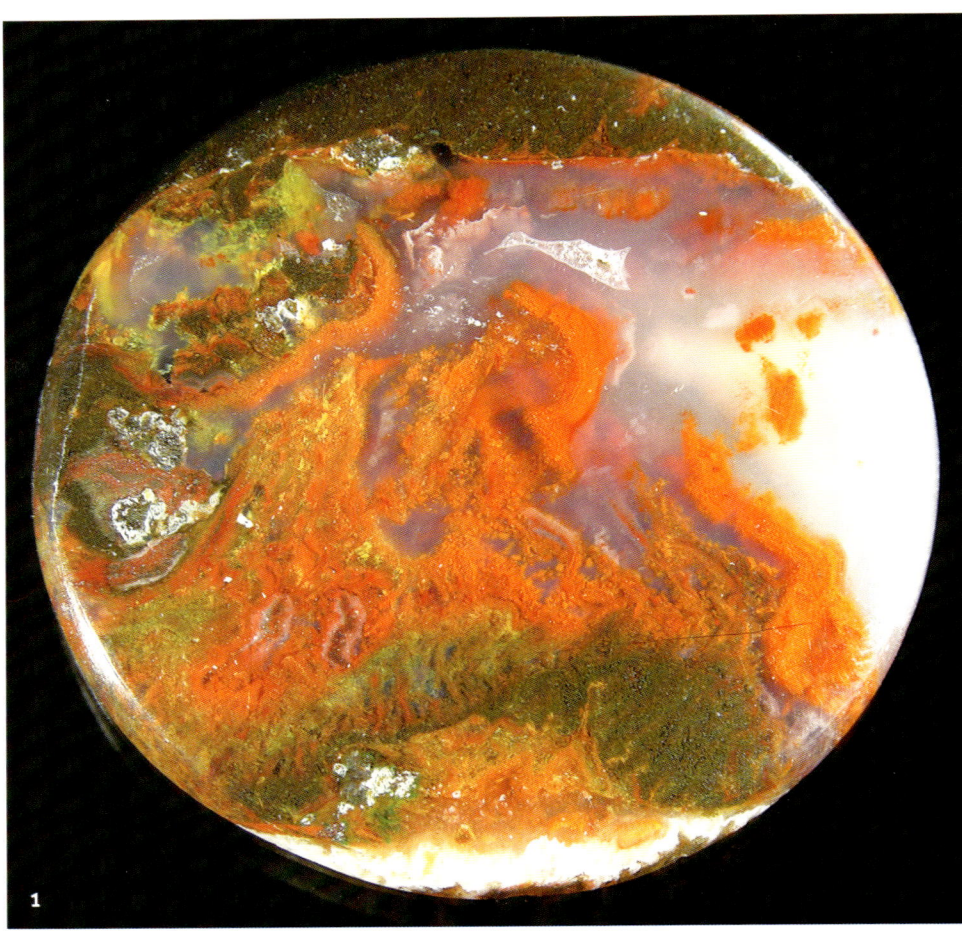

1. Cabochon eines „Flammenachates" aus Chihuahua, Mexiko. 3 cm.

2. Züngelnde Flammen in einem Gangachat aus Chihuahua, Mexiko. Die kontrastreiche Kombination oranger und grüner Farben verleiht dem Material seinen Reiz. Bildbreite 6 cm.

Fortifikationsachat (Festungsachat)

Der Name stammt von Ähnlichkeiten zwischen der scharfkantigen Achatbänderung mit den Umrissen alter Fortifikationsanlagen/Festungen. Die irreführende zweite Deutung meint bloß einfach gebänderte Achate, die, wenn überhaupt notwendig, besser den Namen „Bandachat" tragen sollten. Typische Festungsachate sind z.B. jene aus den Steinbrüchen bei Waldhambach/Deutschland oder die prächtigen Stücke aus Ojo Laguna/ Mexiko.

1. Festungsachat von Ojo Laguna, Chihuahua, Mexiko. 10 cm.
2. Dryhead-Achat in „Festungsform", Montana, USA. 11 cm.

Gangachat

Darunter versteht man Achate, die sich in Spalten und Gängen verschiedenster Gesteine bilden konnten. Bei ihnen ist es oft schwierig ein vollständiges Schnittbild zu erzielen. Wenn dies möglich ist, sind solche Achate besonders begehrt. In Deutschland kennt man die oft mächtigen Achatgänge von Schlottwitz in Sachsen, aber auch die bekannten Crazy Lace-Achate aus Mexiko (und ihre vielen Spezialformen) sind bis auf wenige Ausnahmen Gangachate.

1. Gangachat von Lebach-Steinbach, Deutschland. Bildbreite 7 cm.
2. Crazy Lace-Achat aus Chihuahua, Mexiko. Die ehemalige Gangbegrenzung ist in der oberen Bildhälfte gut zu erkennen. Breite 11 cm.

Iris-Achat

Diese auch Regenbogenachat genannte Varietät zeigt im Durchlicht ein wunderbares irisierendes Farbenspiel. Allerdings ist dafür in der Regel die Anfertigung sehr dünner geschliffener Scheiben (2 mm) notwendig, die, wenn sie gegen eine starke Lichtquelle gehalten werden, den besagten Effekt zeigen. In der Regel irisieren nur einzelne Bänder eines Achates. Vor allem bei Stücken aus Brasilien und Mexiko tritt das Phänomen gar nicht so selten auf. Interessanterweise handelt es sich dabei meist um sammlerisch sonst nicht besonders „wertvolle" (von Farbe und Bänderung her) Exemplare.

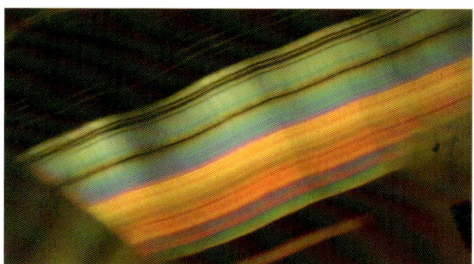

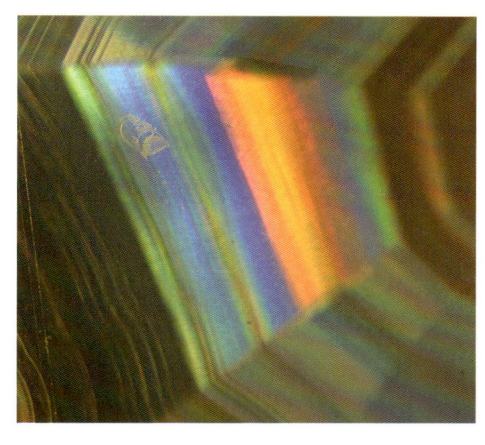

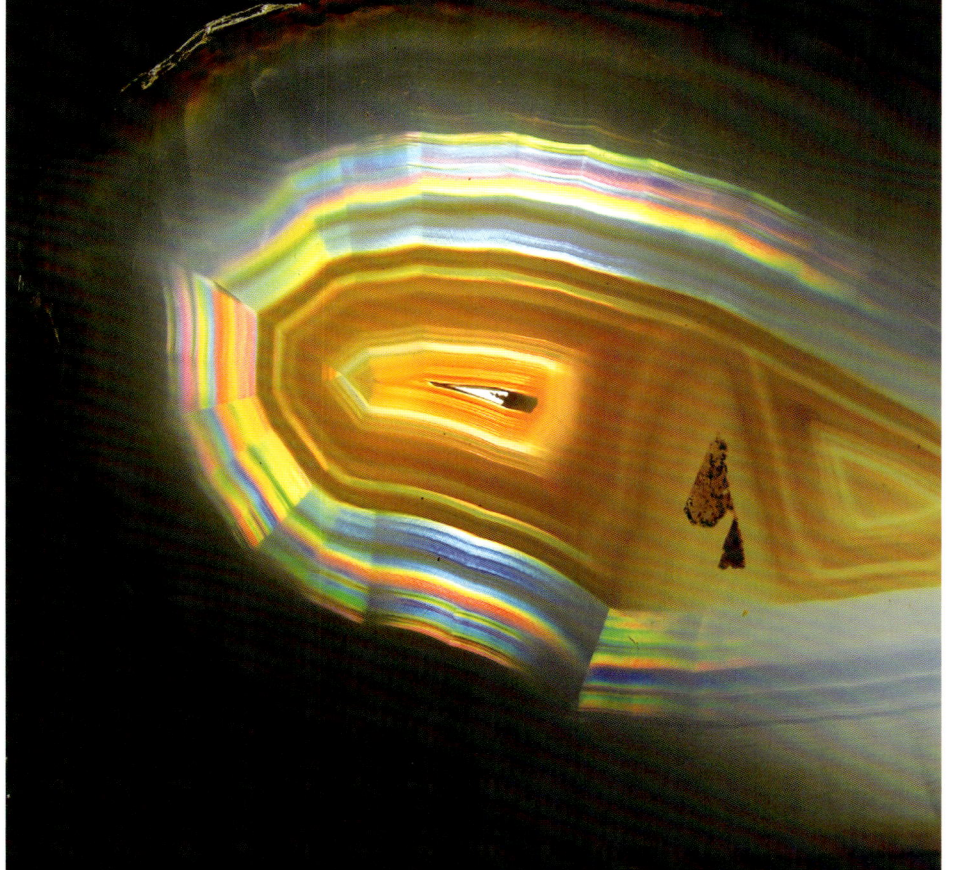

Iris-Phänomen in einer Gravur aus Montana-Achat (ganz oben) und in Achatscheiben von Rio Grande do Sul, Brasilien. Bildbreiten 2 bis 8 cm.

Karneol (auch Carneol)

Während im englischsprachigen Raum durchaus auch gebänderte Stücke (z.B. jene aus Oregon) den Namen „Karneol" tragen dürfen, beschränkt sich diese Bezeichnung im europäischen Raum meist nur auf ungebänderte, rötlich bis rotbraun durchscheinende Chalcedone. Oft werden „Karneole" auch aus entsprechenden Bandbereichen einer größeren Achatmandel herausgeschnitten. Gute Stücke von intensiver Farbe kommen sehr selten aus Manitoba/Canada und Indien.

1. und 2. Naturfarbene Karneole von den Polly Drummond Agate Beds bei Lebanon, Oregon, USA. 1. 6 cm. - 2. 7 cm.

Landschaftsachat

Für Landschaftsachate gilt die selbe Erklärung wie für Bilderachate. Gelegentlich zeigen Achate Szenen, die an Landschaften (Wüsten, Seen) erinnern. Diese Bereiche einer Scheibe werden gerne zu Cabochons und weiter zu Schmuckgegenständen verarbeitet.

Meist handelt es sich dabei um geschickt ausgewählte kleine Teile einer größeren Achatscheibe. Rote, gelbe und bräunliche Farben dominieren dabei.

Auch hier sind Lösungen nachträglich in Risse und Spalten, oft auch in Schichtfugen des Achates eingedrungen und haben dadurch diese Szenen entstehen lassen.

Schöne Landschaftsszenen finden sich z.B. in Achaten aus Brasilien und in Montana-Achaten (darin zum Beispiel Seeszenen mit Spiegelungen von Bäumen und Sträuchern).

Cabochons mit feinen Landschaftsachaten aus Brasilien.
1. 3,5 cm.
2. 3 cm.
3. 4 cm.

Liesegang-Bänder

Dieses interessante Selbstorganisationsphänomen in Form von echten Liesegang-Bändern aus rötlichen bis rotbraunen Eisenpigmenten kann sehr selten auch bei Achaten beobachtet werden. Es kommt innerhalb von Achatbereichen mit herkömmlicher Bänderung vor. Der Winkel zwischen beiden Bänderungsformen kann dabei sehr unterschiedlich ausgeprägt sein. Dabei ist die typische Bandaufspaltung meist deutlich zu erkennen. Man kennt Liesegang-Bänder in Achaten zum Beispiel von Funden aus Baumholder.

Liesegang-Bänderung in Achaten:
1. Rio Grande do Sul, Brasilien. 8 cm.
2. Baumholder, Deutschland. Bildbreite 6 cm.

Membran-Trümmerachat

Dieser Begriff aus der Achatmorphologie meint Achate mit Membrantrümmer-Strukturen. Zu einem sehr frühen Zeitpunkt der Achatentstehung haben sich hautförmige Mineralabscheidungen von der Wand des Mandelhohlraums abgelöst und brachen auseinander. Später wurden diese oft grünlichen oder bräunlichen, meist gekrümmten Teile dann von der Chalcedonmasse wieder eingeschlossen.

Liesegang erklärte die Bildung dieser Achatform ähnlich jener der Moosachate: Er hielt die Membrantrümmer für einstige große osmotische Zellen innerhalb des Achates, die aber wieder zerfallen sind.

Der reine Begriff „Trümmerachat" beschreibt hingegen zum Beispiel Achatgänge, die durch tektonische Bewegungen oder das Eindringen von Flüssigkeiten unter hohem Druck und Temperatur zerbrachen, sich etwas verschoben und manchmal später wieder verkittet wurden. Diese Variante wird gelegentlich auch als „Breccienachat" bezeichnet.

Typische Membran-Trümmerachatstruktur, die sich nahezu auf die gesamte Mandel ausgebreitet hat.

1. Hoppstädten-Weiersbach, Deutschland. 4 cm.
2. Wendelsheim, Deutschland. 6 cm.
3. Wendelsheim, Deutschland. 5 cm.

Moosachat

Die sich auch bei Laien großer Beliebtheit erfreuenden Moosachate zeigen meist eine klare bis blaugraue Chalcedongrundsubstanz, in welche röhrenförmige Einlagerungen, die oft an Moose erinnern, eingeschlossen sind. Die Farbe dieser Einschlüsse variiert: Grüne, gelbe, goldfarbene, braune, rote, graue und gelegentlich auch weiße Moose kommen vor. Obwohl Moosachate auch in Mandelachaten vorkommen, handelt es sich bei den bekanntesten Funden (Indien, Mongolei - besonders beeindruckende dichte Moose, Mexiko, USA) meist um Gangachate.

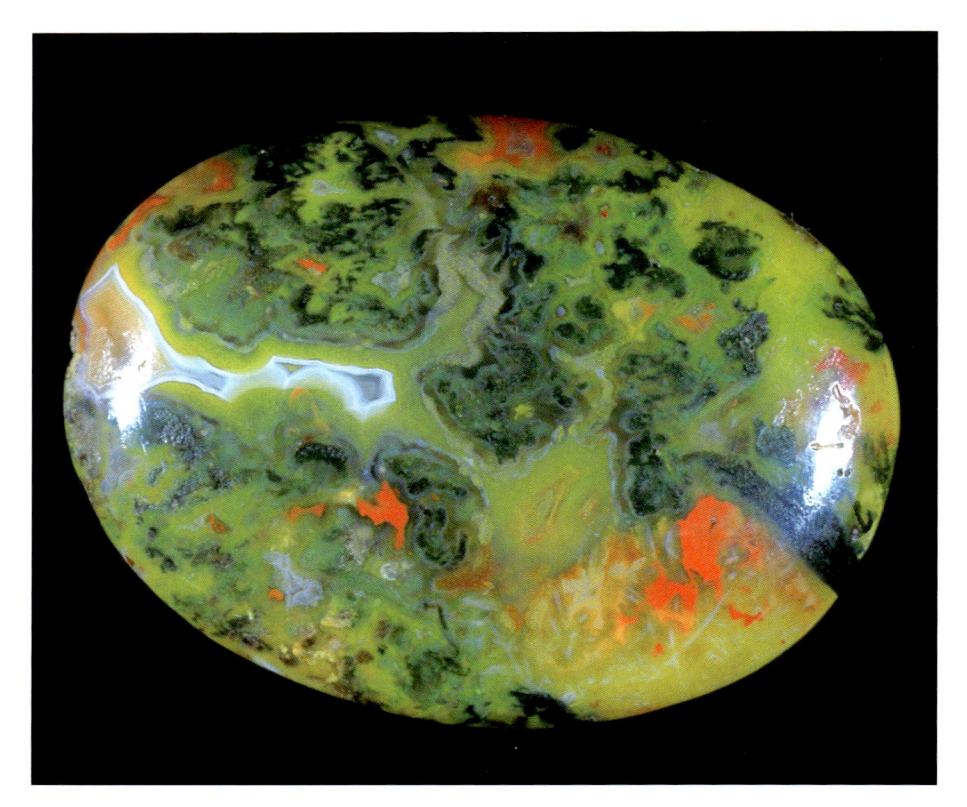

1. Moosachat von der schottischen Fundstelle Burn Anne. Breite 2,7 cm.
2. Prächtige Moosachatstruktur in einem Stück von den Chimney Beds, Arizona, USA. 10 cm.

Das Bildungsprinzip der Moosachat-Struktur (so werden die rundlichen Röhrchen wissenschaftlich bezeichnet) soll große Ähnlichkeiten zur Silikatgewächsbildung aufweisen. Der berühmte Versuch, der in diesem Zusammenhang sehr oft Erwähnung findet, sei auch hier kurz angeführt: $FeCl_2$- oder $FeSO_4$-Salze werden einer Alkalisilikat-Lösung („Wasserglas") beigemengt. In der chemischen Reaktion wird das Salzkorn mit einer Art Kieselgelhaut umhüllt, die schließlich aufplatzt, sich aber sofort wieder ummantelt. Bei oftmaliger Wiederholung dieses Vorganges entstehen röhrenartige Gebilde, die gewisse Gemeinsamkeiten mit der Moosachat-Struktur zeigen.

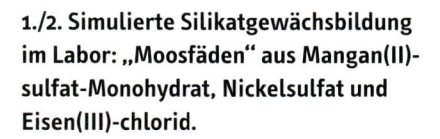

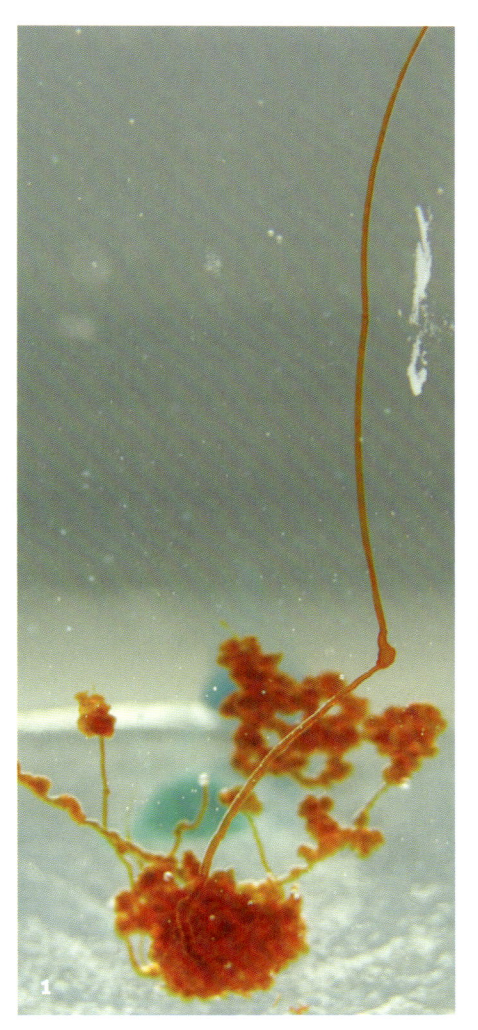

1./2. Simulierte Silikatgewächsbildung im Labor: „Moosfäden" aus Mangan(II)-sulfat-Monohydrat, Nickelsulfat und Eisen(III)-chlorid.

Onyx

Diese bereits im Altertum sehr geschätzte Varietät meint einen komplett schwarzen oder schwarz-weiß gebänderten Chalcedon. Diese Schwarzfärbung wird meist auf

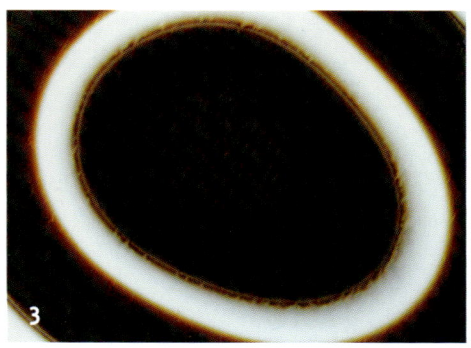

3. Onyx aus Brasilien. Bildbreite 3 cm.
4. Schwarz gefärbter Onyx aus Marokko. 3,5 cm.

künstlichem Wege hergestellt und galt lange Zeit als „Familiengeheimnis" der Schleiferfirmen (z.B. in der Region Idar-Oberstein). Bedauerlicherweise wird der Name „Onyx" im Mineralien- und Schmucksteinhandel auch fälschlicherweise für verschiedene (meist sinterartige) Calcitformen verwendet (z.B. türkisches, asiatisches oder mexikanisches Material), was der ohnehin schon herrschenden Begriffsverwirrung nicht dienlich erscheint.

Plume-Achat

Der englische Ausdruck „plume" wird wörtlich mit „Feder" oder „Federbusch" übersetzt. Der Begriff „Plume-Achat" bezeichnet eigentlich einen meist klaren, farblosen Chalcedon, in welchem dreidimensionale pflanzen-, strauch-, blumen- oder eben federbuschähnliche Gebilde eingewachsen sind. Im Gegensatz zu den meist zweidimensionalen Dendriten sind diese Einschlüsse in allen Richtungen innerhalb der Achatmasse ausgebildet und zeigen meist dickere „Stämme", entlang derer sich weitere astähnliche Verzweigungen gebildet haben.

Die bei angloamerikanischen Sammlern seit Jahrzehnten außerordentlich begehrten Achate sind hingegen bei mitteleuropäischen Achatfreunden relativ unbekannt. Im Deutschen existiert nicht einmal ein vergleichbarer Begriff, sodass sehr für eine Übernahme des über Jahrzehnte historisch gewachsenen Namens „Plume-Achat" auch in der deutschen Terminologie eingetreten werden sollte. Die Hauptfundstellen für wunderbare rote oder schwarze Plume-Achate liegen in West-Texas (z.B. die berühmte Woodward Ranch) oder Oregon (die altbekannten goldfarbigen Priday-Plumes).

1. **Priday-Plume-Donnerei aus Oregon, USA. 6 cm.**
2. **„Day and Night"-Plume in einer Mandel aus Chihuahua, Mexiko. 7 cm.**

Röhrenachat

In manchen Achaten erscheinen bei richtigem Schnitt röhrenartige Gebilde. Im Zentrum dieser meist etwa 1 cm starken „Röhren" sitzt in der Regel ein dünner Moosachatfaden, um welchen sich mit etwas Abstand eine Art Chalcedonhülle gebildet hat. Schneidet man die Röhren waagerecht, so ergibt sich ein augenähnliches Bild.

In gewissen Achaten vorkommende stalaktitische Chalcedonformen (z.B. bei jenen von Plóczki in Polen) zählen streng genommen nicht zum Röhrenachat.

1. Röhrenbildungen in einem Achat vom Bull Canyon, Nevada, USA, unter dem Mikroskop betrachtet. Bildbreite 6 mm.

2. Mandel mit dicken Röhrenstrukturen vom „Argentina Pit", Argentinien. 8 cm.

Sagenit-Achat

Dies ist eine vor allem im englischsprachigen Raum verbreitete Bezeichnung für meist klare Achate mit nadeligen Einschlüssen oder stängeligen Pseudomorphosen.
Obwohl Rutil („Sagenit") in Achaten praktisch nie auftritt, hat dieser Ausdruck breite Bedeutung erlangt und bezeichnet wohl eher symbolisch die nadelige Struktur dieser Einschlüsse. Achate dieses Typs werden weltweit häufig gefunden und kommen sowohl als Mandel- als auch als Gang-

1. Auch als „Bean-Field-Achat" bezeichneter Sagenit-Achat von Nipomo, Kalifornien, USA. Bildbreite 6 cm.
2. Sagenit-Struktur in einer Mandel von Estacion Moctezuma, Chihuahua, Mexiko. 8 cm.

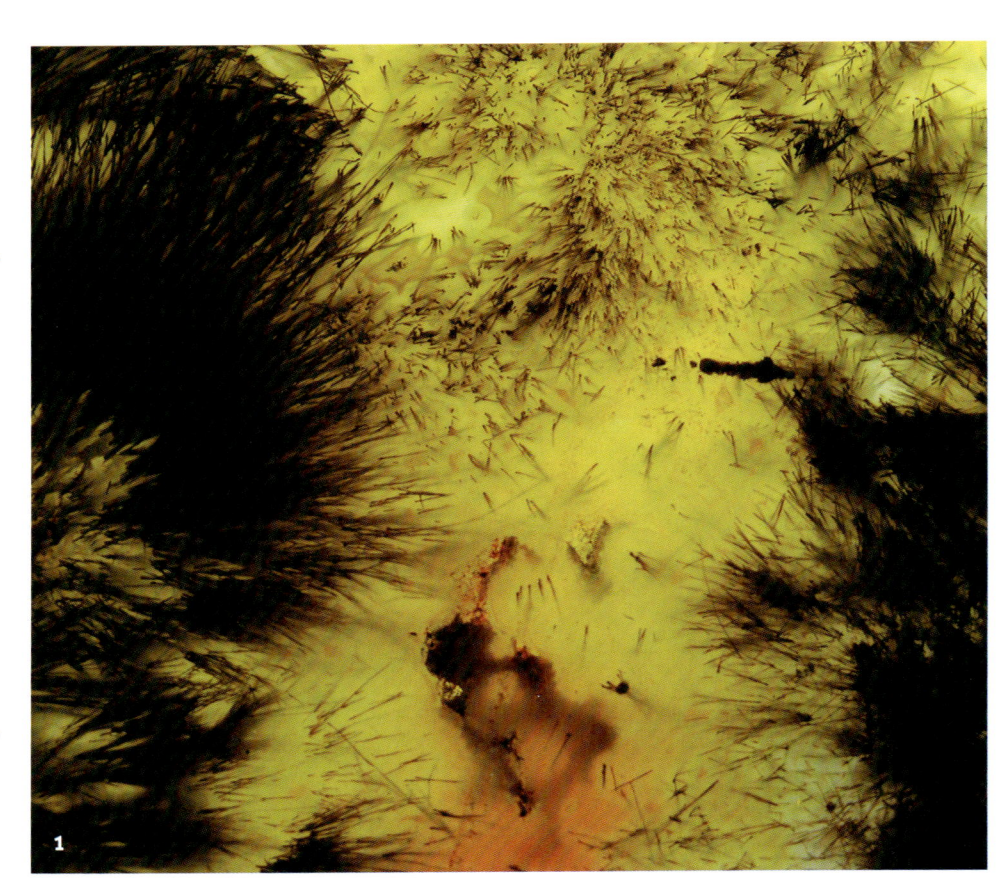

achate vor, während sie in sedimentär gebildeten Achaten nahezu überhaupt nicht zu beobachten sind. Als Einschlüsse bzw. „Formgeber" der Pseudomorphosen sind hauptsächlich verschiedene nadelförmige Zeolithe, Aragonit, Gips, Goethit und auch Antimonit bekannt. Es gibt zahlreiche Sammler, die sich ausschließlich auf „Sagenit-Achate" spezialisiert haben. Trotz der eigentlichen Fehlbenennung wäre der besseren Kommunikation und Kürze wegen zu überlegen, ob man sich nicht auch in deutschsprachigen Sammlerkreisen eine zumindest „oberbegriffsmäßige" Verwendung dieses historisch gewachsenen Ausdruckes angewöhnen könnte …

1. Sagenit-Achat-Bildungen. Achatscheibe, Rio Grande do Sul, Brasilien. 15 cm.
2. Achat, Chimney Beds, Arizona, USA, mit seltener Sagenit-Struktur. Bildbreite 2 cm.

49

Sarder

Mit dieser Varietät ist zunächst einmal ein gleichmäßig intensiv braun gefärbter Chalcedon gemeint.
Die Bezeichnung Sardonyx beschreibt hingegen einen Achat mit rot-weiß-schwarzen Lagen, der ziemlich selten in natürlicher Form vorkommt und schon in der Antike gerne zum Gemmenschneiden verwendet wurde.
Und schließlich gebrauchen die Idar-Obersteiner Achatschleifer/ -händler für die weiße Schicht in einem solchen Lagenstein den Ausdruck „Sard".

Uruguay-Struktur

Diese auch als „Uruguay-Achat", „Uruguay-Typ" oder im Englischen als „Onyx-Bänderung" bezeichnete Art zeigt immer die typisch ebenen, fast parallelen Lagen.
Bei ihrer Entstehung war die Schwerkraft beteiligt: In der Porenlösung des entstehenden Achates schweben die winzigen amorphen SiO_2-Kolloidpartikel (siehe Kapitel „Die Entstehung der Achate"). Werden diese Partikel im Verlauf ihres Wachstums zu groß oder schließen sich mehrere zu so genannten Clustern zusammen, wirkt die Gravitation stärker als die „Brownsche Bewegung" und sie sinken zu Boden, wo sie die oben beschriebenen flachen Lagen bilden. Interessanterweise treten innerhalb der Folge der Uruguay-Bänderung immer wieder typisch weiße, nahezu undurchsichtige Schichten auf.

Diese Erscheinung ist natürlich keineswegs nur für Achate aus Uruguay typisch, sie kommen weltweit sogar sehr häufig an vielen Fundorten vor. Erwähnenswert sind dabei Achate vom Agate Creek in Australien, wo, bis auf eine extrem dünne wandumlaufende Bänderung, die gesamte Mandel mit Uruguay-Struktur gefüllt ist. Dieses Phänomen ist auch bei Donnerei-Achaten von der Priday Ranch (Richardson Ranch) in Oregon/USA zu beobachten, wo oft auch extrem dicke Uruguay-Lagen vorkommen.

1. Sardonyx aus Brasilien. Bildbreite 3 cm.
Beispiele für die Uruguay-Struktur:
2. Australien. 6,3 cm.
3. Patagonien. 7 cm.
4. Oregon, USA. 6 cm.

Wolkenachat

Dieser kommerzielle Begriff beschreibt die Ähnlichkeiten mancher Achatzeichnungen mit Wolkenformationen. Bekannt dafür sind vor allem die Achatgeoden aus Brasilien, wo diese weißen Formen in der Regel in den schmalen, graublauen Wandbereichen der Geoden auftreten. Manchmal kommt es auch zur gleichbedeutenden Verwendung des Ausdruckes „Flammenachat".

1. Wolkenachat-Zeichnung in den Randbereichen einer mit Amethyst gefüllten Achatgeode aus Brasilien. 5 cm.

2. Sehr schöne Wolkenachat-Ausbildungen finden sich auch in Fohren-Linden (Windradbau), Freisen. Bildbreite ca. 4,5 cm.

Zur Entstehung der Achate

Die Frage der Achatgenese stellt einen sehr komplexen und komplizierten Problembereich dar, dessen vollständige Klärung auch heute noch nicht restlos gelungen ist. Obwohl diese wissenschaftliche Thematik über Jahrhunderte hindurch immer wieder aufgegriffen wurde, wollte eine vollends schlüssige und beweisbare Theorie nicht gelingen.

Auch die immer wieder vorgebrachte Argumentation, dass eine Theorie nicht für alle Vorkommen Geltung zu haben brauche, ja es wahrscheinlich mehrere unterschiedliche Genese-Szenarien geben müsse, ist nicht haltbar: *„Eine kritische Analyse der bisherigen Achattheorien zeigt aber, dass hierin sicher nicht die Lösung des Achatproblems liegen kann: Achate werden nicht von verschiedenen der bisherigen Theorien gleichermaßen gut erklärt, sondern von keiner der Theorien wirklich"* (LANDMESSER 2000).

Viele falsche Behauptungen und Irrtümer wurden immer wieder aufgegriffen und als bewiesen vorausgesetzt, womit sich die Wissenschaft lange Zeit mehr oder weniger im Kreise bewegte.

Im wesentlichen kann man zwei große Bereiche im Rahmen der bestehenden Achattheorien unterscheiden, nämlich Theorien mit so genannter „äußerer Rhythmik" und jene mit „innerer Rhythmik".

„Äußere Rhythmen sind wechselhafte oder periodische Änderungen der Bedingungen in der Umgebung des entstehenden Achates, die als solche vom Prozess der Achatbildung unabhängig sind, das System des sich bildenden Achates aber erfassen; es sind Änderungen, die das System von außen erfährt.

Innere Rhythmen sind wechselhafte oder periodische Veränderungen, die im sich bildenden Achat beim Prozess der Achatgenese selbst entstehen und ohne diesen Prozess nicht vorhanden wären; es sind damit Änderungen, die das System „von innen" erfährt." (LANDMESSER 1984)

Eine ausführliche Übersicht mit kritischer Betrachtung der wichtigsten Theorien der vergangenen 200 Jahre bietet Michael LANDMESSER (1984) in seinem Buch „Das Problem der Achatgenese".

Druck aus dem Sendschreiben „Ueber die Achatmandeln aus den Melaphyren" von J. NOEGGERATH (1849).

In der Folge seien als Beispiele einige der wichtigsten Ansätze kurz vorgestellt.

Bereits im Jahr 1761 vermutete J. F. HOFFMANN in seiner Arbeit *„Abhandlung von der Erzeugung der Steine, überhaupt und sonderlich der kugelrunden"*, dass die kieselige Substanz über winzige Öffnungen und lange Zeiträume in den Mandelhohlraum des entstehenden Achates eingedrungen sei, womit erstmals das Phänomen der später so unterschiedlich diskutierten Infiltrationskanäle erkannt war (BLANKENBURG 1987). Erste Theorien im 18. und frühen 19. Jahrhundert vermuteten eine intramagmatische Bildung der Achate (COLLINI 1776, FOURNET 1816) oder eine Entstehung der Achate im Prozess der Verwitterung der Vulkanite (BRÜCKMANN 1773, BERZELIUS 1827). Interessant dabei ist die Beobachtung, dass bereits LEONHARD (1832) die Auffassung von der Diffusion von Lösungen durch die Hohlraumwand vertrat (BLANKENBURG 1987).

Entstehungstheorien von Haidinger, Kenngott und Noeggerath

Im mittleren 19. Jahrhundert stand dann die Frage der Achatentstehung oftmals im Zentrum des wissenschaftlichen Interesses. Zwischen dem Wiener Professor und Direktor der „K. K. geologischen Reichsanstalt" Wilhelm Haidinger und dem „Königlich Preussischen Geheimen Bergrat" Jakob Noeggerath entwickelte sich eine rege Diskussion über diese Frage bis hin zum Austausch so genannter „Sendschreiben" in Form von wissenschaftlichen Arbeiten zur Achatgenese. In diese Runde wurde später auf Vorschlag Haidingers auch der Breslauer Mineraloge Gustav Adolph Kenngott einbezogen.

Interessanterweise waren sich die handelnden Akteure über weite Strecken bei bedeutenden Fragen grundsätzlich einig. Den Ausgangspunkt stellte dabei die Hypothese Haidingers von der „Gebirgsfeuchtigkeit" dar, wobei sich Wasser in Hohlräumen und Poren von vulkanischen Gesteinen durch den Mechanismus des „Durchschwitzens" (Infiltration) bewegen sollte. Die in diesem Gestein vorhandene Kieselsäure löst sich dabei auf und wird in den Hohlräumen entlang deren Wände wieder abgelagert. Durch Unterschiede und Veränderungen dieser „Gebirgsfeuchte" entstehen auch unterschiedliche Absätze in den Hohlräumen des entstehenden Achates.

Recht klar ist hier bereits die Vorstellung, dass sich die Achate in sich abkühlenden Gasblasen vulkanischer Gesteine gebildet haben müssen. Über den Verlauf der weiteren Lösungszufuhr nach einem ersten Absetzen von Kieselsäure im Hohlraum verständigte man sich schließlich auf das Vorhandensein von so genannten „Infiltrationskanälen", die sich bevorzugt an Stellen in der Mandel bildeten, an welchen zuvor keine Ablagerung von Kieselsäure erfolgte. Während Haidinger und Noeggerath eher der Meinung waren, dass Chalcedon sich gleich in der dichten Form gebildet haben musste, weist Kenngott bereits darauf hin, dass der SiO_2-Absatz wohl zunächst weich gewesen und erst später erhärtet sein dürfte (LANDMESSER 1984).

Grundzüge der Theorien Haidingers und Noeggeraths aus dem Jahr 1849

„1. Vulkanische Eruptivmasse des Gesteins, zäheflüssig mit Gasblasen.

2. Bewegung der Gesteinsmasse, entweder in bestimmten Richtungen ..., oder unregelmäßig ... .

3. Während der Verschiebung der Form der Blase bröckelt die angrenzende Masse von dem oberen Theile des Hohlraumes ab und bildet am Boden ein unregelmässiges Haufwerk. ...

4. Die Hohlräume bereits fest begrenzt, werden sammt dem umgebenden Gesteine von trockenen Klüften durchsetzt und zum Theil die beiden Seiten derselben an einander verschoben. ...

5. Eintritt der Bewegung der Gebirgsfeuchtigkeit, welche die auflöslichen Stoffe auf derselben in einer bestimmten Richtung durch das Gestein hindurchführt. Aus dem chemisch aufgeschlossenen, übrigens starren Gesteinsgerippe werden die löslichen Theile hinweggenommen und in den grösseren Höhlungen, in Sprüngen u. s. w. setzen sie sich ab. ...

6. [...] Das Durchschwitzen, Filtriren beginnt gleichförmig auf der ganzen Oberfläche. Die ersten Lagen von [...] Chalcedon [...] - verschwindend kleine Individuen oder amorphe Körper - werden abgesetzt.

7. Die abgesetzte Schicht wird nach und nach für die Bewegung der auflöslichen Körper mehr und mehr undurchdringlich. Mehrere Punkte bleiben übrig, oft auch nur ein einziger, durch welche das Aeussere noch mit dem Inneren in Verbindung ist. Lagen werden fortwährend auf den undurchdringlich überzogenen Wandungen abgesetzt, lassen aber zu-

nächst dem Orte der Verbindung den Zuführungskanal in der Mandel erkennen.
8. *Bei reichlicher Zuführung von Materie wird die Mandel voll. Bei langsamerem Vorgange bilden sich zu Innerst die Krystalle. Ein Theil der Mandel bleibt leer.*
9. *Veränderungen in der Natur der Gebirgsfeuchtigkeit, nach Inhalt, Temperatur, mechanischer und chemischer Spannung, bedingen den Absatz verschiedener Mineralspecies.* ..." (KENNGOTT 1850)

Theorie der intermittierenden Thermen (Geysire)

Neben den Wissenschaftlern REUSCH und LANGE war vor allem der durch sein epochales Werk „Edelsteinkunde" bekannte Max BAUER (1896) ein Verfechter der Meinung, dass die rhythmischen Lösungsbewegungen, die schließlich zur Absetzung der Kieselsäure im Hohlraum führten, durch intermittierende Thermen (also die zum Beispiel aus Island oder dem Yellowstone National Park hinlänglich bekannten Geysire) verursacht und gesteuert worden sein sollen.

Grundzüge der Achatgenese nach BAUER (1896)

1. Die für die Achatbildung verantwortliche Kieselsäure entstammt dem umgebenden Gestein.
2. Wasser hat diese Kieselsäure gelöst und in den Hohlräumen wieder abgesetzt.
3. Wegen der Schichtung der Mandeln muss die Ablagerung mit Unterbrechungen erfolgt sein. Verantwortlich dafür sind intermittierende heiße Springquellen von der Art der Geysire. *„Das wesentlichste dabei ist, dass warmes oder heißes Wasser aus der Tiefe aufsteigt, die Gesteine durchtränkt, später aber wieder zurücksinkt, so dass die Gesteine wieder trocken werden."* (BAUER 1896)
Auch er hielt die Infiltrationskanäle für Zufuhrwege weiterer Lösungen.

Das Äquidistantengesetz von Reusch

Der Physiker und Chemiker E. REUSCH vermutete in seinem Theorieansatz im Jahre 1864, dass die so genannte gemeine Achatbänderung ein System von äquidistanten Flächen bildet, das dem ursprünglichen Gesteinshohlraum folgt und hielt diese - inzwischen eindeutig als falsch bewiesene - Behauptung für das wichtigste Gesetz der Achatbildung (LANDMESSER 2000).
In kaum einem Achat sind die Bänder aber überall gleich mächtig und konstant. Es gibt leicht erkennbare Verdünnungsstellen (zum Beispiel in der Nähe von Deformationserscheinungen) und auch Bereiche, in denen ein Band unvermutet deutlich dicker wird.
In der Folge verwendeten zahlreiche weitere Wissenschafter, vor allem auch im angloamerikanischen

Widerlegung des „Äquidistantengesetzes" von REUSCH (1864):
1. Mikroskopbild eines Achates aus Argentinien. Bildbreite 1 cm.
2. Botswana-Achat. 6 cm.

Liesegangbänderung in einem Achat vom Steinbruch Backesberg, Baumholder. Breite 11,4 cm.

Raum, bis in die Gegenwart diesen oder ähnliche Denkansätze, wobei lediglich die Begründungen für das Entstehen der „äußeren Rhythmen" wechselten. So wurden etwa jahreszeitliche Rhythmen, Schwankungen des Grundwasserspiegels oder wechselnde vulkanisch bedingte Prozesse als Erklärung gebraucht.

Haupteinwand gegen alle Theorien aus der Gruppe der „äußeren Rhythmen" ist jedoch jene Tatsache, dass eine so genannte Stratigraphie der Achate eines speziellen Vorkommens nicht existiert. Selbst Achate, die auf kleinstem Raum unmittelbar nebeneinander im Muttergestein gefunden werden, zeigen in der Regel völlig unterschiedliche Zeichnungen. Wären allein äußere Ursachen für die Achatbildung verantwortlich, müssten alle Mandeln innerhalb eines bestimmten Raumes gleich oder zumindest ähnlich aussehen! *„Achate bilden sich daher nicht aufgrund einer periodischen Stoffzufuhr, die von einem für benachbarte Blasen identischen äußeren Rhythmus bestimmt wird."* (LANDMESSER 1984)

Theorie von Liesegang

Einer der ersten Forscher, welcher der Frage der „inneren Rhythmen" bei der Achatgenese zentrale Bedeutung beimaß, war Raphael E. Liesegang. In vielen Versuchen und Veröffentlichungen etwa ab dem Jahre 1910 wollte er dem Geheimnis der Achate auf die Spur kommen. Allgemein bekannt ist sein beeindruckender Versuch, mit welchem er zunächst glaubte, das Rätsel der Achatbänderung gelöst zu haben: Ein Tropfen konzentrierte Silbernitratlösung wird auf eine auf einer Glasplatte ruhende Gelatinegallertschicht aufgebracht, in welcher geringe Mengen von Kaliumdichromat vorhanden sind. Das Silbernitrat diffundiert in die Gelatine ein und führt dort zu rhythmischen Ausfällungen von Silberchromat. Es entwickeln sich konzentrische Bänder um den Tropfen herum, die, von einer entsprechenden Ausgangsform ausgehend, Achatbänderungen sehr ähnlich erscheinen. Bei genauerem Hinsehen sind diese „Liesegang-Bänder", wie sie seitdem genannt werden, jedoch unterbrochen, ja manchmal richtiggehend zerstückelt, ein Phänomen, welches bei der gemeinen Achatbänderung praktisch nie zu beobachten ist.

Allerdings treten sehr wohl „echte", rötliche bis braune Liesegang-Bänder in Achaten auf, zum Beispiel in Stücken vom Saar-Nahe-Raum oder aus Marokko, allerdings eher kleinflächig, meist senkrecht zur herkömmlichen Bänderung und bevorzugt in breiten „Infiltrationskanälen" oder deformierten Bereichen des Achates. Bereits Liesegang prägte den Begriff der „Reifung", der auch im Mittelpunkt moderner Achatgenesetheorien steht.

Nach LIESEGANG (1915) war der Gesteinshohlraum zunächst mit nicht gebändertem Kieselgel gefüllt. Durch die rhythmische Fällung etwa eines Eisenpigments überträgt sich schließlich das Bandmuster des Pigments auf die Kieselsäure, wonach schließlich die Kristallisation innerhalb des Gels erfolgt, zunächst in den pigmentfreien Zonen, später auch in diesen. All das geschieht bei eher niedrigen Temperaturen und geringem Druck. Obwohl die Theorien Liesegangs heute zum Großteil als widerlegt gesehen werden müssen, kommt ihm jedoch vor allem deshalb große Bedeutung zu, weil hier erstmals ein einfaches, die Struktur des Achates selbstständig erzeugendes Ursachen-Szenarium auftritt, bei welchem nur wenige äußere Bedingungen erfüllt sein müssen (LANDMESSER 2001).

Arbeiten von Nacken

Der Forscher R. Nacken entdeckte bei seinen Versuchen zur künstlichen Herstellung von Quarzkristallen ein interessantes Phänomen: Kieselglas kristallisiert unter Beibehaltung der äußeren Form zu Chalcedon und Quarz, wenn es im Autoklaven bei Temperaturen von etwa 400 °C alkalischen Lösungen ausgesetzt wird. Die hergestellten Stücke zeigten einen äußeren Chalcedon-Bereich (auch mit Bänderung!), dem gegen die Mitte hin Quarzkristalle folgten. Dies sah NACKEN (1948) als Ansatzpunkt seiner Achatbildungstheorie: *„Durch Entmischung im flüssigen Zustand bilden sich in Magmen isolierte SiO_2-Schmelztropfen aus; sie steigen aufgrund ihrer geringeren Dichte in den Laven nach oben und erhalten so eine Form, die der aufsteigender Gasblasen ähnelt; durch Einwirkungen von überhitztem Wasserdampf entwickeln sich dann aus den Kieselglastropfen Achate. [...] Die gemei-*

ne Bänderung bedarf dabei keiner gesonderten Hypothese, weil ähnliche Bänderungen und Sphärolith-Bildungen auch bei den ‚Synthesen' beobachtet wurden." (LANDMESSER 1984).

Dieser Ansatz wurde später von SCHLOSSMACHER weiterentwickelt, der die Ursache für die rhythmische Bänderung in der Kristallisation des Achates beim Absinken der Temperatur in der Lava und deren Variationen in der Abkühlungsgeschwindigkeit sieht.

In neuerer Zeit vertrat auch BLANKENBURG diese „Schmelztropfentheorie", die heute aber ebenfalls als widerlegt gilt (LANDMESSER 1984). Auch der Ansatz von SHAUB (1955) fällt grob gesehen in diese Kategorie: Achate stellen ehemalige gelatinöse Massen in Magmatiten dar, die sich durch Entmischung im flüssigen Zustand gebildet haben. Herkömmliche Achatbänderung und Uruguay-Bänderung sollen demnach durch unterschiedliche Temperaturen der Lösung entstanden sein.

Hypothesen von Rykart

Der Schweizer Chemiker Rudolf Rykart behandelt in seinem Standardwerk „Quarz-Monographie" (1989) auch die Frage der Achatentstehung und stellt dazu einige interessante Hypothesen auf, die zum Teil bereits auf die ersten Forschungen von LANDMESSER (1984) zurückgehen: Seiner Meinung nach entstammte die zur Achatbildung benötigte Kieselsäure der Veränderung von Gesteinen durch Vermittlung fluider Phasen im vulkanischen Bereich oder in feuchtwarmen Zonen. Der Transport der Kieselsäure erfolgte durch Diffusion oder auf Mikrorissen im Gestein, wobei wegen der geringen Löslichkeit der Kieselsäure sehr lange Zeiträume zur Verfügung stehen mussten.

Aus einem durch Verdampfung oder Verdunstung konzentrierten Silica-Sol bildete sich das so genannte „erstentstandene" Gel, aus welchem schließlich der Chalcedon durch mikrokristalline Kristallisation in radialstrahliger Form von Keimpunkten ausgehend entstand.

„Schwankende Temperaturen und andere Bedingungen, über die noch Unklarheit herrscht, führten zu rhythmischen Gelausscheidungen und rhythmischen Chalcedonbil-dungen." (RYKART 1989)

Die Farbe der Achate soll demnach durch eisenhaltige Lösungen entstanden sein, die durch die mikrokristallinen Chalcedonstrukturen drangen und rhythmisch als Pigmente in den Zwischenräumen der Faserstruktur eingelagert wurden (RYKART 1989).

Theorie von Landmesser

Michael Landmesser beschäftigt sich an der Universität Mainz seit vielen Jahren intensiv mit der Problematik der Achatgenese und nimmt - nicht zuletzt mit seinen zahlreichen Veröffentlichungen zur Thematik - eine führende Position in der illustren Runde der „Achatgenetiker" ein. Seine Theorie zur Entstehung von Achaten in vulkanischen Gesteinen stellt die im Moment modernste Sichtweise des Achatbildungsprozesses dar und steht in sehr engem Zusammenhang mit dem Phänomen der „Selbstorganisation".

Bei diesen Prozessen in natürlichen physikalisch-chemischen (bzw. in diesem Fall mineralogisch-petrologischen) Systemen *„bilden sich makro-*

Im Mikroskop zeigt dieser Achat von Tunuyan/Argentinien bereits leicht faserige Chalcedon-Struktur. Die Farbpigmente konzentrieren sich entlang von wieder verheilten Risszonen. Bildbreite 6 mm.

skopische Muster mit einer rational beschreibbaren Regelhaftigkeit. [...] Die Ordnung bildet sich von selbst, d.h. ohne Rhythmen- oder sonstige Muster-Vorgaben von außen. ..." (LANDMESSER 2001)

Die Möglichkeit, dass sich anorganische natürliche Systeme (Achate) quasi „wie von selbst" organisieren können, wurde in seinen Grundzügen bereits von Brewster im Jahre 1844 (!) in Erwägung gezogen.

In einem derartigen komplexen System können viele Teile bzw. deren Zusammenwirken eine wichtige Rolle spielen.

Landmesser definiert Selbstorganisation bei der Achatgenese als „ein Geschehen, bei dem durch nichtlineardynamische-dissipative Prozesse makroskopische, rational beschreibbare Muster autonom entstehen" (LANDMESSER 2001).

Die einzelnen Entwicklungsstadien stellen sich aus seiner Sicht in sehr vereinfachter Form folgendermaßen dar:

1. Im erkaltenden vulkanischen Gestein entsteht ein Netzwerk mit lösungsgefüllten Mikrokapillaren.
2. Auch die großen Hohlräume (ehemalige Blasen im zähflüssigen Magma und nunmehrige „Achatbildungsräume") sind vollständig mit so genannter „Porenlösung" gefüllt.
3. In diese Porenlösung wird über eine sehr lange Periode durch verschiedene mineralische Reaktionen SiO_2 freigesetzt. Als Mechanismus, mit dem gelöstes SiO_2 zum Ort des entstehenden Achates wandert, ohne dass das Lösungsmittel andauernd durch die winzigen Poren bewegt werden muss, kann bloß die Diffusion (von lat. „diffundere" = „ausbreiten", „ausgießen") in Betracht gezogen werden. Darunter versteht man den Fluss von Materie oder Energie vom Ort einer höheren zu einer geringeren Konzentration. „Für einen solchen Transport kommt nur die Diffusion von echt gelöstem SiO_2 innerhalb eines Netzwerkes hauchdünner und weitgehend ruhender Lösungsfilme in Betracht. Ein solches Netz entsteht [...], wenn wässrige Lösungen mit Mikrokapillaren wie z.B. Mi-

1. Mandelstein (Melaphyr), Waldhambach, Deutschland. Neben dem großen Achat entstanden zahlreiche weitere selbstständige Achatsysteme. 9 cm.

Sphärolithbildungen im Mikroskop:
2. Zaër-Zaïane, Marokko. Bildbreite 1 cm.
3. Mirasoles, Patagonien, Argentinien. Bildbreite 8 mm.

neralkorngenzen, winzigen Risschen und ähnlichem in Kontakt kommen." (LANDMESSER 2001)

4. Innerhalb der Porenlösung bilden sich nach einer gewissen Zeit fast kugelförmige amorphe SiO_2-Kolloidpartikel. Sie sind so klein, dass sie durch die Schwerkraft nicht zu Boden sinken können und bleiben daher „*als Partikel im Sol dispergiert*" (LANDMESSER 2001). Zu große und daher zu schwere Partikel sinken durch den Einfluss der Gravitation zu Boden, wo sie horizontale Ablagerungen,

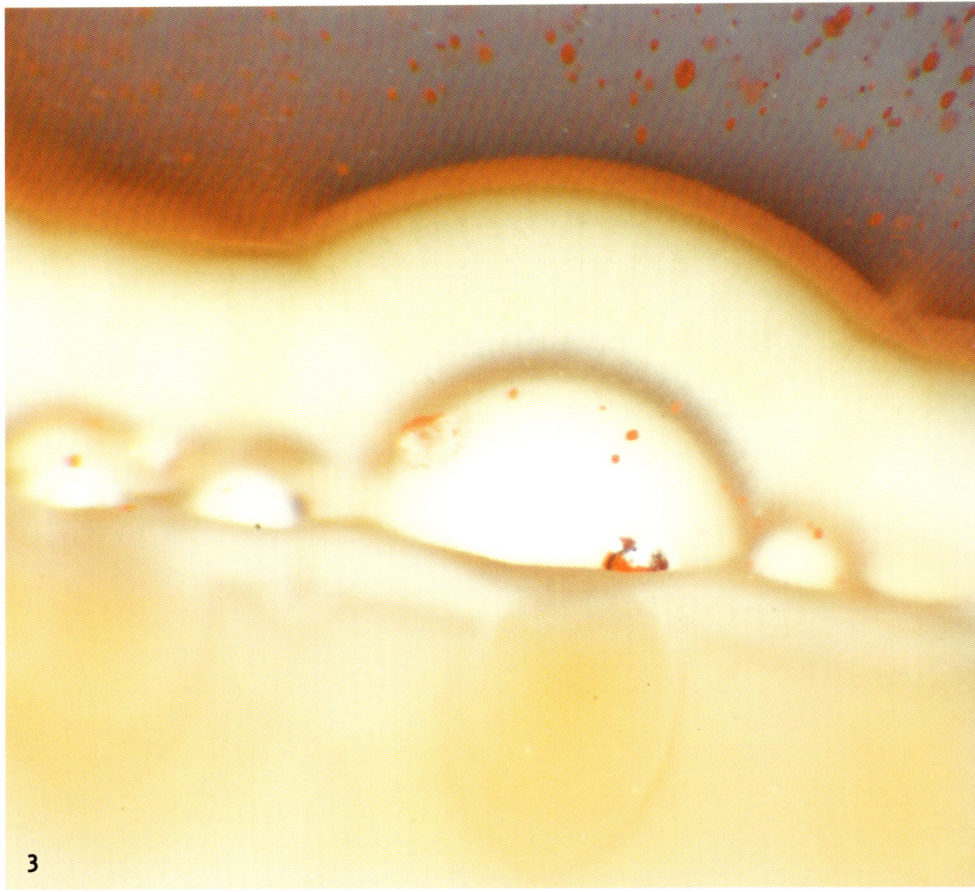

1. Achate von Mirasoles, Esquel, Patagonien, zeigen besonders deutliche und vielfältige Sphärolithformen. Bildbreite 6 mm.

2. Sphärolithwachstum an der Grenze von Chalcedon (unten) zu makrokristallinem Quarz (oben), Mendoza, Argentinien. Bildbreite 7 mm.

3. und 4: Wie fliegende Untertassen: Ungewöhnliche kegelförmige Sphärolithbildungen in einem Achat von Ojo Laguna, Mexiko. Bildbreite jeweils 5 mm.

die Vorläufer der späteren „Uruguay-Bänderung" bilden.

5. Die Absetzung der Kolloidpartikel dürfte an einzelnen Punkten der Wand des Hohlraumes begonnen haben, worauf sich an diesen Punkten - wie an einem Keim - weitere SiO_2-Partikel angesiedelt haben.

6. Dass sich diese so genannten „Sphärolithe" zunächst in einem weichen, gelartigen Zustand befunden haben dürften, beweisen Deformationserscheinungen.

7. Die herkömmliche Achatbänderung muss wohl schon in einem Frühstadium der Achatgenese entstanden sein. Landmesser schließt daher auf einen bereits konzentrisch-schaligen Bau der gelatineartigen Absätze: Es ist z.B. denkbar, dass die Kolloidpartikelgröße bandweise variierte. Ebenso könnten bestimmte Ionen bandweise in mehr oder weniger großen Mengen ins sphärolithisch wachsende gelatinöse Aggregat adsorptiv eingelagert worden sein. Es kann aber auch allein schon eine zeitliche Unterbrechung zwischen dem Absatz der einzelnen gelatinösen Lagen zu bleibenden Bandmustern führen. So haben bereits Kröger und Fischer (1929) beobachtet, dass beim Absatz einer Kieselsäuregallerte auf einer älteren die Grenzfläche zwischen beiden erhalten bleiben kann (LANDMESSER 2001).

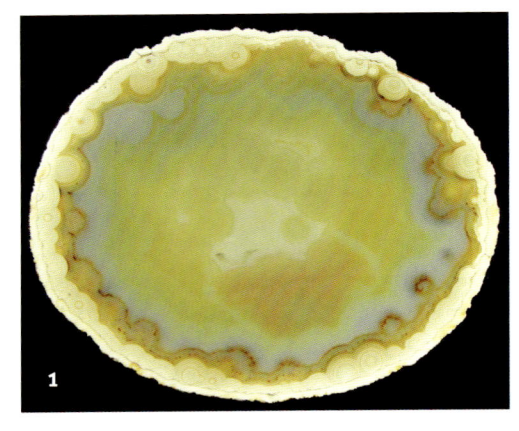

1. Achatscheibe von Salto do Jacui, Rio Grande do Sul, Brasilien, mit großen Sphärolithen in den äußeren Bandbereichen. 10 cm.

2. Die Haftung der Bänder dieses Achates aus Schottland zueinander war dermaßen gering, dass sich schon beim Schneiden die innersten Bandbereiche leicht ablösten. 5 cm.

3. Gegenstück zu Bild 3 mit noch intakter Bänderung. Binn Hill, Schottland. 6 cm.

4. Moctezuma-Achat aus Chihuahua, Mexiko, mit zwei auch farblich völlig unterschiedlich entwickelten Zentren. 7 cm.

5. Achat von Waldhambach mit deutlichen Sphärolithbildungen in verschiedenen Bandbereichen, die jeweils den weiteren Verlauf des Wachstums beeinflussten. 5 cm.

8. Zusammengefasst bilden sich also Achate mit so genannter „gemeiner" Bänderung - gesteuert durch innere Rhythmen - dadurch, „*dass gelatinöse Sphärolithe kugelschalenweise fortschreitend in eine makroskopisch gesehen zusammenhängende Lösungsmasse hineinwachsen*" (LANDMESSER 2001).

9. Wenn sich das „System" des sich bildenden Achates in mehrere Räume unterteilt, geht die weitere Achatbildung in diesen „Subsystemen" mit jeweils eigenen inneren Rhythmen unterschiedlich weiter.

10. Achate in vulkanischen Gesteinen sind keine vulkanischen Produkte, sondern haben sich erst viel später in erkalteter Lava gebildet. Sie entstehen ausschließlich im „*sedimentärdiagenetischen Druck-Temperatur-Bereich*", vielfach wohl bei Temperaturen unter 200 °C.

Vereinfacht gesehen beginnt die Achatenstehung also mit der Abscheidung so genannter „amorpher Praecursoren" mit zunächst geringem SiO_2-Gehalt. Erst im Verlauf der „Reifung" steigen die Werte durch Diffusion von echt gelöstem SiO_2 kräftig an - es kommt somit zur Akkumulation. Bei der Mobilisation durch Akkumulation können auch längere Wege - bis zum Dezimeter-Bereich - diffusiv überbrückt werden.

„*Reifende SiO_2-Körper ziehen das gelöste SiO_2 ihrer Umgebung an und bauen es in sich ein.*" (LANDMESSER 2000)

Verschiedene eigenständige Achatsysteme in einer prächtigen Mandel vom Alianza Claim, Ojo Laguna, Chihuahua, Mexiko. Im zentralen unteren Bereich ist ein grünes Opalgemenge eingeschlossen. 7 cm.

Zunächst wurde wohl amorphes SiO_2 abgeschieden, welches sich dann in Opal-CT und erst zuletzt in Chalcedon umwandelte, wobei die jeweilige Reifungs- und Umwandlungsgeschwindigkeit sehr gering ist, womit die - in diesem Fall gelösten $SiOH_4$-Moleküle auch tief in das Innere des „reifenden" Achatsystems vordringen konnten.

Eine gewisse Sonderstellung nehmen die so genannten Lithophysen oder Donnerei-Achate ein. Hierbei handelt es sich nicht um ehemalige Blasenhohlräume in vulkanischen Gesteinen, es muss eine separate Entstehungshypothese in der ersten Phase ihrer Bildung betrachtet werden.

SCHMIDT (1997) bezieht sich in seiner Arbeit auf die Untersuchungen von W. BRYAN, bereits aus den 1930er Jahren stammend, und beschreibt deren Bildung folgendermaßen:
Den Ausgangspunkt stellt ein niedrig viskoses, saures Magma mit hohem Wassergehalt und gutem Fließverhalten dar. Um einen Kern bildete sich zunächst ein Fließgefüge (Gasblasen oder feste Verunreinigungen), meist als leicht gekrümmtes Schichtpaket, was im Laufe der Zeit zu einer Vergrößerung des Umfanges führte. In der letzten Phase entstand wohl eine Art Haut, welche die Lithophysen von ihrer Umgebung absonderte. Fallender Druck in dieser Umgebung und Abgabe von Wasser führten zu einer Vergrößerung der Gebilde und zur Bildung von Hohlräumen im Inneren in oft sichelartiger oder sternähnlicher Form (SCHMIDT 1997).

Die Achatbildung in diesen Hohlräumen erfolgte schließlich wieder durch Diffusion von Kieseläure auf ähnliche Art wie bereits weiter oben beschrieben.

Alle diese Überlegungen und Theorien gelten zunächst einmal grundsätzlich für die Achatvorkommen in vulkanischen Gesteinen.

Dies sind jedoch nicht die einzigen Gesteine, in denen Achate auftreten: Achate finden sich auch in Gängen, Spalten und Klüften verschiedener anderer Gesteine. Sie werden allgemein in der Regel als „Gangachate" oder „Saumachate" (bei geringerer Mächtigkeit und eher flachen Stücken) bezeichnet. Als bekannteste Beispiele seien die Achatgänge von Schlottwitz/Sachsen oder die bekannten „Crazy-Lace-Achate" aus der mexikanischen Provinz Chihuahua angeführt.

Sie entstanden vereinfacht ausgedrückt durch Eindringen von Lösungen in diese Hohlräume, die ihren Mineralinhalt an den Wänden absetzten. Durch oftmalige Wiederholung dieses Vorganges über sehr lange Zeiträume wurde der Hohlraum meist vollständig mit Achatsubstanz gefüllt.

Tektonische Bewegungen führten in seltenen Fällen zum Zerbrechen und Verrutschen des Achatmaterials, welches oft später wieder verkittet werden konnte. Diese Spezialform trägt

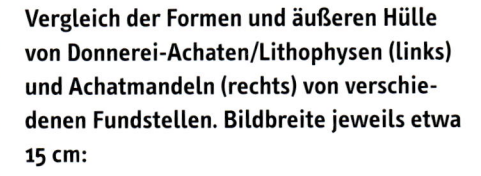

Vergleich der Formen und äußeren Hülle von Donnerei-Achaten/Lithophysen (links) und Achatmandeln (rechts) von verschiedenen Fundstellen. Bildbreite jeweils etwa 15 cm:

1. Baker Egg Mine, New Mexico, USA.
2. Priday Blue Beds, Oregon, USA.
3. St. Egidien, Sachsen, Deutschland.
4. Schwarzwald, Deutschland.
5. Chimney Beds, Arizona, USA.
6. Zaër-Zaïane, Marokko.
7. Conejeros Mine, Ojo Laguna, Mexiko.
8. Aouli, Marokko.

den Namen „Trümmerachat" oder „Breccienachat".

Als dritte Art der Achatentstehung wären schließlich die Vorkommen im sedimentären Bereich zu nennen. Hierzu gehören nicht nur die so genannten achatisierten Dinosaurierknochen, Schwämme oder Korallen, sondern auch viele wunderbare Festungsachate wie etwa die bekannten „Dryhead-Achate" aus den USA. Erstere entstanden wohl durch die langsame Aufnahme von Kieselsäure aus zirkulierenden Grundwässern.

Auch bei dieser Form der Achatgenese sind noch nicht alle Zusammenhänge restlos geklärt. Interessante Überlegungen im Zusammenhang mit der Entstehung der amerikanischen „Fairburn"-Achate stellte CLARK (2002) in den Mittelpunkt seiner Arbeit.

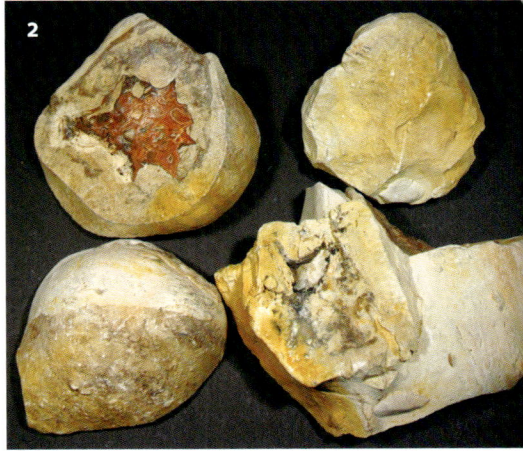

Achate mit sedimentärer Genese im Rohzustand:

1. Dryhead-Achate, Montana, USA. Die äußerlich krustenartigen, scharfkantigen Stücke enthalten in der Regel die besten Achate. Bildbreite 25 cm.

2. Tepee Canyon, South Dakota, USA. Auffallend feine Matrix. Bildbreite 20 cm.

3. Blick in das Innere eines besonders schönen Dryhead-Achats. Breite 10 cm.

Wie alt sind Achate?

Bis vor kurzer Zeit galten die so genannten Lake-Superior-Achate aus der Region um den gleichnamigen See in Nordamerika als die geologisch gesehen ältesten Achate der Welt mit einem Alter von 1,1 bis 1,2 Milliarden Jahren.

Neueste Untersuchungen, welche der englische Wissenschafter Terry MOXON (2004) zusammen mit Kollegen an der englischen Cambridge Universität und der australischen Curtin Universität durchführt, versprechen jedoch mit einem Paukenschlag zu enden: Sie lassen bei Achaten aus dem australischen Pilbara Block ein unglaubliches Alter von 2,72 bis sogar 3,50 Milliarden (!!!) Jahren als durchaus realistisch erscheinen, was einer Art „Quantensprung" in der bisherigen „Achatgeschichte" gleichkommt. Die Achate selbst stammen aus einem nicht mehr exakt rückverfolgbaren metamorphen Gestein, erreichen in Teilstücken bis zu 10 cm und sind nicht von besonders sammelwürdigem Aussehen, aus wissenschaftlicher Sicht jedoch zweifellos eine Sensation. Ein Artikel darüber ist im australischen „Journal of Earth Science" in Planung.

Die vermutlich ältesten Achate der Welt:

1. Achat aus dem Maddina-Basalt, Australien. Muttergestein 2720 Ma; Münze = 2 cm.

2. Rohstück aus einem 3500 Ma alten Muttergestein, Pilbara, Australien; Münze = 2 cm.

Gewinnung der Achate

Die Geschichte der Achatgewinnung ist seit Jahrtausenden verbunden mit Zufallsfunden, dem Geschick und dem Fleiß privater Sammler und Edelsteinfreunde.

Nur selten, wie etwa vor allem in manchen Regionen Brasiliens, Indiens, in Böhmen oder in Idar-Oberstein, erlaubten die „Vorräte" an abbauwürdigem Material eine zumindest zeitlich befristete, kommerzielle Bergbautätigkeit. Selbst die reichen Vorkommen in Nordmexiko und den USA konnten in der Regel nur über sehr kurze Zeiträume bearbeitet werden.

Erste Hinweise auf eine geregelte Abbautätigkeit finden sich bereits bei den alten Ägyptern um etwa 3500 v. Chr., die neben Amethyst und Bergkristall vor allem dem sehr geschätzten Karneol nachspürten. Am Weiselberg bei Oberkirchen/Deutschland soll der Achatabbau schon etwa um das Jahr 1454 begonnen haben.

Eine der beeindruckendsten und interessantesten frühen Schilderungen des Achatabbaues in den Gruben im Steinkaulenberg bei Idar-Oberstein stammt aus der Feder des italienischen „Geheimsekretärs" Cosimo Alessandro COLLINI (1727-1806), welcher in Diensten des pfälzischen Kurfürsten stehend, das Gebiet im Jahre 1774 bereiste:

„*Das Graben nach den Achaten geschieht in dem Berge durch Stollen, wie in anderen Bergwerken. Zwei oder drei Personen machen eine Gesellschaft aus, welche das Graben versuchen, und es gibt viele dieser Gesellschaften, welche in diesem Berge arbeiten. Die Gräber machen sich in den Felsen unterirdische Gänge gegen die Höhe des Berges zu und begeben sich mit angezündeten Lampen hinein, um die Achate loszumachen. Zu dieser Beschäftigung sind sie mit einem Berghauer, einer Picke, einem Hammer und mehreren Meissel versehen. Wenn sie eine oder mehrere Achatkugeln antreffen, die in der Mitte der Felswand stecken, sei es nun oben im Dache oder in den Wänden der Grube, so versuchen sie dieselben herauszubrechen. Sie arbeiten mit der Picke und dem Meissel die Steine (Achate) in einiger Entfernung rund herum los, damit sie dieselben nicht beschädigen, sondern sie völlig mit ihrer Mutter herausbringen, von welcher sie hernach gar leicht mit einigen Hammerschlägen befreit werden können. Die unnützen Stücke des Steines, welche sie bei ihrer Arbeit nur hindern würden, führen sie mit einer Radeperle heraus.*

Andere gehen eben dieser Beschäftigung wegen durch perpendiculäre (senkrechte) Schächte tiefer in den Berg hinein. Auf hölzernen Leitern steigen sie ein und aus. Die unnützen Stücke, von welchen sie sich befreien müssen, bringen sie mit Hilfe eines Haspels aus dem Schachte. Es werden ohngefähr 3 bis 4 Gesellschaften von solchen Steingräbern sein, die zusammen 12 Personen ausmachen können, und welche im Winter in diesem Berge arbeiten. Diese Steingräber

Wie eine Mondlandschaft mit vielen kleinen Kratern sieht das Kokosnussgeoden-Gebiet um Cerro Mesteno aus - überall kleine Schächte, verlassene Häspel ...

tragen des Abends die Achate, welche sie gefunden und losgemacht haben, in ihre Häuser und verkaufen sie später an die Achatschleifer ..."

Die wohl bedeutendste Abbautätigkeit auf Achate erfolgt jedoch in den riesigen Basaltgebieten Brasiliens, etwa im Staate Rio Grande do Sul. Hier wird seit vielen Jahrzehnten dem Achat auch mit Unterstützung von Maschinen und schwerem Gerät nachgespürt, und die Vorräte dort scheinen nahezu unerschöpflich. Man unterscheidet die riesigen Abbaue großer Firmen, welche mittels Bagger und Bulldozern relativ leicht tonnenweise Material bewegen, überlagernde taube Schichten abdecken und den Achaten mittels Tagebauen nachspüren. Ist ein Vorkommen erschöpft, muss auch in Brasilien wieder einigermaßen rekultiviert werden, danach zieht man eben weiter. In diesem riesigen Land kein Problem, scheint es zumindest.

In den nicht immer leicht zugänglichen Gebieten Brasiliens befinden sich dagegen zahlreiche kleinere und kleinste Abbaue, welche halbkommerziell oder überhaupt im Raubbau von kleinen Gruppen oder Einzelpersonen, den so genannten „garimpeiros", betrieben werden. Sie arbeiten teilweise unter unvorstellbaren Bedingungen und unter nahezu vollständiger Missachtung primitivster Sicherheitsvorkehrungen. Von einem größeren Loch ausgehend, werden in die Achat führenden Schichten mit einfachen Mitteln, meist per Hand, Stollen bis zu 25 m Länge vorangetrieben. In ihnen herrscht durch mangelnde Luftzufuhr extreme Hitze und Feuchtigkeit, der ohnehin kaum vorhandene Sauerstoff wird noch durch die benötigten Gaslampen verbraucht. Ein breiterer Stolleneingang zeigt, dass der darin arbeitende „garimpeiro" immerhin im Besitz eines Schubkarrens ist, mit welchem Achate und Abraum transportiert werden können. Ältere Achatmineure, die aus Gesundheitsgründen nicht mehr in den Stollen arbeiten können, fungieren als Aufpasser. Meist wird das Rohmaterial gleich vor Ort nach der geplanten weiteren Verwendung sortiert und oft direkt oder über Mittelsmänner an die Achat verarbeitenden Betriebe nach Asien und auch im Lande selbst geschickt. Kleinere Stücke finden keine Verwendung, sie werden aussortiert und bestenfalls als Füllmaterial oder Straßenbeschotterung gebraucht. Besonders sammelwürdigen Achaten wird dagegen überhaupt keine Beachtung geschenkt ...

Eine interessante Variante stellen auch die neuen Abbauversuche mancher schon altbekannter Achatvorkommen in den USA oder Mexiko dar. Meist handelt es sich dabei um spezielle Kontrakte von amerikanischen Händlern mit mexikanischen Mittelsmännern, die für eine bestimmte Zeit geschlossen werden. So bearbeitet etwa der bekannte Händler Eugene Mueller aus Wisconsin seit einigen Jahren regelmäßig Fundstellen in Chihuahua, Mexiko, wie etwa den Allanza Claim bei Ojo Laguna, das Vorkommen der Apache-Achate oder neuerdings verschiedene Vorkommen am Rancho Coyamito. Für diese Arbeit wird für den Zeitraum eines Monats meist ein größerer Bagger gemietet und eine Anzahl einheimischer Helfer organisiert. Nach genauer Lokalisierung eines vermuteten Vorkommens (oft geben an der Oberfläche liegende Achatsplitter Hinweise darauf), auch unter Zuhilfenahme eines Geologen, tritt zunächst der Bagger in Aktion. Danach schwärmen die Suchmannschaften aus, zerkleinern größere Gesteinsbrocken mit Hammer und Meißel und sortieren gefundene Achatmandeln gleich aus. In diesem Wechselspiel werden vergleichsweise beachtliche Flächen auf Achate durchsucht, mit auch wechselndem Erfolg. Oft reichen die Gewinne durch den Achatverkauf gerade zur Abdeckung der teilweise beträchtlichen Kosten (Baggermiete, Entlohnung der Arbeiter, Verpflegung etc.), ein also auch mit einem gewissen Maß von Idealismus gepaartes Unterfangen.

Ohne die Initiativen privater Sammler und Achatliebhaber, aber auch die Tätigkeit meist armer Einheimischer, die in ihrer Heimat wie etwa in Argentinien oder Mexiko mühsam Achate von der Erdoberfläche auflesen oder mit Muskelkraft abbauen, wären die zahlreichen bedeutenden privaten und öffentlichen Achatsammlungen in aller Welt um viele Facetten ärmer ...

1. Hector Carillo sen. mit Kristina Bode an einem Tagesschacht im Las Choyas-Geoden-Gebiet bei Cerro Mesteno. Die Schächte sind ungefähr 5 bis 7 Meter tief.
2. Blick in einen Geoden-Abbau. Die Luft ist heiss und stickig ...
3. Die Geoden werden in Säcke verpackt und zu 3er-Einheiten mit einer Seilwinde nach übertage gezogen (4).

67

Färbung, Verarbeitung und Verwendung der Achate

„Mehr Farbe ..."

Die Färbbarkeit der Achate stellt ein hochinteressantes Phänomen dar. Grundlage dafür ist die bereits erwähnte unterschiedliche Porosität der einzelnen Achatbänder, welche dadurch eher mehr oder gar keine Farbe aufnehmen. Gilt diese Eigenschaft in Schleifer- und Industriekreisen als wichtiges Kriterium der Qualität eines Rohachates, ist sie in Sammlerkreisen absolut verpönt.

Es ist ja auch nicht verwunderlich, denn der Anblick furchtbar blitzblauer, giftgrüner oder in letzter Zeit vermehrt bittersüßer rosafarbener Achatscheiben auf Mineralienbörsen und sogar im Fachhandel kann dem wahren Achatfreund wirklich den Angstschweiß auf die Stirn treiben. Solange vom Verkäufer auf die künstliche Behandlung wenigstens hingewiesen wird, ist dagegen ja - zumindest aus kommerzieller Sicht - auch kaum etwas einzuwenden. Werden gefärbte Achate hingegen als natürliche Bildungen verkauft, dürfen schon gravierende Bedenken eingebracht werden, denn der „Neuling" greift wohl mit großer Sicherheit eher nach einem intensiv blauen oder grünen Achat als nach einem einfachen graubraunen Stück! Tatsache ist, dass die Kunst des Färbens von Achaten schon vor mehr als 2000 Jahren in Gebrauch war. Bereits Plinius beschreibt die berühmte Herstellung von schwarzem „Onyx" durch künstliche „Behandlung".
Der portugiesische Reisende Duarte Barbosa erzählte bereits im frühen 16. Jahrhundert über Achate, die in der indischen Stadt Limodra durch Brennen mit Feuer zu einer intensiveren rötlicheren Farbe bearbeitet wurden (DAKE 1938).
Im Prinzip wird diese Vorgangsweise, nämlich die Eisenbestandteile in im Naturzustand grauen bis graublau-

Brasilianische Achatscheiben wie diese, sehr „gewöhnungsbedürftig" gefärbt, ziehen die Aufmerksamkeit ahnungsloser Kunden gerne auf sich. 18 cm.

en Achaten durch Erhitzen zu „aktivieren" und damit rote bis rotbraune intensive Farben zu erzielen, auch in der Gegenwart besonders bei brasilianischen und uruguayanischen Achaten gepflegt. Stücke mit diesen typischen Färbungen sind vor allem im asiatischen Raum sehr geschätzt. Die Färbekunst wurde in Schleiferkreisen oftmals wie ein Staatsgeheimnis gehütet und auch in höchster Not nicht verraten. Weitreichend bekannt ist auch jene Geschichte, dass die besonders geschätzte Formel zur Schwarzfärbung von einem Idar-Obersteiner im Jahr 1824, nach anderen Quellen (BAUER 1896) bereits 1819, aus einem Pariser Gefängnis „mitgebracht" worden sein soll, wo er sie angeblich von einem italienischen Mithäftling erfahren hatte. Die Schwarzfärbung entsteht zunächst durch „Einlegen" des Achates in eine warme Lösung aus Honig oder Zucker für etwa drei Wochen, danach muss das Stück für einen etwa gleich langen Zeitraum in konzentrierte Schwefelsäure gegeben werden. Kochen in H_2SO_4 kann die „Reifedauer" deutlich verkürzen. Blaue Farbtöne entstehen zum Beispiel durch Einlagerung in eine warme Lösung von gelbem Blutlaugensalz für einen Zeitraum von circa zehn Tagen. Nach dem Abwaschen ist ein Transfer in eine Lösung aus Eisen-III-Sulfat erforderlich.

BAUER (1896) beschreibt die Blaufärbung hingegen folgendermaßen: „Blau, und zwar von dem schönsten tiefen Indigo und Lasur bis zum zarten Himmelblau, wie es gleichfalls die Natur in den Achaten nicht darbietet, erhält man, indem man die Steine zuerst mit gelbem Blutlaugensalz imprägniert und hierauf in einer Lösung von Eisenvitriol kocht. Das Blutlaugensalz und das Eisenvitriol setzen sich im Innern des Steines zu Berliner Blau um, das jenem seine Färbung mitteilt. […] Blau gefärbter Achat gleicht zuweilen sehr dem Lasursteine und wird daher wohl „falscher Lasurstein" genannt. Er unterscheidet sich aber doch immer in der Nuance von dem echten Steine und wird daran, sowie an der erheblich grösseren Härte, leicht erkannt."

Die grünen Färbungen, auch hier meist nur bei brasilianischen Achaten zu beobachten, erhält man durch Einlegen des Achates in eine gesättigte Kaliumchromat-Lösung für ungefähr zwei Wochen. Hierauf gebe man den Achat in eine Lösung mit Hirschhornsalz (Ammoniumbicarbonat und Ammoniumbicabarmat) für weitere zwei Wochen. Nach dem Trocknen muss das Stück dann noch auf mindestens 440 °C erhitzt werden.

1. Farbskala der künstlichen Achatfärbung am Beispiel eines brasilianischen Achates aus DAKE (1938).

2. Fabrikhalle in Rio Grande do Sul, Brasilien, in welcher der Färbungsvorgang durchgeführt wird.

Rote Farben werden durch Verwendung einer halbkonzentrierten warmen Eisen-II-Nitrat Lösung erreicht, in die der zu färbende Achat für mehrere Wochen gegeben wird. Nach dem Trocknen ist ein Aufheizen auf mindestens 300 °C erforderlich.
Um gelbe Achate zu bekommen, muss man diese für einige Tage in eine verdünnte Lösung aus Salzsäure und Eisen-III-Chlorid geben und nach dem Trocknen auf maximal 60 °Celsius erwärmen (HAAKE 2000). Neben diesen Beispielen existieren noch zahlreiche weitere Möglichkeiten.

1. Entsetzliche Färbungen wie dieses extreme „Pink" sind vor allem auf dem Souvenir- und Esoterikmarkt zu finden ...

2. Cabochon aus künstlich schwarz gefärbtem, marokkanischem Achat von Aouli - ein Beispiel für eine durchaus niveauvolle Wiederentdeckung der klassischen Schwarzfärbekunst. 5 cm.

3. Unter dem Namen „Tuxedo-Achat" von der amerikanischen Firma „The Gem Shop" auf den Markt gebrachter, schwarz gefärbter Achat aus Marokko. Ungeschliffene Scheibe. 7 cm.

Unbearbeitet - nur halb so schön

Achate verraten im Rohzustand oft nichts über ihre innere Schönheit, sie gehören daher bearbeitet, müssen geschnitten und geschliffen werden, möchte man ihren vollen Zauber genießen.
Eine der ältesten Methoden, die bereits bei Ägyptern, Griechen und Römern praktiziert wurde, ist das Schleifen von Achaten auf flachen Sandsteinen. Dies stellte allerdings bei der enormen Härte des Achates eine sehr mühsame und zeitraubende Arbeitsmethode dar.
Aus einer Schleife bei der Stadt Freiburg im Breisgau wird Anfang des 14. Jahrhunderts erstmals von einer Bearbeitungsmethode mittels eines vertikal rotierenden Sandsteinrades, welches von Wasserkraft angetrieben wurde, berichtet.
Prag wurde in der Folge ein wichtiges Zentrum für die Bearbeitung sächsischer und böhmischer Achate, gefördert durch Kaiser Rudolf II. (1552-1612).
1469 wurde in Zweibrücken die älteste Achatschleife des Nahe-Gebietes errichtet. Die erste Schleife im Raum Idar-Oberstein wird hingegen erst 1531 erwähnt, es ist jedoch zu vermuten, dass auch hier schon wesentlich früher die Achatbearbeitung begann (GAERTNER 1971).
Auch in Dresden war bereits 1597 eine Steinschleiferei in Betrieb.
Relativ rasch entstanden in der Region Idar-Oberstein eine Vielzahl von Schleifereien, die allesamt das Wasser der Bäche und Flüsse als Energiequelle nutzten: *„Ein großes Wasserrad außerhalb der Schleife bewegte mit einer Geschwindigkeit von etwa*

1. Innenansicht einer Schleife in Idar-Oberstein. Aus BAUER (1895).
2. Die „Chausse-Schleife" bei Hettstein in Idar-Oberstein, etwa um 1915; im Vordergrund der Idar-Bach. Die großen Quarz-Sandstein-Schleifscheiben wurden auch an andere Interessenten verkauft.
3. Historische Postkarte aus Idar-Oberstein mit der Darstellung einer typischen Achat-Schleife Anfang des 20. Jahrhunderts.
4. Schleifen von Achatscheiben auf Endlosschleifbändern in einer Fabrik in Soledade, Rio Grande do Sul, Brasilien.

3 Umdrehungen in der Sekunde über ein einfaches Getriebe eine Welle. Diese Welle bestand aus einem dicken Eichenstamm und trug aufgereiht vertikal umlaufende Schleifsteine mit einem Durchmesser von ca. 1,50 m und einer Breite von ca. 50 cm. Drei bis fünf solcher Schleifsteine befanden sich gewöhnlich auf dieser Welle. Es waren rote Sandsteine, meist aus der Gegend von Trippstadt in der Pfalz." (GAERTNER 1971)
Ein in die Schleifsteine eingearbeitetes Profil verschiedenster Stärke und Tiefen ermöglichte die einfachere Bearbeitung bestimmter Formen des Steines. Die Kühlung beim Schleifen erfolgte durch eine Wasserberieselung des Schleifsteines.
Es war härteste Arbeit, welche die Schleifer, fast horizontal bäuchlings auf einem hölzernen Stuhl liegend, zu verrichten hatten. Mit den

1. Blick in die Achatschleiferei Reinhard Petry (rechts mit Brille) in Bruchweiler, um 1925. Mit dabei sind sein Bruder Emil und der kleine Karl, Vater von Axel Petry.
2. Achatschleifer Karl Uhl aus Langweiler bei der Arbeit, um 1930.

Händen wurde der Stein gegen das Schleifrad gepresst, am unteren Ende des Stuhls befand sich ein Querbalken, wo die Füße abgestützt werden konnten, um den notwendigen Druck zu erzeugen. Diese mühevolle und Kraft raubende Arbeitshaltung, verbunden mit dem ungünstigen feuchten, kalten und staubigen „Klima" in den Schleifstuben, ließ die Schleifer des 18. und 19. Jahrhunderts nicht sehr alt werden.

Das Schneiden der qualitativ hochwertigeren Stücke erfolgte zunächst mittels eingekerbter Stahlscheiben, die mit Diamantpulver eingerieben wurden. Minderwertige Steine wurden einfach mit Hammer und Meißel aufgeschlagen und dann zurecht geklopft.

Die Politur erhielten die Achate schließlich auf einem „Bloch" genannten, sich drehenden Rundholz von etwa einem halben Meter Durchmesser. Auch Blei- und Zinnscheiben wurden dazu verwendet (GAERTNER 1971).

Mit dem Eintreffen neuen Materials aus Brasilien ab etwa 1840 begann in Idar-Oberstein die Tradition der Steinversteigerungen, die bis heute andauert. GAERTNER (1971) schildert den Ablauf dieser Auktionen folgendermaßen: „*Der Rohsteinhändler bereitet seine eingegangene Sendung Achate zur Versteigerung vor. Von den Steinen wird je eine Steinprobe (Schlieber) abgeschlagen und rot, schwarz, grün oder blau gefärbt. Hiernach werden die Steine in 60-70 Partien aufgeteilt und in nummerierten Kästen auf dem Anwesen des Rohsteinhändlers gelagert. Auf jedem Stein liegt die dazu gehörende Farbprobe. Die Versteigerung, die der Auktionator im Auftrag des Händlers ansetzt, wird dreimal in der Tageszeitung angekündigt und ist stets an einem Freitag. Die Schleifer besichtigen am Vormittag die ausgelegten Steine. Am Nachmittag findet dann - meistens im nächstgelegenen Lokal - die Versteigerung statt. Der Meistbietende steigert die Partie an, die ihm dann zugewogen wird. Er überzeugt sich vom Gewicht der Steine und nimmt sie in den meisten Fällen gleich mit.*"

Einige der alten Idar-Obersteiner Schleifen (z.B. die Weiherschleife) sind hauptsächlich zu touristischen Zwecken als Museum eingerichtet worden und meist nicht mehr kommerziell zur Steinbearbeitung in Betrieb.

1. + 2. Für Sammler, die ihre Achate schneiden und polieren lassen wollen, ist die Schleiferei Karl und Otto Dreher (Inh. Sieglinde Brunke) seit Jahrzehnten eine der ersten Anlaufstellen. Heute sind es die beiden Söhne Herbert und Torsten Brunke, die in der Schleiferei aktiv sind. Torsten zeigt uns die mühevolle Arbeit am Schleifstein.
3. Beliebtes Ziel für Touristen: die Weiherschleife.

Wichtig: Schneiden, Schleifen und Polieren von Achaten

Unten. Typische, selbstkonstruierte Schneidmaschine in einem Rockshop in den USA.

Die Bearbeitung von Achathälften oder -scheiben erfolgt heute weitgehend mittels elektrisch betriebener Schleifmaschinen. Dabei sind mehrere Arten zu unterscheiden:

1. Vertikale Scheiben aus Siliziumcarbid mit großen Durchmessern bis zu 50 cm und Arbeitsbreiten bis zu 20 cm sind eher den professionellen Steinbearbeitern vorbehalten. Auf diesen Schleifrädern mit unterschiedlichen Körnungen von K80 bis K1000 durchläuft der geschnittene Stein die verschiedenen Stadien des Schleifvorganges vom Grobschleifen bis zum Feinschleifen. Die endgültige Politur erfolgt auf Filz-, Holz- oder Lederscheiben mit unterschiedlichen Poliermitteln (Zinnoxid oder Ceroxid).

2. Eine vor allem im amerikanischen Raum verbreitete Methode ist die Verwendung eines so genannten „High Speed Sander", dabei handelt es sich meist um sehr rasch rotierende horizontale Scheiben, beschichtet mit unterschiedlich gekörnten Schleifpapieren und -oberflächen. Dieses Verfahren, oft ohne Wasserzufuhr durchgeführt, führt zwar zu exzellenten Ergebnissen, ist jedoch mit großer Staubentwicklung verbunden und nicht gerade als gesund zu bezeichnen … Ähnliche Maschinen, allerdings mit breiten Endlosschleifbändern, werden in den Achatfabriken in Rio Grande do Sul zum Zeit

sparenden Schleifen von Achathälften und -scheiben verwendet.

3. Die beliebtesten Maschinen im Hobbybereich stellen Schleifgeräte mit horizontal laufenden Guss- oder Stahlscheiben in unterschiedlichen Durchmessern von 20 bis 60 cm dar. Auch hier erfolgt der Schliff mittels Siliziumcarbid, diesmal allerdings in Pulverform, unter Zusatz von Wasser. Die Politur wird wieder auf Filz-, Holz- oder Lederscheiben mittels der üblichen Poliermittel durchgeführt. Eine neue Generation von Maschinen dieser Art besteht aus einer Art von Diamantschleifmatte, die einfach auf die rotierende Scheibe aufgelegt wird und vor allem bei größeren Stücken gute Ergebnisse in kurzer Zeit bringt.

Für den Anfänger ...

Für *Einsteiger* zu empfehlen sind die so genannten Vibrationsschleifmaschinen. Dabei handelt es sich um Geräte, die einen aufliegenden Schleifteller von 35 bis 50 cm Durchmesser durch Vibrationen in Bewegung versetzen und die darin eingelegten Steine in kreisförmigen Bewegungen über den Teller führen. Als Schleifmittel dient abermals Siliziumcarbid-Pulver. Da sich die Schleifteller selbst im Laufe der Zeit ungleichmäßig abnutzen und auch dem darüber laufenden Stein eine minimal gebogene Form geben, wird ein Beibehalten des gleichen Schleiftellers auch beim Wechsel der Schleifpulverkörnung empfohlen, da der Schliff ansonsten nicht alle Bereiche der Steinfläche abdeckt. Äußerste Sauberkeit bei der Reinigung des Tellers ist dafür aber Voraussetzung!

Zur Politur wird meist eine Filzeinlage mitgeliefert, aber auch Styropor-Scheiben bieten gute Ergebnisse beim Poliervorgang.

Unbedingt notwendig erscheint die Verwendung von Gewichten zur Erhöhung des Eigengewichtes des zu schleifenden Achates und einer da-

Der Weg eines Rohachates zur polierten Scheibe ist ein langer ...
1-4. Verschiedene Sägen mit automatischem Vorschub.
5. Moderne, die Finger nicht verletzende Säge.

6. Nicht nur ein sehr guter Achatschleifer, sondern auch wohl der beste Kenner der Achate aus der Region Idar-Oberstein: Rudolf Dröschel.

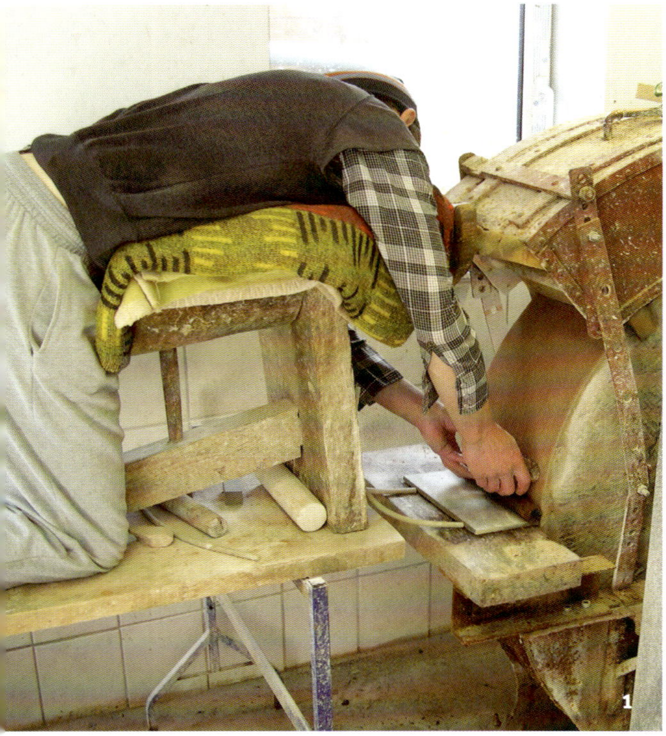

1

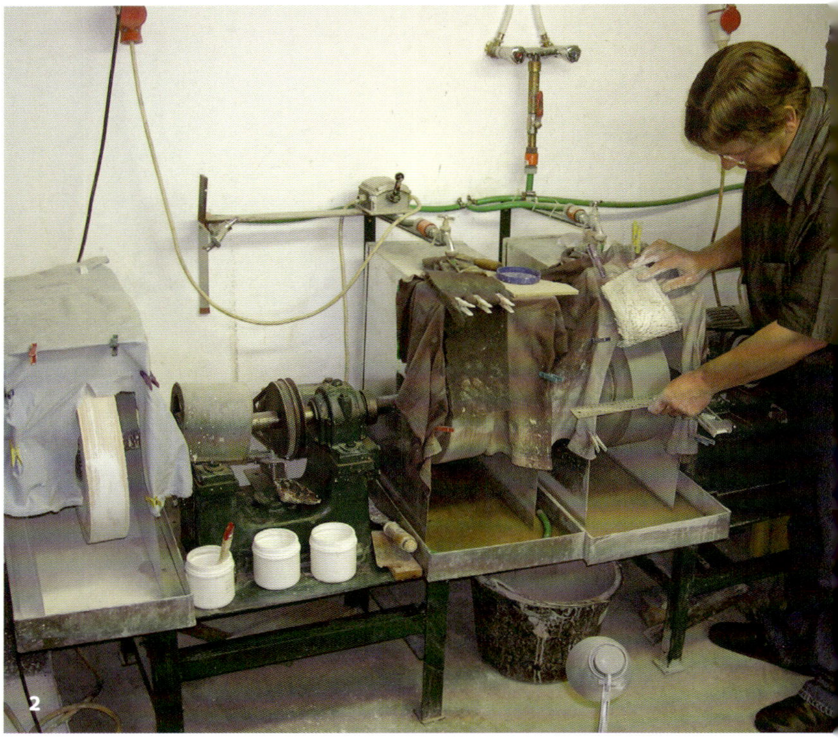

2

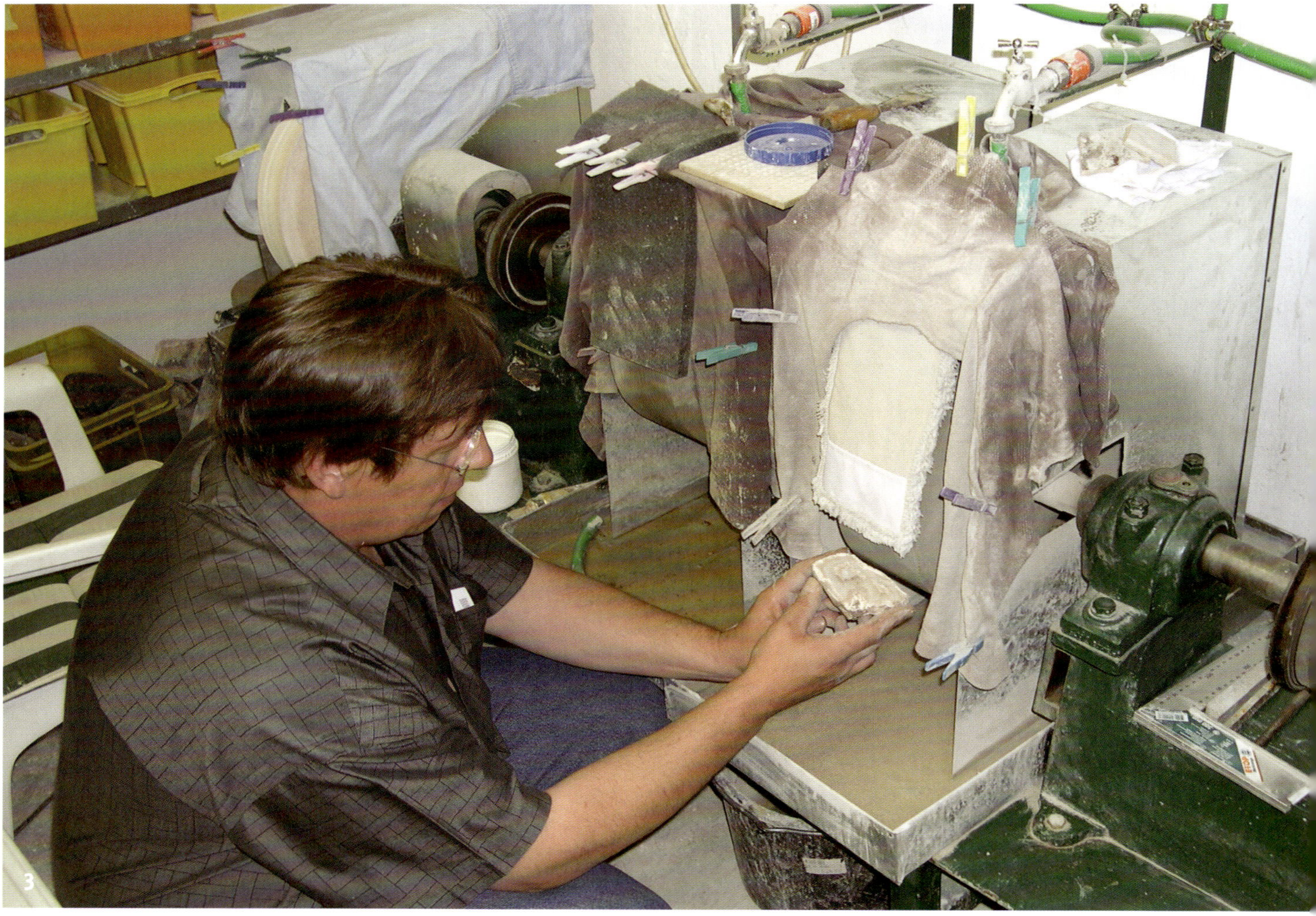

3

mit verbundenen Verringerung der Schleifdauer. Im Handel gibt es kreisförmige Bleigewichte mit speziellen Haltevorrichtungen, die vor allem für Scheiben gedacht, aber recht teuer sind. Doch auch selbst hergestellte Bleistücke unterschiedlicher Größe, mit Kitt, Siegellack oder Silikon auf dem Stein montiert, erfüllen ihren Zweck.

Cabochons herstellen

Für die Herstellung von *Cabochons* stehen Maschinen mit kleineren vertikalen Schleifrädern aus Siliziumkarbid oder mit Diamantbesatz bis zu 20 cm Durchmesser zur Verfügung. Die grob vorgeschnittenen Steine werden meist mittels Siegellack auf kurzen Holzstücken montiert, um eine bessere Handhabung beim Schleifvorgang zu erzielen. Die Wegnahme der „Grate" auf der leicht gewölbten Cabochonoberfläche erfolgt mittels eines über eine Gummischeibe gestülpten Schleifpapiers.

Achatbearbeitung in Asien

Die Zentren der Achat verarbeitenden Industrie haben sich heute nach Asien verlagert. Vor allem in Japan und China wird ein Großteil des in Südamerika geförderten Achatrohmaterials in modernen Schleifereien und Fabriken verarbeitet.
Eine besondere Form der Achatbearbeitung stellt die Kunst des Gravierens dar. Bereits ab dem 3. Jahrtausend v. Chr. bearbeiteten die Sumerer, Babylonier und Assyrer auch Achate auf diese Art, indem sie diese mit härteren Steinen wie Korund oder Granat ritzten. Bei den Griechen und später bei den Römern wurden bereits wundervolle Kunstwerke geschaffen. Im 16. Jahrhundert konnte durch bessere Bearbeitungsmaschinen und die Verwendung von Diamantstaub eine weitere Verfeinerung der Gravurkunst erzielt werden. Zentrum dieser Kunstrichtung war zu dieser Zeit Paris, erst im 19. Jahrhun-

1. Joachim Beckers (Mönchengladbach) zeigt das Schleifen auf dem Sandsteinrad.
2. Schleif- und Poliereinheit von Ralf Dahlheuser (Kürten).
3. Großes Schleifrad aus Siliziumcarbid.
4. Vibrationsschleifer.
5. Kleine Schleif- und Poliereinheit für Cabochons.
6. Die berühmte Abbildung einer alten Idar-Obersteiner Schleife (aus COLLINI 1774).

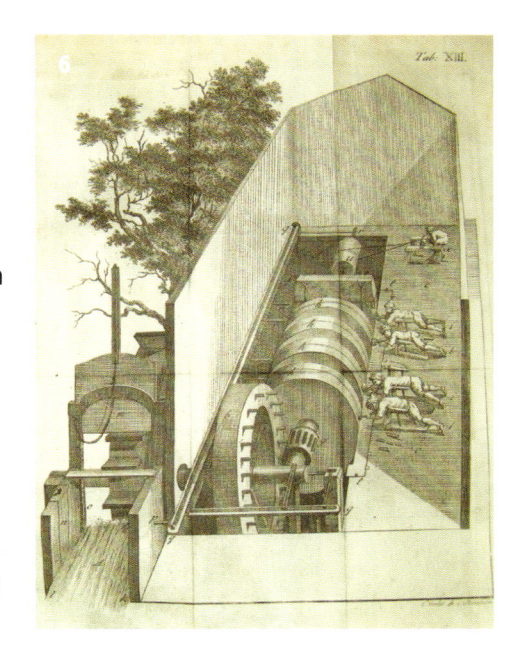

1.-5. Verschiedene Scheiben und Räder für den Feinschliff- und Poliervorgang: Als Grundmaterial der Scheiben für die Politur wird meistens dichter Filz benutzt, aber auch Leder und Holz sind in Gebrauch. Das Polierpulver (Zinnoxid, Ceroxid) wird auf die Scheibe aufgetragen und mit Wasser fixiert. Je nach Gerät erfolgt dieser letzte Arbeitsschritt entweder mit vertikalen (Bild 3 und 5) oder horizontalen (Bild 2) Scheiben.

dert kam sie auch nach Idar-Oberstein (GAERTNER 1971).

Man unterscheidet hierbei Gemmen, dabei handelt es sich um Stücke mit vertieft eingeschnittenen Bildern, und Kameen, dies sind Steine mit erhabener Gravur.

Die Kunst der Bearbeitung beginnt bereits mit der Auswahl des richtigen Steines, der möglichst viele unterschiedliche gefärbte, ebene Bänder („Lagen") haben sollte. Sie werden in der Fachsprache „Lagensteine" oder „Sardsteine" genannt.

Mit feinen Werkzeugen werden dann in kunstvoller Weise Figuren, Zeichen, Wappen oder ganze Szenen in den Stein graviert.

Fälschlicherweise werden in der Literatur oft Achate mit Uruguay-Bänderung als ideales Ausgangsmaterial für Gemmen und Kameen bezeichnet, was jedoch wegen der oft deutlich geringeren Haftung der einzelnen planparallelen Schichten wohl eher ins Reich des Märchens transferiert gehört.

Auch das Bohren bzw. Aushöhlen der Achate stellt eine ganz spezielle Verarbeitungsart dar, für die früher eigene Spezialisten zuständig waren.

Links. Heinz Postler aus Hettenrodt, Spezialist und Meister im Anfertigen von Gemmen. Hierzu sind ganz feine Bohrer erforderlich - und eine große Erfahrung.

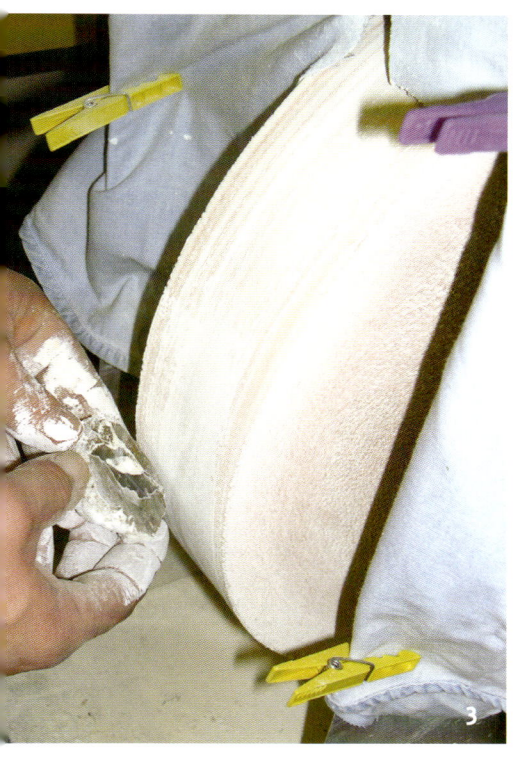

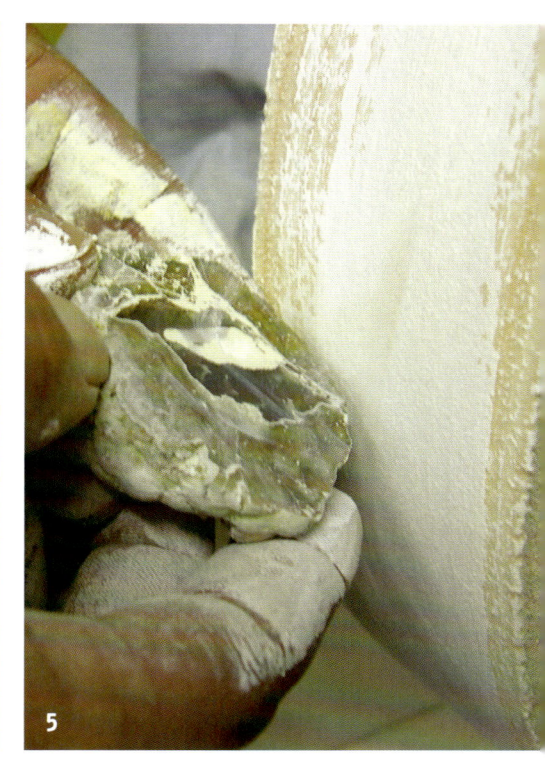

Bereits BAUER (1896) unterscheidet dabei zwei Arten:
„Der Spitzbohrer, der vorwiegend für Löcher bis zu 2 mm Durchmesser benutzt wird, besteht aus einem Eisenstift, in dessen Spitze propellerartig zwei besonders für diesen Zweck hergerichtete Diamant- (Karbon) Stücke eingelassen sind. Sie sind plattenförmig und erhalten durch Wetzen mit anderen Karbonstücken eine Schneide. [...] Der Röhrenbohrer, der bei größeren Bohrweiten (über 2 mm) an die Stelle der Spitzbohrer tritt, besteht aus einer Bronze- oder Messingröhre, deren ringförmiges, glatt abgeschnittenes Ende als Schneide das Bohren mit Diamantbort ausführt, den man sehr fein gekörnt und mit Öl zu einer Paste angerührt verwendet und während des Bohrens dauernd auf die Bohrschneide aufstreicht. Während des Bohrens preßt sich der Diamant in die Schneide von selbst ein. Die Bohrweite geht von 2 mm aufwärts bis zu Durchmessern von 20 cm und darüber, wie es bei Kelchen, Dosen, usw. erforderlich ist. Die Länge der Bohrröhren liegt dem Querschnitt entsprechend zwischen wenigen Zentimetern und 30 cm und darüber."

Beide Bohrarten werden heute mit Diamantbohrern und eigenen elektrischen Bohrmaschinen in industriellem Stile rasch und kostengünstig durchgeführt.

Unten. Das Zentrum der achatverarbeitenden Industrie ist in den letzten Jahrzehnten von Idar-Oberstein in entfernte (Billiglohn-)Länder verlagert worden. Das Foto zeigt einen auf kostbare Achatgegenstände spezialisierten Laden in China.

Wofür wird der Achat verwendet?

Funde von Schmucksteinen aus Achat und seinen Varietäten sind aus den sumerischen, assyrischen, ägyptischen, mykenischen und griechischen Epochen bekannt. Dabei handelte es sich meist um Amulette, die dem Träger bestimmte Kraft verleihen sollten, Halsbänder, Ohrschmuck und Siegelsteine.

Besonderer Beliebtheit bei den Babyloniern erfreuten sich die Augenachate, die ihren Träger vor dem „bösen Blick" schützen sollten.

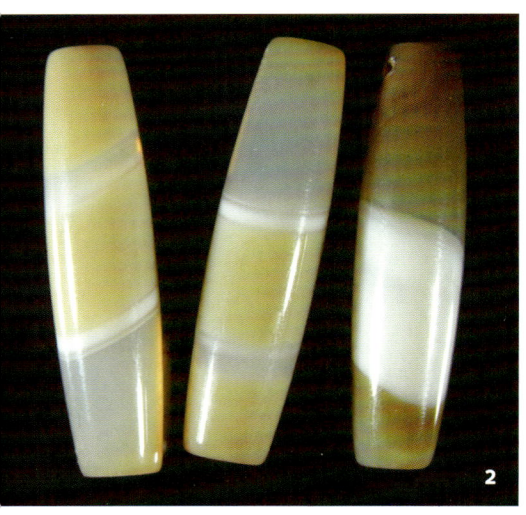

Bereits die Minoer begannen im 2. Jahrtausend vor unserer Zeitrechnung mit dem Schneiden wunderschöner Kameen. Im 6. Jahrhundert v. Chr. wurde diese Technik, diesmal von den Phöniziern, abermals zu den Griechen gebracht, die darin bald große Kunstfertigkeit entwickelten. Eines der bekanntesten Objekte ist der 278 v. Chr. wahrscheinlich in Alexandria entstandene berühmte Kameo des Ptolemais II., der nach einer abenteuerlichen Geschichte ge-

1. Tisch mit Platte aus verschiedenen Gesteinen, Achaten und Jaspissen. Er steht im Peterhof-Palast in St. Petersburg.

2. In Idar-Oberstein hergestelltes „Achatgeld" als Zahlungsmittel für Schwarzafrika. Bildbreite 3 cm.

3. Tabakdose aus indischem Moosachat. 19. Jahrhundert. 6 cm.

4. Anhänger mit Dendriten-Achat. Höhe 5 cm.

5. Dose (ca. 1990), Jaspachat, Russland. 10 cm.

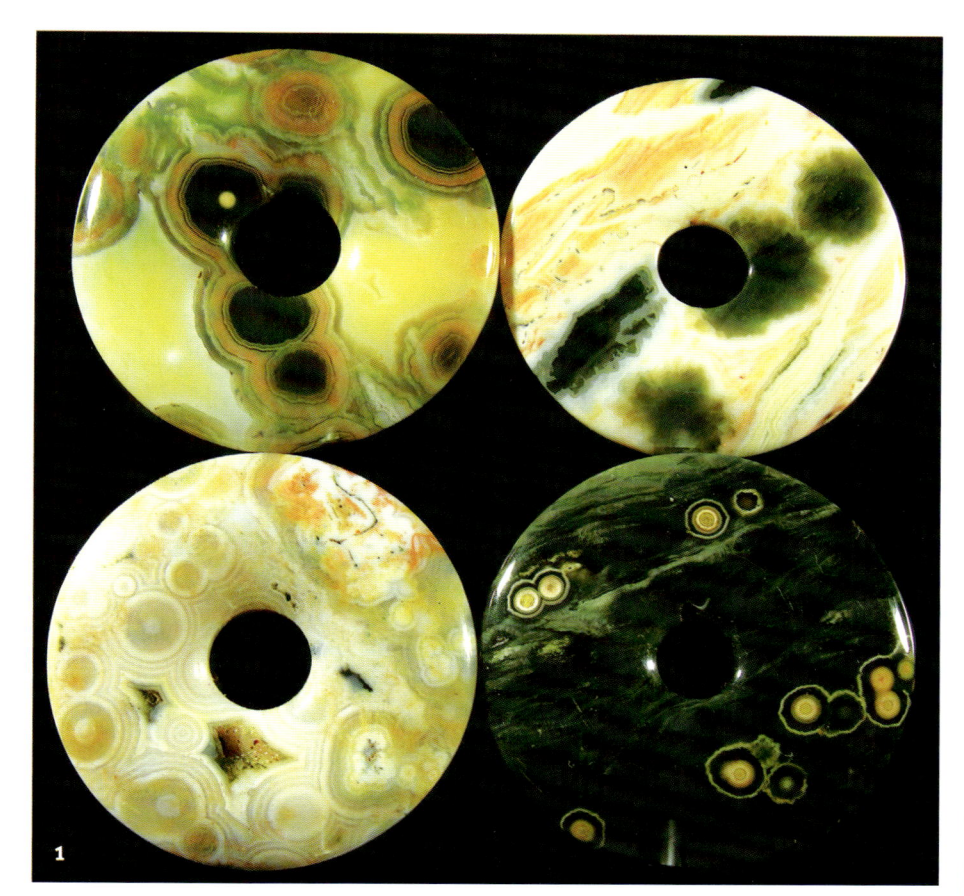

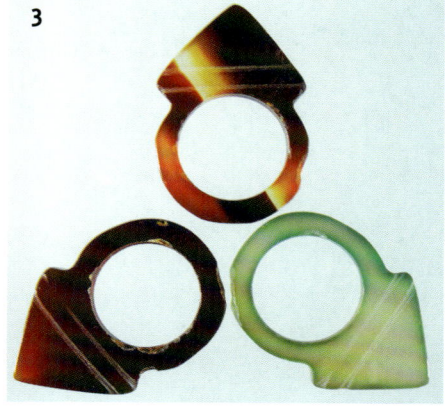

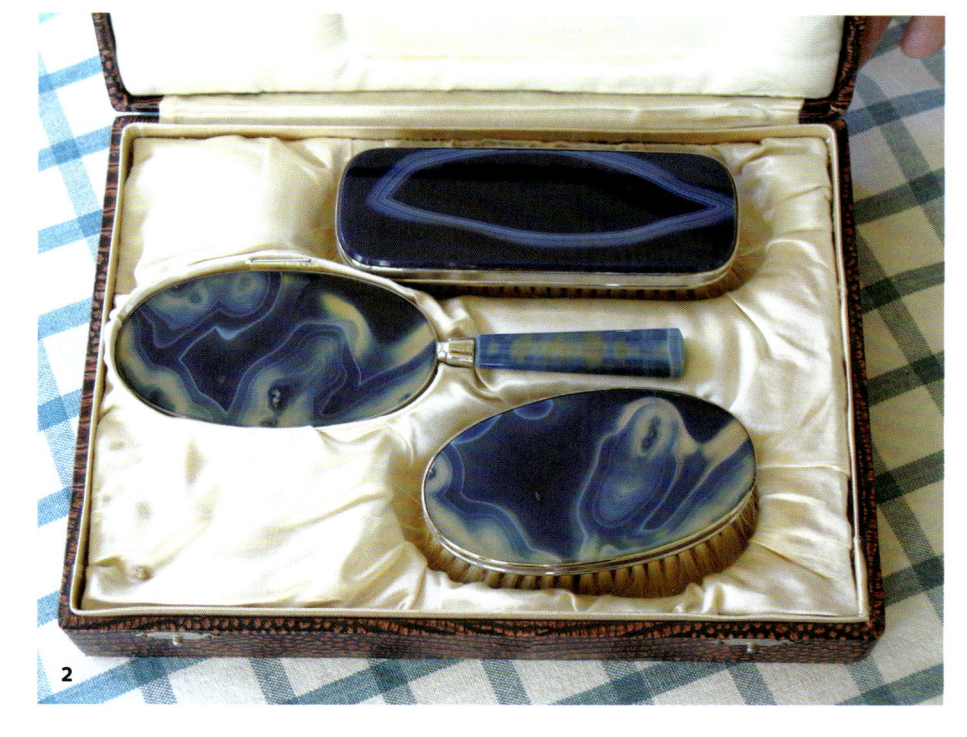

1. „Donuts" aus Ozean-Jaspis, Madagaskar. Bildbreite 10 cm.
2. Bürsten-Set mit Einlagen aus eingefärbten Achaten.
3. Turmringe: Mit dem diskriminierenden Ausdruck „Negergeld" bezeichnetes Zahlungsmittel aus Achat für Schwarzafrika. Bildbreite 5 cm.
4. Seltene Gravur aus „Montana-Iris-Achat". Bildhöhe 4 cm
5. Schmuckstücke aus so genanntem „Deutschen Lapis", ein durch Berliner Blau gefärbter Jaspis aus Nunkirchen im Saarland.

Die Herstellung von Achatschalen hat in Idar-Oberstein ein lange Tradition. Heute gibt es allerdings nur noch vier Schleifer, die diese Kunst beherrschen.

1./2. Bernd Hartmann aus Schauren, einer der letzten großen Achatschalen-Schleifer im Raum Idar-Oberstein, mit einem Rohachat und einer besonders dünnwandigen Schale.

3. Jürgen Bohrer aus Idar-Oberstein mit einer farblich sehr schönen Schale aus brasilianischem Achat.

4. Axel Petry aus Bruchweiler mit einem Rohachat. Daraus entsteht später eine Schale mit Deckel.

5. Wunderbare Schale mit Deckel aus brasilianischem Achat, gefertigt vom Achatschleifer Bernd Hartmann aus Schauren, heute im Besitz von Ekkehard F. Schneider/Kirschweiler.

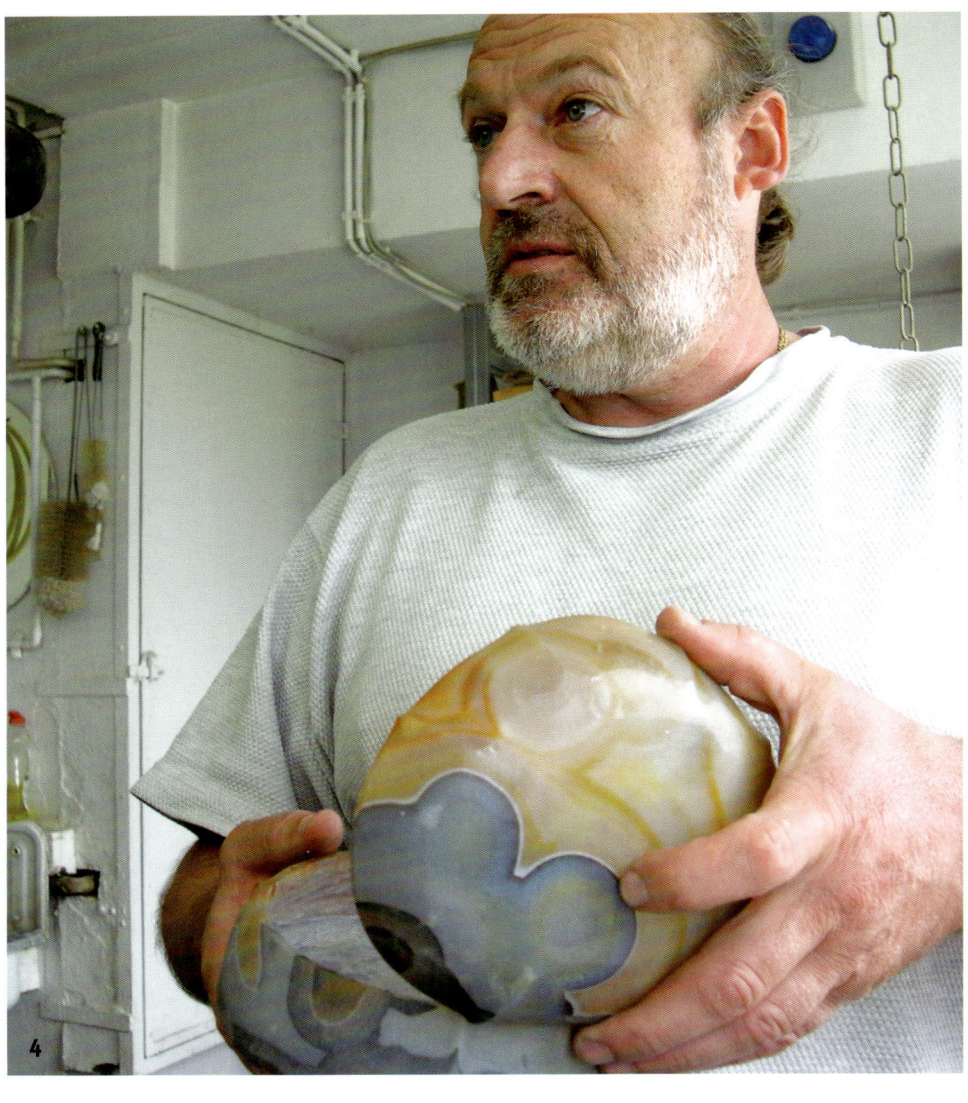

5

1

2

genwärtig im Kunsthistorischen Museum in Wien beherbergt wird (BERKENHOFF & GLAS 2000).
DAKE (1938) bezeichnet einen aus Achat gearbeiteten Weinbecher, der für den römischen Kaiser Nero angefertigt wurde, als eines der interessantesten Objekte, welches je aus Achat hergestellt worden ist.
Der Becher kam im 9. Jahrhundert über zahlreiche verschlungene Wege in die Abtei St. Denis nach Paris/Frankreich, wo er in Folge über Jahrhunderte bei Krönungen der französischen Könige benutzt wurde. Der Prophet Mohammed soll ein Siegel, angefertigt aus jemenitischem Achat verwendet haben.
Im 10. Jahrhundert schrieben die Angelsachsen den Achaten besondere Bedeutung zu und verwendeten sie vor allem als Amulette gegen böse Dämonen. Auch die Tradition, dass das Tragen von Achaten vor Schlangenbissen schützen und der Gefahr vom Blitz getroffen zu werden vorbeugen sollte, lebte weiter.
Im Mittelalter waren Achate vor allem wegen ihrer magischen Kräfte begehrt und geschätzt, während in der Renaissance der Schwerpunkt auf der Verarbeitung der Achate zu Schalen und Vasen lag.
Einen Höhepunkt dieser Kunst stellten im 17. Jahrhundert die kunstvollen Gefäße aus Achat und Jaspis, angefertigt von dem Stuttgarter Edelsteinschneider Johann (Hans) Kobenhaupt, dar. Einige von ihnen, un-

Seite 84. „Herbstlaub": Mit 12 aus Gold (18 k) bestehenden Blättern verzierte Achatschale (Brasilien, 39x34 cm). Arbeit von Manfred Wild/Fa. Emil Becker (1).
2. „Geburt der Venus" - Gemme mit einem Motiv aus der griechischen Mythologie. Arbeit von der Schleiferei Heinz Postler.

Prächtige Achat-Gemmen und Kameen, geschnitten von Idar-Obersteiner Künstlern:
1. August Schmelzer: „Die Entführung der Psyche". Angefertigt 1927. Breite 6 cm.
2. Römisches Motiv von R. Hahn. 8 cm.
3. Gemme von August R. Wild. Höhe 6,3 cm.
4. Dieter Roth: „Das Urteil des Paris". Dreischichtig geschnittener Lagenachat; angefertigt 1981. Höhe 21 cm.

glaublich fein und dünnwandig aus deutschen Achaten geschnitten, können heute noch im Louvre in Paris, in der Schatzkammer des Königs Ludwig XIV., bewundert werden.
Die Steinmosaikherstellung war vor allem in Florenz beheimatet.
Eine interessante Variante der Achatverwendung stellt die Herstellung so genannter „Natur-Selbstdrucke" dar. 1851 vom Wiener Mineralogen Franz Leydolt entwickelt, schuf diese Methode die Möglichkeit einer annähernd naturgetreuen Abbildung einer Achathälfte oder -scheibe. Die geschliffene und polierte Schnittfläche des Achates wurde dabei zunächst mit Flusssäure geätzt. Danach wurde mittels einer „Galvanoplastik" eine negative Kopie des Originals auf einer dünnen Kupferplatte erzeugt, die schließlich im Tiefdruckverfahren ausgezeichnete Abbildungen des ursprünglichen Achates und seiner feinen Bänderung lieferte.
Auch im Fernen Osten steht die Kunst der Achatbearbeitung schon zu sehr frühen Zeiten im Mittelpunkt, vor allem in China, Indien und Japan. Gefäße, Schmuck und diverse kleinere und größere Statuetten erfreuen sich heute noch breiter Beliebtheit. Eine asia-tische Spezialität sind die kunstvoll aus Achaten gearbeiteten Riechfläschchen zur Aufnahme kostbarer Parfums.
In Afrika wurden besonders bearbeitete und durchbohrte Achatstücke bis vor kurzer Zeit als Zahlungsmittel verwendet. Diese Verwendungsmöglichkeit stellte auch für die Schleifereien in Idar-Oberstein eine willkommene Exportchance dar.
Die Verwendungsmöglichkeiten für Produkte aus Rohachaten sind außergewöhnlich vielfältig und unterteilen sich zum Beispiel in Schmuck, Zier-, Kunst- und Gebrauchsgegenstände und für technische Zwecke.
So stellt und stellte man etwa Schalen, Teller, Untersetzer, Kaffeetassen, Aschenbecher, Dosen, Vasen, Pokale, Tischplatten, Mosaike, Rosenkränze, Knöpfe, Spielmarken, Spielkugeln, Schach- und Damespiele, Kreuze, Kämme, Gürtelschnallen, Leuchter, Pyramiden, Kugeln, Buchstützen, Uhren, Uhrketten, Pfeifenköpfe, Tabaksdosen, Mörser und Petschafte,

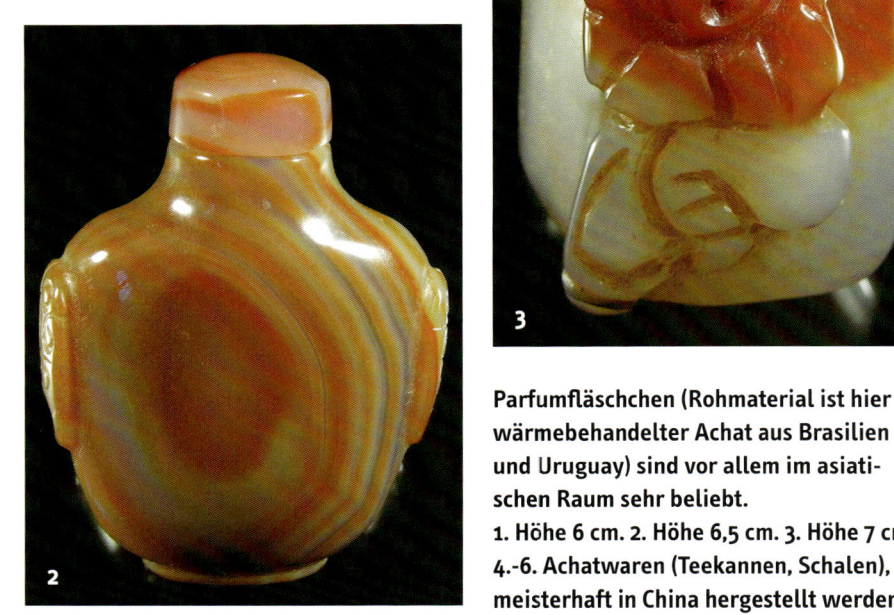

Parfumfläschchen (Rohmaterial ist hier wärmebehandelter Achat aus Brasilien und Uruguay) sind vor allem im asiatischen Raum sehr beliebt.
1. Höhe 6 cm. 2. Höhe 6,5 cm. 3. Höhe 7 cm.
4.-6. Achatwaren (Teekannen, Schalen), die meisterhaft in China hergestellt werden.

Stecknadeln, Zündholzkästchen, aber auch Griffe für diverse Hieb- und Stichwaffen, Brieföffner, Federhalter, Stöcke und Schirme her. Ein Großteil des besten Rohmaterials wird zu Cabochons oder Kugeln verschliffen und zu Schmuckstücken wie Anhängern, Ringen, Broschen, Ketten und Ohrringen weiterverarbeitet.
In der Industrie findet und fand der Achat immer wieder als Lagerstein für Waagen und Präzisionsinstrumente und -geräte, Uhrensteine oder

4

5

6

87

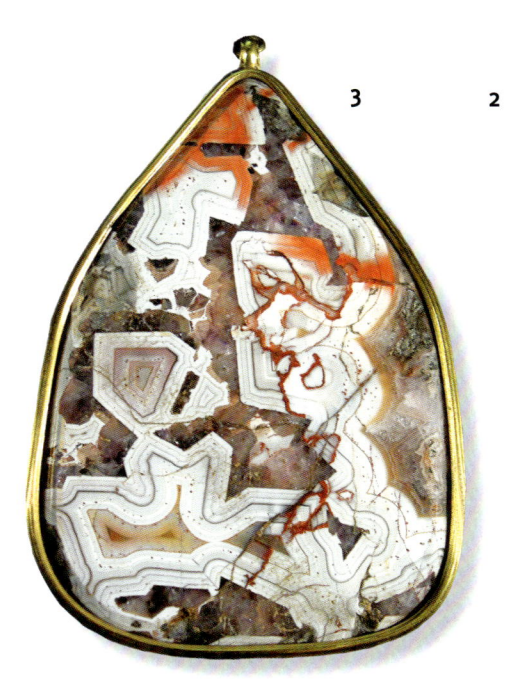

1. Historischer Anhänger mit Quarz-Achat aus Idar-Oberstein. Breite ca. 12 cm.

2. „Pebble"-Jewelry. Brosche mit einem Cabochon aus schottischem Achat. 4 cm.

3. Anhänger aus Trümmerachat. Höhe 10 cm.

Walzen und Glättsteine in der Papierindustrie, als Fadenführer für die Textilindustrie und für Knöpfe, Messerstiele und Mörser Verwendung (GAERTNER 1971).
Als eher kuriose „moderne" Verwendungsformen wäre zum Beispiel die Einarbeitung von kleineren Achaten in farblose WC-Sitze aus Kunststoff anzuführen, während der Gebrauch von Achat-Toilettenkästchen schon seit dem mittleren 19. Jahrhundert üblich war.
Großes Interesse wurde dem Achat durch das Einsetzen der Esoterik-Welle in den letzten beiden Jahrzehnten des 20. Jahrhunderts entgegengebracht. Für alle möglichen und unmöglichen kleineren und größeren Leiden und Nöte müssen Achate und seine Verwandten herhalten: Schulkinder, die, mit blauen Streifenchalcedonen zum Stressabbau bewaffnet, zu den Schularbeiten marschieren, sind da vielleicht noch die unbedenklichere Variante als Menschen, die bearbeitete Achate lutschend (und nicht selten dadurch gefährliche Rückstände von Schleif- und Poliermitteln aufnehmend) durch die Gegend spazieren.
Vor allem vor der in letzter Zeit sehr beliebten Einnahme von Achat/Quarz-Steinpulver sei - ohne ärztliche Rücksprache und Kontrolle - ebenfalls dringend abgeraten.
Grundsätzlich ist gegen esoterische Praktiken ja auch nichts einzuwenden, wir wissen ja, allein der Glaube versetzt oft Berge! Wenn jedoch versucht wird, aus der Not der Menschen Kapital zu schlagen, sieht die Sache schon etwas anders aus. Auch die zahlreich vorhandenen „Fachbücher" von wirklichen oder selbst ernannten Steinexperten verfasst, wo, je nachdem in welches man gerade hineinschaut, einem Stein oft die vollkommen gegensätzliche Wirkung zugeschrieben wird, sind nicht wirklich eine echte Hilfe.
So heißt es zum Beispiel im Buch „Magie edler Steine": *„Der Achat soll die Fruchtbarkeit von Frauen fördern, die Selbstheilungskräfte stärken sowie gegen Fieber und Gift wirken. Achat kann unsere Sensibilität für andere Menschen stärken und uns mit lieben Menschen in Kontakt bringen."* (KILLINGER 1995)
In einer „Handreichung zur Lithotherapie" erfährt man über den Achat und Jaspis: *„Öffnen die Energiekanäle nach unten zur Erde. Beruhigen*

die Emotionen und den physischen Körper. Helfen beim Loslassen schwerer Gedanken, schmerzender und bedrückender seelischer Gefühle. Erleichtern dadurch das Einschlafen."

Achate als Heilmittel waren in der Tat bereits seit dem Mittelalter und vereinzelt auch früher intensiv in Gebrauch. Feines Achatpulver gemischt mit Wein der anderen Flüssigkeiten sollte der Haut ein glatteres und feineres Aussehen verleihen und Schlangenbissen entgegenwirken. Bei akuten Schlangenbissen half angeblich feines Achatpulver, das auf die frische Wunde gestreut wurde (DAKE 1951).

Die Tatsache, dass Achaten eine kühlende und erfrischende Wirkung zugeschrieben wurde, führte zur Verwendung als „Durstlöscher" (durch Lutschen eines Stückes) und als fiebersenkendes Medium. Auch Kopfschmerzen und Augenkrankheiten wurden mit ihnen behandelt. Schon seit langer Zeit gilt der Achat, speziell der Moosachat, als Glücksstein für den Geburtsmonat Juni. Im Medizinrad, der „indianischen Astrologie der Erde" findet sich der Moosachat im „Mond der Maissaussaat", das wäre der Zeitraum von 21. Mai bis 20. Juni, während der Karneol im darauf folgenden „Mond der kraftvollen Sonne" (21. Juni bis 22. Juli) im Mittelpunkt steht. Andere Quellen ordnen den Achat wiederum dem Tierkreiszeichen Stier (21.4.-20.5.) und manchmal auch dem Zwilling (21.5.-21.6.) zu.

1. Mörser aus Achat. 9 cm.
2. Die „Überreste" ausgehöhlter Achatmandeln für die Mörserherstellung türmen sich auf einem Lagerplatz in Bruchweiler.

Einige der bedeutendsten Achatfundorte der Welt

Es ist ein nahezu unmögliches Unterfangen, alle Achatfundorte der Welt auch nur einigermaßen komplett aufzulisten oder beschreiben zu wollen, handelt es sich doch beim Achat um ein sehr weit verbreitetes Mineral. Mitunter finden sich interessante Achate auf so „exotischen" Plätzen wie Grönland oder der Antarktis, andererseits weisen manche Staaten eine derartige „Dichte" an Achatfundstellen auf, dass auch in diesem Fall eine vollständige Auflistung unmöglich ist.

Auf den folgenden Seiten findet man einen repräsentativen Auszug aus den bedeutendsten Achatfundorten weltweit, der als idealer Ausgangspunkt für eine weitere vertiefende Beschäftigung mit der Materie dient.

1. Das Deutsche Edelsteinmuseum in Idar-Oberstein. Hier befinden sich nicht nur schöne Achate, sondern auch herrliche Edelsteine und verarbeitete Schmucksteine.

2. Weltberühmtes Wahrzeichen von Idar-Oberstein: die Felsenkirche. Im unterhalb liegenden Museum Idar-Oberstein sind sehr viele regionale und internationale Achate zu bewundern.

3. Klein aber fein: das Achatmuseum in Freisen zeigt eine bunte Vielfalt an heimischen Achat-Funden.

Deutschland

In Deutschland liegt mit der Stadt Idar-Oberstein das allseits anerkannte Achatzentrum der Welt. In eigenen Bergbauen (Steinkaulenberg), in Steinbrüchen (z.B. Juchem, Steinbruch Setz) und auf Feldern wurde und wird hier dem begehrten Achat nachgejagt.

Darüberhinaus gilt die gesamte Saar-Nahe-Region (beispielsweise vor allem die Umgebung von Freisen) auch heute noch als Fundbereich ausgezeichneter Sammlungsstücke.

Ein weiteres sowohl historisches als auch aktuelles Achatzentrum mit zahlreichen Fundstellen befindet sich in der östlichen Landeshälfte, und zwar überwiegend in Sachsen und Thüringen.

Der Steinbruch Juchem im Fischbachtal, in dem Sammler am Wochenende nach Drusen und Achaten suchen dürfen ...

Region Idar-Oberstein

Der Raum um Idar-Oberstein zählt zu den ältesten bekannten Achatfundstellen überhaupt und kann in drei große Regionen eingeteilt werden (DRÖSCHEL 2004):
• das Gebiet Idar-Oberstein-Fischbachtal
• das Gebiet um Baumholder
• das Gebiet Oberkirchen-Freisen

Eine der ersten gesicherten Erwähnungen findet sich beim Metzer Domherrn Otto von Diemeringen bereits im Jahre 1375, vermutlich waren die Vorkommen aber schon wesentlich länger bekannt. Legenden nach sollen bereits die Römer während ihrer Besatzungszeit Achate aus dieser Gegend nach Rom zur weiteren Verarbeitung gebracht haben. PETSCH

(1987) erwähnt beispielsweise römische Gemmen im Landesmuseum von Trier, die durchaus aus dem heutigen Rheinland-Pfalz stammen könnten. Am *Weiselberg* wurde schon 1454 nach Achaten gegraben.

Die erste Erwähnung einer Achatschleife bei Oberstein ist mit dem Jahr 1531 gesichert. Viele weitere Gelehrte und Forscher (z.B. Agricola, Collini - mit seinen wunderbaren Bildern von Achatschleifereien, Ferber, Leonhard u.v.m.) berichteten ab dem 16. Jahrhundert über die Achatvorkommen und die Verarbeitung des Rohmaterials vor Ort, wodurch die Region rasch große Berühmtheit erlangte (GLAS 2000).

Die Vorkommen befinden sich meist in kieselsäurearmen Lavagesteinen wie Andesiten und Daciten aus dem Perm, sind also etwa 250-300 Millionen Jahre alt.

Eine der berühmtesten Fundstellen, der Steinbruch *Juchem*, liegt etwa 3 km außerhalb des Ortes im Fischbachtal an der Straße nach Niederwörresbach. Er ist vor allem für seine prächtigen Geoden mit tiefviolettem Amethyst und goldorangefarbigen Calcitkristallen bekannt.

Im „Juchem" ist nach längeren Phasen der Unsicherheit und Unfällen mit Todesfolge das legale Achat- und Mineraliensammeln für Privatsammler außerhalb der Betriebszeiten wieder möglich. Gegen eine geringe Gebühr und im Beisein einer Aufsichtsperson kann vor allem in den Abendstunden und am Wochenende gesammelt werden, eine lobenswerte Regelung, die durchaus zur Nachahmung empfohlen werden kann.

Ausgezeichnete Funde von zum Teil riesigen Achatmandeln bis 40 cm Größe gelangen dem Sammler Burkhard Henn im Jahre 2002. Die im In-

Zu bewundern im Museum Idar-Oberstein: eine riesige Achatmandel mit Quarzzentrum, gefunden auf dem Truppenübungsplatz in Baumholder.

Idar-Oberstein INFO

Idar-Oberstein ist für jeden Achatsammler, Mineralogen, Gemmologen und Liebhaber edler Kristalle der Ausgangspunkt für eine hochinteressante Reise zu den schönen Steinen. Wir nennen einige Highlights, die man nicht versäumen darf:

- **Deutsches Edelsteinmuseum**
  www.edelsteinmuseum.de
- **Museum Idar-Oberstein**
  www.museum-idar-oberstein.de
- **Felsenkirche**
  www.felsenkirche-oberstein.de
- **Weiherschleife**
  www.edelsteinminen-idar-oberstein.de
- **Steinkaulenberg**
  www.edelsteinminen-idar-oberstein.de
- **Fischbacher Kupfererzbergwerk**
  www.besucherbergwerk-fischbach.de
- **Schiefergrube Bundenbach**
  www.bundenbach.de
- **INTERGEM - Schmuckmesse**
  www.intergem.com
- **Tourismus-Zentrale**
  www.idar-oberstein.de

Hotels - Auswahl -

- **BestWestern The Ciar Hotel****
  www.hotel-ciar.bestwestern.de
- **Parkhotel****
  www.parkhotel-idaroberstein.de
- **Berghotel Kristall****+
  www.berghotel-kristall.de
- **Hotel Amethyst****
  www.gaestehaus-amethyst.de
- **Diamanthotel Handelshof****
  www.diamanthotel-handelshof.de
- **Edelsteinhotel****
  www.edelstein-hotel.de
- **Hossers Hotel***+
  www.hotelhosser.de
- **Hotel Zum Schwan**
  www.hotel-zum-schwan.de
- **Hotel Schloßschenke**
  www.schlossschenke-oberstein.de
- **Hotel Naheklause**

3. Steinbruch Juchem. Breite 8 cm.
4. Steinbruch Juchem. Höhe 15 cm.

1. Achat vom Weiselberg bei Oberkirchen. Höhe 6 cm.
2. Achat-Sammler Dietrich Mayer mit einem der größten gefundenen Achate aus dem Steinbruch Juchem, Fund 2002.

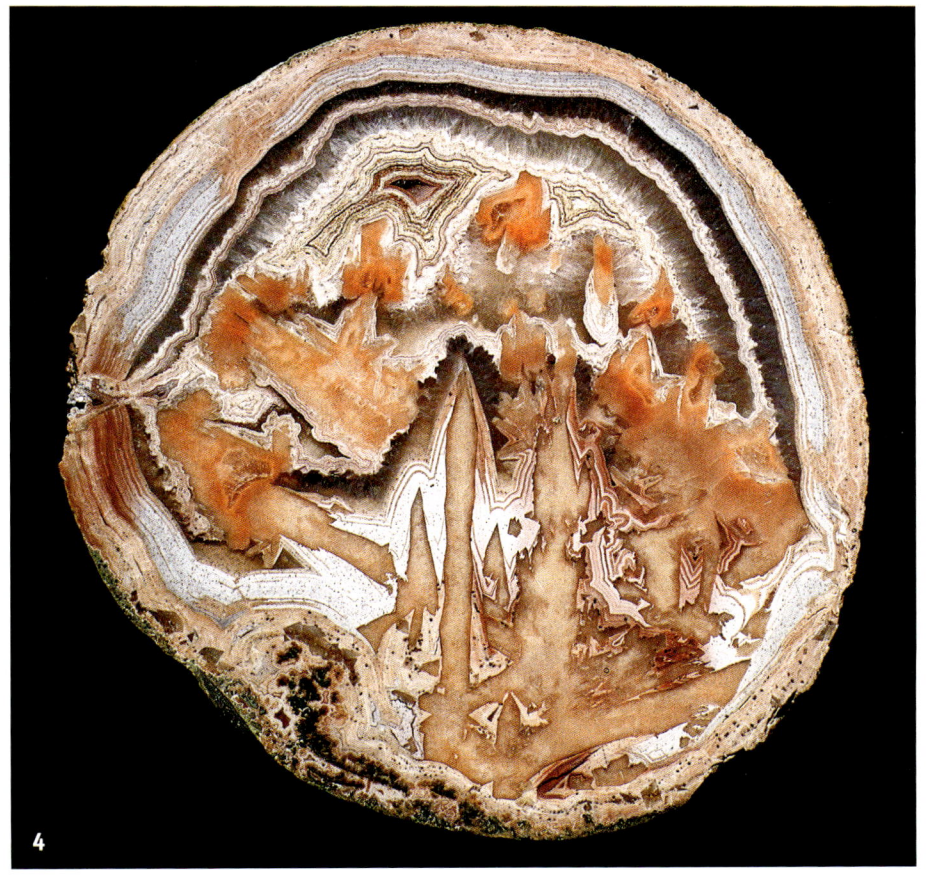

Kulinarisches

Das Gebiet um Idar-Oberstein ist berühmt für seinen Spieß- und Schwenkbraten, eine köstliche Spezialität vom Holzkohlengrill. Unsere Favoriten sind zum einen das Restaurant Kirschweiler Brücke (Spießbraten von der Hohen Rippe - traumhaft; Tel. 06781-33383, Mi. geschlossen) mit Küchenchef Hans-Werner Veek sowie zum anderen das Restaurant Edelsteinklause (mit Küchenchef Wolfgang Kläsmann, 06781-933129), beide in Kirschweiler. Für denjenigen, der zu Mittag deftige Hausmannskost mag, unser „Geheimtipp": die Schleiferstube auf der Tiefensteiner Straße 366 (Claus Dreher, Tel. 06781-31660). Aber selbstverständlich gibt es in und rund um Idar-Oberstein weitere gute Restaurants ...

Hans Werner Veek, Küchenchef in der „Kirschweiler Brücke".

neren größtenteils aus makrokristallinem Quarz (auch Amethyst) und Calcit bestehenden Stücke zeigen gelegentlich schöne Röhren- und Augenstrukturen (MÜLLER & JAHN 2004). Auch im mittlerweile geschlossenen und zum Teil rekultivierten Steinbruch *Bernhard*, gegenüber dem Juchem-Bruch auf der anderen Talseite, wurden schöne Achate, vor allem in den beliebten rosa Farben, gefunden.

Aus dem seit den 1990er Jahren stillgelegten Steinbruch *Setz* stammen neben Achaten mit typischen Pyriteinschlüssen und Amethystzentren wunderbare Pseudomorphosen von Achat nach Aragonit, die in großen Mandeln auch Längen bis zu 25 cm erreichen konnten. Diese Bildungen wurden bereits 1875 erstmals beschrieben (PATSCH 2000) und zeigen sich bei richtigem Schnitt immer als längliche, spitz zulaufende Formen von gelber, weißer oder rötlicher Farbe, die auch radialstrahlig aggregiert sein können.

Vom *Finkenberg* bei Idar-Oberstein kommen die wohl farbenprächtigsten Achate der Region. Die besten Fundchancen boten sich dabei in den frühen 1990er Jahren, wo durch den Aushub zahlreicher Baugruben exzellentes Material gewonnen werden konnte.

Die teils sehr intensiven Farben bieten Schattierungen von Blau, Rot, Grau, Braun und sehr vielen Pastelltönen. Auch interessante, an die Bildungen vom Rancho Coyamito in Chihuahua, Mexiko erinnernde, freistehende Pseudomorphosen nach Aragonit traten auf (HOFFMANN-ROTHE 2002).

Die ehemalige „Edelsteinmine" am *Steinkaulenberg* bzw. *„Galgenberg"*, noch im 19. Jahrhundert die bekannteste Achatfundstelle überhaupt (mit 40 hauptberuflichen Achatgräbern im Jahr 1845), wurde ab 1978 zu einem sehenswerten Schaubergwerk umgewandelt. Hier kann der Besucher im anstehenden Fels unter Tage Achate und Quarzgeoden in ihrer natürlichen Umgebung bewundern. Vor allem grauweiße Achatmandeln mit rötlicher und bläulicher Bänderung kommen vor. Mit Unterbrechungen ist auch ein eigener „Schürfstollen" in Betrieb, wo Hobbysammler in begrenztem Rahmen nach Achaten und Quarzdrusen suchen dürfen.

In der Region um Idar-Oberstein liegen derartig viele einzelne Fundpunkte, dass sie hier unmöglich alle aufgezählt werden können. Als Besonderheit sei hier noch der Bereich um *Baumholder* mit der Fundstelle Steinbruch *Backesberg* (einige weitere Fundbereiche liegen innerhalb des Truppenübungsplatzes) oder der Steinbruch *Dienstweiler* bei Birkenfeld angeführt. Eine genaue Übersicht über die vielen Fundstellen im Bereich von Idar-Oberstein/Birkenfeld/Baumholder/Freisen/St. Wendel findet sich bei DRÖSCHEL (2004).

Auch Ackerfunde stellen im Gebiet Idar-Oberstein/Freisen seit vielen Jahren eine ausgezeichnete Quelle guten Achatmaterials dar. So gelten vor allem die Felder um *Eckersweiler*, *Reichweiler*, *Hoppstädten-Weiersbach*, *Wäschertskaulen*, *Göttschied*, *Heimbach*, *Rimsberg* und *Bergen* im späten Herbst und im Frühjahr als lohnendes Exkursionsziel.

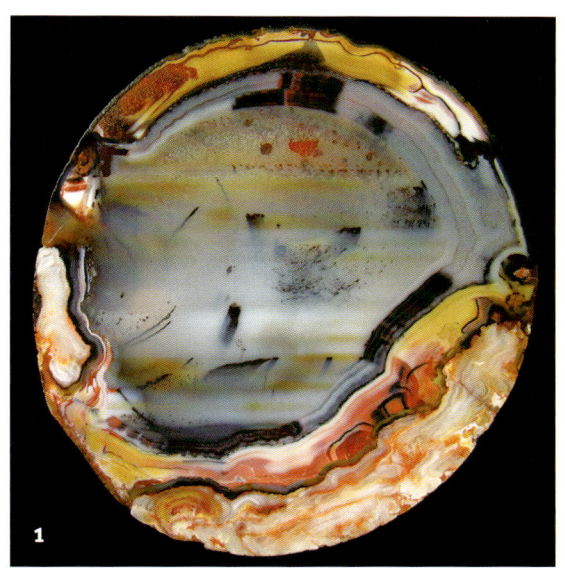

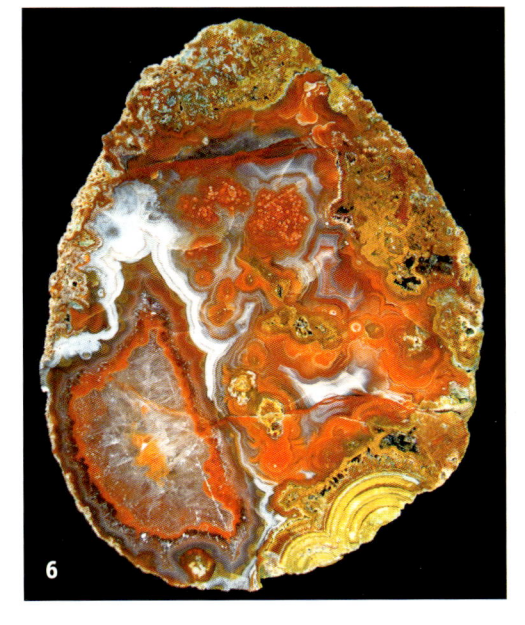

1. Achat, Rückweiler. 9,7 cm breit.

2. Pseudomorphose aus dem Steinbruch Setz. 21,5 cm.

3. Finkenberg. 10 cm breit.

4. Achat vom Göttschieder Friedhof. 6,8 cm breit.

5. Truppenübungsplatz Baumholder. Breite 8 cm.

6. Hoppstädten-Weiersbach. Höhe 5 cm.

Region Freisen

Die wohl bedeutendsten deutschen Achatfunde der letzten Jahre konnten anlässlich des Baus einer Windkraftanlage auf der *Freisener Höhe* zwischen Freisen und Berschweiler im Zeitraum von November 2000 bis Mai 2001 und Anfang Juli 2005 getätigt werden. Dabei wurden bei den Grabungsarbeiten auf einer Fläche von etwa 120 m^2 neben vielen kleineren, aber hochqualitativen Achaten auch ganz vereinzelt Mandeln bis 8 kg Gewicht zu Tage gebracht (SCHÄFER 2002).

Die Vielfalt des gefundenen Materials ist wirklich außerordentlich bemerkenswert: herrliche Fortifikationsachate mit Kippeffekt (Schattenachat), Augenzeichnungen, Membrantrümmerachate, Achate mit isolierten Zentren, Moosachate und Stücke mit besonders schönen und großen Sphärolithen. Besonders zu erwähnen sind dabei Achate, die frei im Raum schwebende, vollständig kugelige Sphärolithe beinhalten. SCHÄFER (2002) prägte für diesen Achattypus den Begriff „Holosphärolith". Besonders beeindruckend, weil ungemein intensiv und kräftig, sind dabei die auftretenden Farben: Rote, rosa, orange, gelbe, violette, graue, weiße, schwarze und braune Farbtöne in allen nur möglichen Schattierungen erfreuen das Auge des Betrachters.

Der Steinbruch *Hellerberg* bei Freisen lieferte über Jahre hinweg hervorragende Achate, die oft gangartig entwickelt waren. Weiße, rosafarbene und orange Tönungen herrschen hier vor. Die Außenseite der Achate ist zum Großteil extrem rau und zerklüftet und zeigt meist graugrüne Färbungen.

Im Zuge des Autobahnbaues der A62 gelangen (z.B. am *Freisener Kreuz*) ebenfalls ausgezeichnete Funde von Achaten in den für Freisen typischen Farben und Zeichnungen.

Seit etwa 2001/2002 besteht die Möglichkeit im Achatschürfgelände „*Edelsteindorado*" bei Freisen gegen eine geringe Gebühr selbst nach Achaten zu suchen. Auch hier können, bei allerdings wechselnden Fundchancen, Achate in den für die Region typischen Größen und Ausbildungsformen gefunden werden, wobei vor allem Achate mit Membrantrümmerstruktur besonders zu erwähnen sind.

1

2

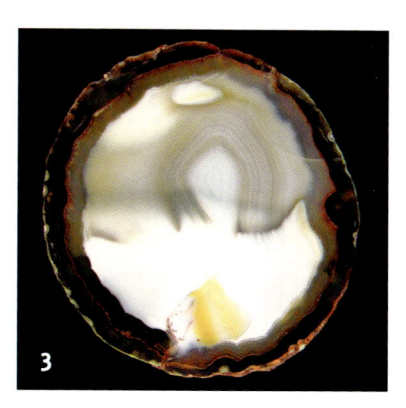

1. Freisen. 13 cm hoch.
2. Windradbau Freisen. 6,5 cm.
3. Edelsteindorado, Freisen. 6,7 cm hoch.
4. Windradbau Freisen. 8 cm.
5. Hellerberg, Freisen. 18 cm hoch.
6. Windradbau Freisen. 8 cm breit.

Region Saarland

Auf der *Teufelskanzel* am Leissberg bei Oberthal wurden zum Teil bis 60 cm große bräunlichgraue Lithophysen mit meist graublauem, schwarzen und rötlichbraunem Achat gefunden. Viele der Stücke fluoreszieren aufgrund geringer Uranbeimengungen unter langwelligem UV-Licht vor allem in leuchtenden grünen Farben!

Im Steinbruch *Setz* bei Lebach-Steinbach im nördlichen Saarland kommen Gangachate vor, die prächtige orangefarbene, rote und gelbe Bereiche in zum Teil hervorragender Bänderung enthalten. Auch Pyrit- bzw. Markasiteinschlüsse sind hier zu beobachten.

1. Achat in Rhyolith. Oberthal, Saarland. Bildbreite 6 cm.
2. Gangachat von Lebach-Steinbach. 10 cm.
3. Schöne Sphärolithe. Lebach-Steinbach. Bildbreite 6 mm.
4. Lebach-Steinbach. 3 cm.
5. Augenachat. Lebach-Steinbach. 3 cm.
6. Lebach-Steinbach. Bildbreite 3 cm.

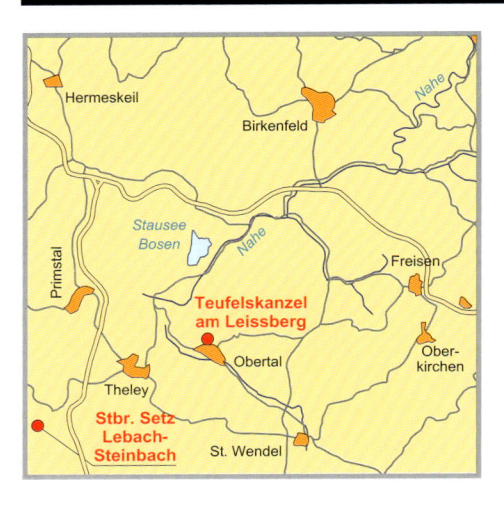

Waldhambach, Pfalz

Die Achate aus den Steinbrüchen um Waldhambach im südlichen Pfälzer Wald zählen mit zu den schönsten und farbenprächtigsten Stücken Deutschlands.

Hier steht ein in manchen Zonen äußerst blasenreicher Melaphyr (eigentlich ein Olivinporphyrit) an, der bereits im 17. Jahrhundert abgebaut wurde. Nach einer längeren Ruhephase wurde in den Steinbrüchen Anfang der 1980er Jahre durch die Firma Kuhn der Betrieb wieder aufgenommen, was über einen gewissen Zeitraum zu ausgezeichneten Fundmöglichkeiten führte (KANKA 1986). Im braungrauen bis leicht violetten Melaphyr bestehen extrem blasenreiche Zonen, wobei die dicht beieinander liegenden Blasenhohlräume, deren Größe oft nur im Millimeterbereich liegt, die aber auch bis an die 40 cm erreichen können, mit Achat, Calcit, Amethyst oder grobkristallinem Quarz gefüllt sind. Schon das blasenreiche Muttergestein bietet für Achatgenetiker und Mikroskopliebhaber hervorragende Möglichkeiten. Typisch für Waldhambacher Achate ist eine rote bis rotbraune Grundfärbung, vor allem in den äußeren Bereichen der Mandel. Im Inneren zeigen sie dann blaue, graue, weiße, orange, rote, rosa, violette und braune Bänderung, häufig mit scharfer Fortifikationszeichnung und ausgezeichneten Kontrasten.

Zu erwähnen ist das Auftreten größerer Eisenpigmentteilchen verteilt im Achat und nicht selten von interessanten radialstrahligen Sphärolithen in unterschiedlichen, meist aber weißen Farben. Auch so genannte „isolierte Zentren", wobei nach der Bildung makrokristallinen Quarzes im Zentrum der Mandel wieder schön gebänderter Achat entstanden ist, kommen häufig vor.

Besonders interessant sind Mandeln, die noch teilweise in der ursprünglichen Matrix sitzen und mit dieser gemeinsam gesägt und poliert wurden. Auch im nicht weit entfernten Steinbruch von *Albersweiler* konnten interessante meist rötliche Achate geborgen werden, die fast immer in Kombination mit diversen Karbonaten auftreten.

In einem alten Steinbruch bei *Imsbach* im Katharinental kamen Achate in intensiven vor allem roten, gelben und violetten Farbtönen vor. Ähnliche Stücke sind auch vom unweit gelegenen *Langheckerhof* bekannt.

Achate von Waldhambach, Pfalz.
1. Breite 4,7 cm. 2. Breite 10,5 cm.

3. Waldhambach, Pfalz. Höhe ca. 3 cm.

Rheinhessen

Wunderbare bunte Achate, oft in schönen Rot- und Gelbtönen stammen aus verschiedenen Fundstellen in Rheinhessen. Der Bereich von *Erbes-Büdesheim*, *Nack*, *Flonheim*, *Gau-Bickelheim* und vor allem der *Steigerberg* bei *Wendelsheim*, der prächtige rote Achate mit nadeligen Pseudomorphosen nach Zeolithmineralien (Skolezit) lieferte, sollen besonders erwähnt werden. Hier bieten sich vor allem die zahlreichen Weinberge als natürliche Aufschlüsse zum Achatsammeln an. Die hohe Sprüngigkeit dieser extrem farbenprächtigen Achate stellt leider manchmal ein Problem dar.

Am *Jakobsberg* bei Gau-Algesheim nahe Ockenheim im Mainzer Becken finden sich in tertiären Sanden gelegentlich wunderbar scharfkantig schwarz-weiß gebänderte Achate, die durchaus die Bezeichnung Onyx verdienen. Die schwarze Farbe dürfte dabei im Zuge von Verwitterungsprozessen, wie sie auch bei brasilianischen Achaten beobachtet werden konnten, entstanden sein (WEYGANDT 2001).

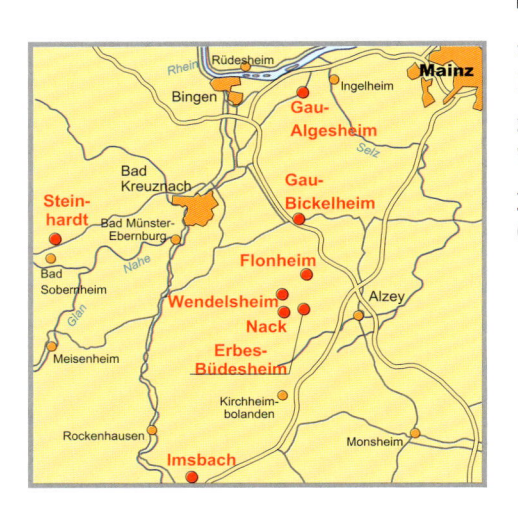

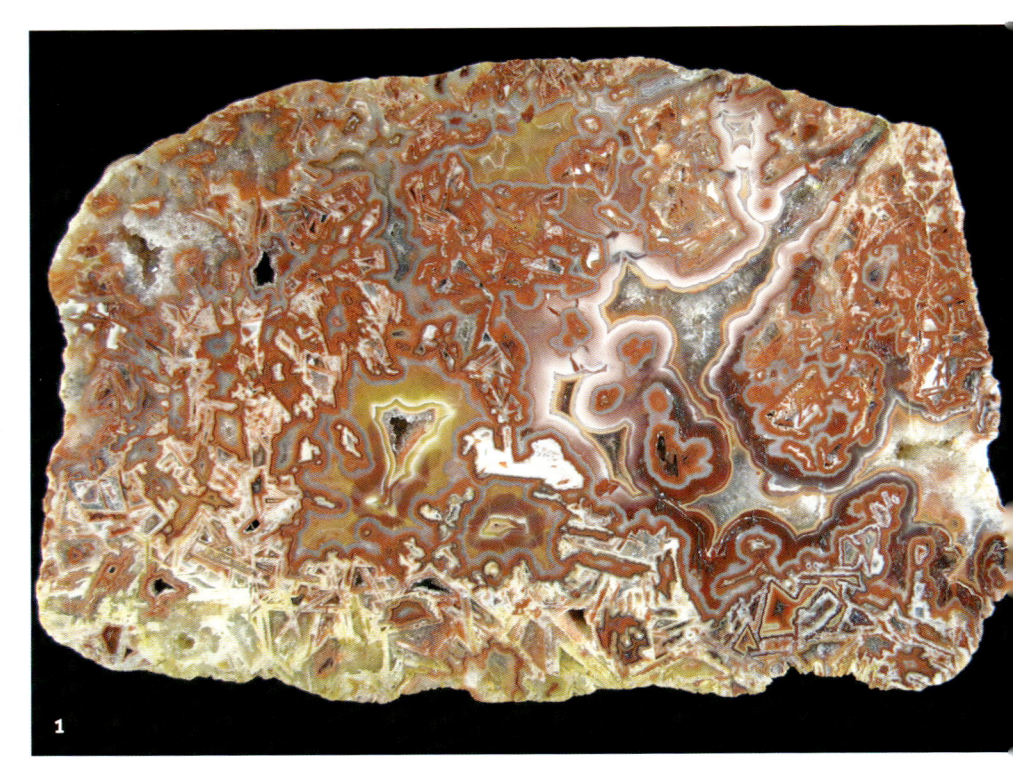

1. Achat von Flonheim, nordwestlich von Alzey. Breite 12,3 cm.
2. Achat vom Steigerberg bei Wendelsheim. Breite 4 cm.
3. Unbearbeitetes Stück aus Ockenheim. Größe 3 x 2,4 cm.

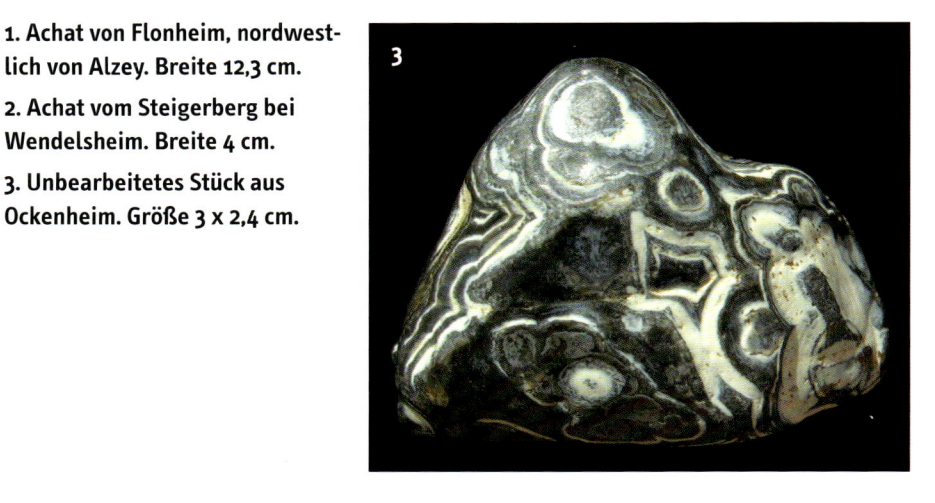

Achate von der Ortschaft Nack, ca. 7 km westlich von Alzey.
1. Breite 6 cm. 2. Breite 5 cm. 3. Breite 4,9 cm. 5. Breite 5,5 cm.

4. Wunderschön rot gefärbter Achat vom Steigerberg bei Wendelsheim. Höhe 5,2 cm.

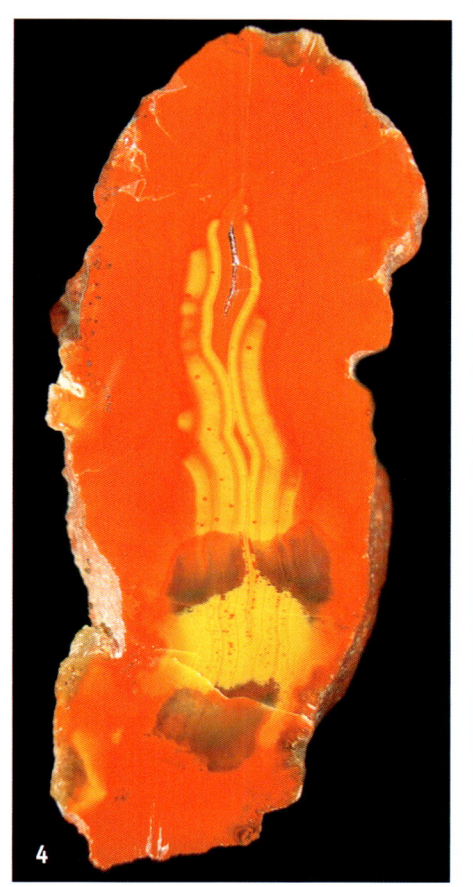

Mosel & Rhein

Spannend ist es, dass man relativ einfach an Flussläufen von Rhein und Mosel nach Achaten suchen kann. So finden sich in tertiären Kieselschottern im Bereich der Mosel, etwa von **Arenrath bei Bimsfeld** wenig östlich von Bitburg, hübsche, gut gebänderte Achate von meist weißen und schwarzgrauen Färbungen.

Auch in Kiesgruben entlang des Rheins, so zum Beispiel in **Weilerswist** bei Bonn, können schöne Achate aufgesammelt werden. Sie sind allerdings durch den Flusstransport ziemlich abgerundet. Vereinzelt gelangten auf diesem Wege Achate bis in die Niederlande (**Kiesgrube Arcen**).

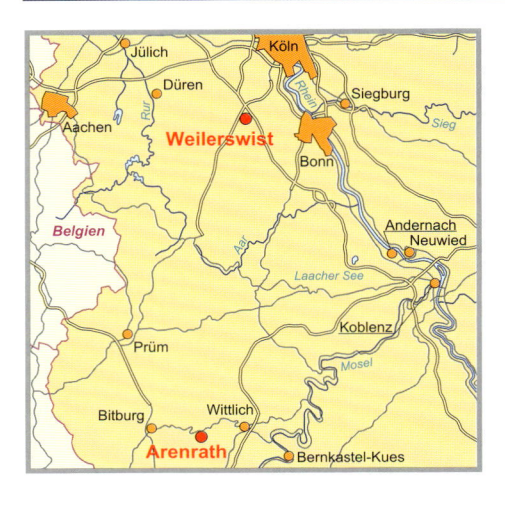

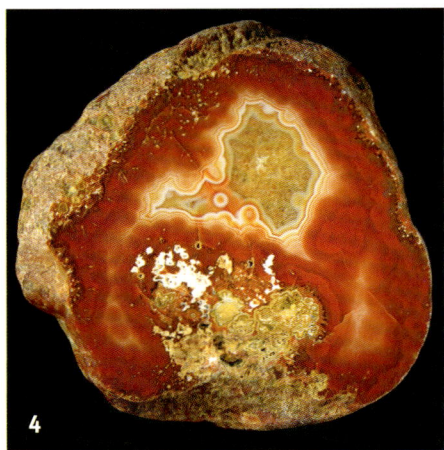

1. Weilerswist bei Bonn. 4 cm.
2. Rhein bei Duisburg. 9,8 cm.
3. Fein gebänderter Achat aus der Kiesgrube Kirchhellen bei Bottrop/Ruhrgebiet. Höhe 8,2 cm.
4. Rhein bei Duisburg. 8,5 cm.

1. Arenrath bei Bitburg, Eifel. Breite 8,5 cm.
2. Arenrath bei Bitburg, Eifel. Höhe 5,3 cm.
3. Arenrath bei Bitburg, Eifel. Höhe 5,4 cm.

Sachsen

Von kaum einem anderen Fundpunkt Deutschlands sind vor allem in den letzten zwei Jahrzehnten so wunderschöne Achate in derart großer Menge bekannt geworden wie die vorzüglichen Exemplare von **St. Egidien** bzw. **Hohenstein-Ernstthal** in Sachsen.

Der primäre Fundort, eine überraschend kleine Fläche von etwa 35 x 15 m innerhalb eines bis zu 10 m mächtigen rhyolithischen Ignimbritkörpers, liegt gleich nördlich der ehemals florierenden Nickelhütte St. Egidien. Ein Großteil des Rohmaterials wurde hier jedoch im Pleistozän über einen größeren Bereich „verteilt". Weitere Fundorte finden sich westlich der Gemeinde **Kuhschnappel** und westlich des „Heiteren Blicks" bei Hohenstein-Ernstthal, von wo sie auch bis nach Rüsdorf „transportiert" wurden (HAAKE 1990).

Besonders bekannt sind die manchmal ideal sternförmigen Achatbildungen in sehr kräftigen roten Farbtönen. Jedoch können auch viele weitere Farben wie Orange, Gelb, Braun, Grün, Blau und Grau - manchmal in stark kontrastierenden Kombinationen - beobachtet werden. Oftmals zeigen sich auffallend große, dicht verteilte rote Eisenpigmentpunkte. Bei Sammlern sehr geschätzt sind interessante sichelförmige Bildungen, die wie ein Halbmond über ein weiteres, darunter liegendes Achatzentrum gewachsen sind („Atollachat"). Selbst komplett ringförmige Bildungen dieser Art kommen vor. Auch Verwachsungen mehrerer „Kugeln" zu einem Stück treten auf. Hohlräume, mit verschiedenen Quarzkristallen ausgekleidet, stellen eine typische Erscheinungsform dar.

Viele Kugeln sind an Stelle von Achat vollständig mit graugrünem Jaspis gefüllt, eine Enttäuschung nach dem Schneiden …

Sehr große, linsen- bis brotlaibförmige Achate bis zu 30 cm konnten im Bereich des Vorkommens „Kuhschnappel" gefunden werden. Rote und blaue Schattierungen mit zum Teil dichten roten Eisenpigmentpunkten herrschen hier vor (HAAKE 1990).

Die Donnereier vom „Heiteren Blick" bei Hohenstein-Ernstthal weisen einen deutlich geringeren Achatanteil und eine nicht so starke Bänderung innerhalb der Kugel auf, die vorherrschenden Farben sind hier meist Gelb-, Braun- und Grüntöne. Als Seltenheit sind wunderschöne „Plume-Achate" von dieser Fundstelle bekannt geworden.

Eine groß angelegte Grabung mit schwerem Gerät im „Westfeld" der Fundstelle St. Egidien im Jahr 1996, angeregt von einigen einheimischen Schleifern, lieferte eine Vielzahl - nach LEONHARDT (1997) *„Ein großer LKW voll"* - riesiger bunter Achate bis 50 cm (!) Durchmesser. Leider zeigt ein Großteil des gefundenen Materials erhebliche Risse, ist aber allein schon durch die enorme Größe beeindruckend.

Eine bunte Vielfalt zeigen die Achate von St. Egidien. Breite: 1. 9,5 cm. - 2. 10,2 cm. - 3. 8 cm. 4. - 13,5 cm. 6. - 6,5 cm. 7. - 7 cm.

5. Dieser Achat ist von der Fundstelle „Heiterer Blick" bei Hohenstein-Ernstthal. Durchmesser 6,5 cm.

Schlottwitz

Der Achatgang im Müglitztal bei Schlottwitz im Osterzgebirge wurde bereits 1750 entdeckt und kurz darauf mit vielen Unterbrechungen teilweise kommerziell abgebaut. Diese in zahlreichen Sammlungen vertretenen alten Stücke tragen oft die Fundortbezeichnung „We(e)senstein" oder „Cunnersdorf" (HAAKE 1991). Vor Ort steht meist eine Art Achatbreccie an, in der Achatsplitter zwischen 1 mm und 10 cm Größe verteilt sind. Die zum Teil schon abgebauten, bis zu 30 cm und mehr breiten Achatbänder innerhalb einer weitreichenden Gangstruktur lieferten vor allem schöne Kombinationen von rotbraunem Achat mit violettem Amethyst, in Form von wechselnden feinen Bändern oder der besonders geschätzten Trümmerachatstruktur. Auch weiße bzw. leicht grünlichgraue Bänder treten auf. Die Errichtung eines Naturschutzgebietes und Probleme mit privaten Grundeigentümern ließen die Fundmöglichkeiten in letzter Zeit stark zurückgehen. Allerdings wird - zum Beispiel durch Hochwässer - auch immer wieder neues Material freigelegt.

Freiberg und Umgebung

Achate aus dem Freiberger Gangbezirk sind seit langem bekannt und weckten nicht nur das Interesse der Sammler. Bereits 1597 ersuchte der Freiberger Bürger Balthasar Springer beim Oberbergamt Freiberg „um die Belehnung auf Carneol, Calcedon und Achaten ...", wobei wahrscheinlich die Vorkommen von Halsbach oder Hilbersdorf bei Freiberg gemeint sein könnten. 1697 berichtete v. Tschirnhaus an den Kurfürsten Friedrich August I., der Starke, über einen roten Kies; gemeint war der rote Achat zu Hilbersdorf bei Freiberg. 1698 wurde dem Kurfürsten bereits von einem unerlaubten Abbau in einem „Corallinen Bruch" bei Freiberg berichtet.

BOLDUAN berichtete 1957 über Erkundungsarbeiten auf das Achatvorkommen von Halsbach bei Freiberg. Man versuchte, den Achat zur Herstellung von Mörsern und anderen technischen Dingen zu nutzen. Seit etwa 1980 nahm das Interesse an Achaten, auch für eine kommerzielle Nutzung, zu. So wurden Ende der achtziger Jahre des vergangenen Jahrhunderts Versuche zu einer kommerziellen Verwendung der Achate des Erzgebirges und seines Vorlandes unternommen (HAAKE & SCHREIBER, 1989). Aber vor allem Sammler fanden und finden steigenden Gefallen an den Achaten, auch weil Mineralvorkommen kaum noch Fundmöglichkeiten zulassen. Eine Ausnahme stellen dazu eben die Achatvorkommen dar. Eine Übersicht sächsischer Achatvorkommen, auch des Erzgebirges, gab HAAKE (2000).

Reiner Haake und Helmut Schynschetzki untersuchten in den letzten Jahrzehnten besonders intensiv das Gebiet um Freiberg und erzielten dabei interessante Ergebnisse, die hier dargestellt werden.

Bei den recht zahlreichen Achatvorkommen im Freiberger Gebiet fällt deutlich auf, dass nahezu alle entlang einer Linie auftreten. Bereits KUSCHKA (1994) erkannte eine große, tief reichende Bruchstruktur, die mit einem NW-SO-Streichen von 40 bis 50 Grad nordwestlich bis südöstlich der Stadt Freiberg verläuft, und von der nördlich der Stadt ein paralleler Abzweig beginnt. Entlang dieser Bruchstruktur von Waldheim - Halsbrücke - Zinnwald haben die R. Haake und H. Schynschetzki mehr als zehn Achat-„Vererzungen" kartiert. Das Vorkommen von Achatmineralisationen in derartigen tiefreichenden Störungszonen, wie sie im Vogtland und besonders im Erzgebirge, und hier besonders im Osterzgebirge, zahlreich auftreten, scheint weltweit nicht häufig zu sein. In der Literatur werden derartige Vorkommen in anderen Teilen der Erde kaum beschrieben. So findet man bei GODOVIKOV u.a. (1987) oder ZENZ (2005) kaum Hinweise zu entsprechenden Vorkommen. Sie verweisen auf wenige Achatvorkommen, die gangförmig auftreten, und wenn in diesen umfassenden Werken von „Achatgängen" die Rede ist, handelt es sich meist um gangförmig gebildete Achatmineralisationen in Eruptiv-, selte-

Seite 106. Beim Anblick dieser Achate von Schlottwitz wird deutlich, welche gewaltigen tektonischen Kräfte vor Jahrmillionen gewirkt haben müssen.
1. **Typisches Gangstück mit extrem verschobenen Trümmer-Strukturen. 17,5 cm.**
2. **Gewaltige Kräfte müssen die Jaspisgänge in kleinste Stücke „zermalmt" haben. 19 cm.**
3. **Sehr aparte Farbkontraste ergeben Kombinationen von Achat- und Amethystpartien. 13 cm.**
4. **Später wieder verfüllte Risse und Spalten durchschlagen die Bänderung dieses Achates; dabei wurden einzelne Bandsysteme minimal verschoben. 11,5 cm.**

Der „Korallenachat"

1697 erstmals beschrieben, stand der Achatbruch bei Halsbach bis etwa 1719 in einigermaßen regelmäßigem Betrieb. Das Material wurde häufig zu Schmuckzwecken und für kunsthandwerkliche Arbeiten verwendet. Der letzte Versuch eines kommerziellen Abbaues endete 1948 erfolglos. Heute ist der ehemalige Abbau verfüllt, das Gelände steht unter Naturschutz (BECK 1996).

Beim Achatgang handelt es sich um eine Kombination von rotbraunen Achatbändern in Kombinationen mit weißen Lagen und klaren bzw. amethystigen Quarzschichten.

Der „Korallenachat", eine hydrothermale Gangbildung, die auch gelegentlich durch den Bergbau in und rund um Freiberg angefahren wurde, erreichte stellenweise eine Mächtigkeit von bis zu 1,2 m. Im Achat sind gelegentlich auch weitere Mineralien wie Hämatit, Baryt, Fluorit, diverse Manganoxide und als Seltenheit auch Pechblende eingelagert (BECK 1996).

Zwei „Riesen" aus Schlottwitz, die jetzt in der Ausstellung „terra mineralia" im Schloß Freudenstein in Freiberg ausgestellt sind.

1. TU-Mitarbeiterin Steffi Ungar mit dem vermutlich größten Schlottwitzer Gangachat.

2. Dieser wunderschöne Achat wurde erst 2002 nach dem verheerenden Müglitz-Hochwasser in Schlottwitz geborgen. Breite ca. 45 cm.

Frank Kirschberger, Küchenchef in der „Zugspitze".

Freiberg - INFO

Freiberg, berühmt durch seine historischen Silberfunde, ist für Mineralien- und Achatsammler gerade in der letzten Zeit in den Mittelpunkt gerückt. Im Oktober 2008 wurde im Schloß Freudenstein die einzigartige Pohl-Ströher-Mineraliensammlung („terra mineralia") eröffnet und bildet zusammen mit den Sammlungen der TU Bergakademie in der Brennhausgasse einen neuen mineralogischen Höhepunkt in Sachsen.

- **TU Bergakademie Freiberg**
  www.tu-freiberg.de
- **„terra mineralia"**
  www.terra-mineralia.de
- **Reiche Zeche**
  www.besucherbergwerk-freiberg.de
- **Sächsische Silberstraße**
  www.silberstrasse.de
- **Tourismus-Zentrale**
  www.freiberg.de

Hotels - Auswahl -
- **Alekto****
  www. alekto.de
- **Hotel am Obermarkt****
  www. hotel-am-obermarkt.de
- **Hotel Kreller****
  www. hotel-kreller.de
- **Auberge Mistral****
  www.auberge-mistral.de

Kulinarisches - Tipps -
Im Schloß Freudenstein gibt es das Restaurant „Genuss im Schloss" rund um Anette Haber und Chefkoch Martin Schlösser (www.genuss-im-schloss.de); unser „Geheimtipp" ist das Restaurant „Zugspitze" auf dem Gelände der „Alten Mordgrube" in Brand-Erbisdorf mit Küchenchef Frank Kirschberger (www.ausflugslokal-zugspitze.de).

ner Sedimentgesteinen, oder in unmittelbarer Nähe der ersteren, vor allem rhyolithischen, die im Streichen und Fallen nur einige Dezimeter bis wenige Meter aushalten und lediglich wenige Zentimeter, selten Dezimeter Mächtigkeit erlangen. Von Gangstrukturen oder gar Tiefenstörungen in metamorphen Gesteinskomplexen kann man dabei nicht sprechen. BLANKENBURG (1987) erwähnt die Vorkommen des Erzgebirges auch nur nebenbei und meint, fehlende Hinweise zu analogen Vorkommen weltweit lägen am fehlenden wissenschaftlichen oder kommerziellen Interesse. GRUBER (1980) und WERNER & DENNERT (2004) beschreiben ein Achat-Amethyst-Vorkommen, das an mächtige Gangspalten gebunden ist, im Gebiet von Sulzburg im Schwarzwald und das letztlich dem Oberrheintal-Grabensystem zugerechnet wird. PANZER (1961) berichtet kurz über ein Achatvorkommen zusammen mit Amethyst im Randbereich der Vogesen bei Bergheim, das ebenfalls zum Oberrheintal-Grabensystem gehört. Reiner Haake und Helmut Schynschetzki erfuhren durch den Sammler H.-J. Becherer von einem Gangachat-Vorkommen mit intensiver Brekzienbildung und Amethystvorkommen bei Amplepluis nordwestlich Lyon im Departement Rhone-Alpes in Frankreich, das dem von Schlottwitz im Osterzgebirge sehr ähnelt. ARINSCHTEJN u.a. (1986) erwähnen einen Quarzgang von bis zu einem Meter Mächtigkeit in einem grobkörnigen Biotitgranit bei Schatanskoje nordöstlich Swerdlowsk (jetzt Jekaterinenburg) im Ural. Auch im Böhmischen Massiv wird von tief reichenden Störungen beispielsweise bei Tebic - Bochovice nur Amethyst erwähnt; Achat scheint nicht vorzukommen (BERNARD u.a., 1981). Ebenso wird aus dem Störungssystem bei Maissau in Niederösterreich kein Achat erwähnt (NIEDERMAYR, 1999). Auch die bei ZENZ (2005) und MOHR (2006) genannten Achate aus der Gegend von Gyöngyös am Rande des Matragebirges in Ungarn sind nicht an echte Gangstrukturen gebunden, wenngleich bei Gyöngyösoroszi eine sulfidische Gangmineralisation bekannt ist.

Wenn man die einzelnen Achatvorkommen innerhalb der Tiefenstruktur von Waldheim - Halsbrücke - Zinnwald (BAUMANN u.a., 2000) von ihrem Erscheinungsbild her vergleicht, so kann man signifikante Unterschiede, teilweise aber auch wesentliche Ähnlichkeiten feststellen. Innerhalb der Struktur, die bis einen Kilometer Mächtigkeit erreicht, liegen die Vorkommen wenige Hundert Meter bis Kilometer im Streichen auseinander. Es handelt sich, in Anlehnung an den alten Lagerstättenbegriff, um Erzfälle oder besser

Achat aus dem Fischbachtal bei Großschirma. Breite 23 cm.

gesagt um „Achatfälle". Neben der insgesamt gleichartigen Paragenese Quarz, Amethyst, Achat, Baryt, Fluorit, Hämatit, seltener auch Sulfide (Pyrit, Chalkopyrit), sind in allen Vorkommen mehr oder weniger intensive Brekzienbildungen nachzuweisen, die auch Nebengesteinsbruchstücke, weit überwiegend Gneise, einschließen. Teilweise werden auch Gänge von Paläorhyolithen (Quarzporphyren) durchschlagen und Bruchstücke von ihnen in den Gangmineralisationen eingeschlossen. Neben Baryt, der als sogenannter „Rotbaryt" auftritt, wird die Achatmineralisation stets von Hämatit begleitet, der häufig als „Roter Glaskopf" ausgebildet ist. Hämatit ist auch das färbende Pigment im Baryt, der teilweise in einer Mächtigkeit von mehreren Metern nachgewiesen worden ist (HAAKE, 2000). Die Mineralisation wird zur spätvaristischen Hydrothermalminerialisation und innerhalb dieser zur Fluorit-Quarz-Assoziation (Fluorit-Quarz-Folgengruppe) und innerhalb dieser wiederum zur Quarz-(Baryt-)Amethyst-Achat-Paragenese gestellt (BAUMANN u.a., 2000).

Im Folgenden werden einige der Vorkommen beschrieben, wobei besonderes Augenmerk sowohl auf die Gemeinsamkeiten als auch auf deren Unterschiede gelegt wird. Die in der näheren Umgebung Freibergs über viele Jahre beprobten Achatvorkommen sind entlang einer Linie mit Nordwest-Südost-Richtung zu finden.

Fischbachtal im Nonnenwald südlich Großschirma

Gneis- und Porphyrbruchstücke werden intensiv von einem englagigen, überwiegend hell rosa gefärbten Achat verkittet; als Begleitmineral tritt Hämatit auf, weitere sind bisher nicht bekannt. Das Vorkommen ist an die unmittelbare Nachbarschaft eines Porphyrganges gebunden.

Tuttendorf nordöstlich Freiberg

Bruchstücke von Gneis und feinkörnigem Quarzgangmaterial („Hornstein") werden von Achat und Quarz verkittet. Weitere Begleitmineralien sind von diesem Vorkommen bisher nicht bekannt.

Halsbach östlich Freiberg

Hier handelt es sich um eines der ältesten in Sachsen bekannten Achatvorkommen. Der Achat tritt in mehreren unterschiedlich mächtigen Lagen auf, die teils durch „Hornstein", teils durch phanerokristalline Quarzlagen mit wenigen Millimeter bis ca. 1 cm Mächtigkeit getrennt werden. Typisch für das Vorkommen ist der sogenannte „Korallenachat" (siehe Seite 107). Zusammen mit Achat kommt als jüngere Bildung eine im Allgemeinen nur wenige Millimeter starke Amethystlage vor, die mitunter auch von farblosem Quarz vertreten wird. Feinkörniger „Hornstein" ist meist älter als der Achat. Die Quarzabfolge wird gelegentlich von Quarzkristallen beendet, bei denen nur Rhomboederflächen erkennbar sind. Jüngste Bildung ist Baryt, der mitunter in recht schönen Kristallen vorkommt. Insgesamt scheint die Barytmineralisation bei Halsbach kaum über 5 cm Mächtigkeit zu erlangen. Brekzienbildungen werden bei diesem Vorkommen nur untergeordnet beobachtet.

Die Mächtigkeit der gesamten Gangmineralisation erreicht ca. 1,5 m. Vor allem in seinem östlichen Teil am oberen, flachen Muldentalhang spaltet die Achatmineralisation in mehrere bis ca. 10 cm mächtige, eng beieinander liegende Trümer auf, wie mehrere Schürfversuche seit Mitte des vorigen Jahrhunderts gezeigt haben. Im Weichelts-Hoffnung-Stollen auf dem Reicher Trost Spatgang wurde neben dem Hauptachattrum in ca. 20 m Entfernung ein weiteres, geringer mächtiges Achattrum aufgeschlossen, dessen Mineralisationsabfolge der des Haupttrumes sehr ähnlich ist (GURKAU, 1966).

Kreuzermark bei Freiberg

Nur ca. 0,8 km ostsüdöstlich des Vorkommens Halsbach tritt etwa 300 m nordwestlich der Ziegelscheune im Bereich südöstlich der Kreuzermark auf einer flachen Anhöhe ein weiteres Achatvorkommen auf, das in seinem Erscheinungsbild teilweise dem vorgenannten sehr stark ähnelt, teils aber auch davon abweicht. Amethyst

Schöner Festungsachat von Hilbersdorf. Breite 9,5 cm.

wurde hier gelegentlich auch beobachtet, jedoch bisher noch kein Baryt, Brekzienstrukturen dagegen häufig. Auf den Feldern zwischen den beiden genannten Vorkommen sind Achate als Lesesteine selten zu finden.

Hilbersdorf

Im Bereich der Gemeinde ist in zwei Bereichen eine Achatmineralisation nachgewiesen: Einige Hundert Meter südlich der B 173 und östlich des Knickes der Verbindungsstraße von der B 173 zur Gemeinde konnten im Bereich einer flachen Geländesenke in dem im Aufbau befindlichen Gewerbegebiet vereinzelt Achate an mehreren, einige Zehner Meter voneinander getrennten Punkten gefunden werden. Die einzelnen Fundstellen sind durch eine intensive Rotfärbung des Bodens erkennbar. Unmittelbar nördlich der Heckenstraße in Hilbersdorf schließt sich ein über 300 x 200 m verfolgbares Achatvorkommen an, in dem auf dem Feld neben reichlich Achat, sehr häufig in brekziöser Ausbildung, auch zahlreiche Barytlesesteine gefunden werden. Schürfarbeiten Ende der achtziger Jahre des vergangenen Jahrhunderts ergaben Barytmächtigkeiten bis über 2 m. Bei dem Achat handelt es sich teils um

Bandachat mit bis zu 2 cm breiten Bändern, häufiger aber um wenige Millimeter starke Umhüllungen und Zwickelfüllungen um bzw. zwischen Gneisbruchstücken. Besonders nach dem Pflügen sind hier Achatfunde garantiert.

Felder östlich der Straße Hilbersdorf zum Friedrich

In diesem Fundpunktbereich wurden wiederholt einzelne Lesesteine mit Achat in wenigen Millimeter Stärke zusammen mit blassem Amethyst gefunden.

Gebiet des Rosinenbusch in Richtung des Kirchberges

Direkt im sogenannten Rosinenbusch und in einem recht weiten Gebiet südöstlich davon auf den Weiden und Feldern treten sowohl Amethyst, besonders im nördlichen Teil des Gebietes in unmittelbarer Nähe des Abzweiges der Wirtschaftsstraße nach Niederbobritzsch, aber auch Achate, die in ihrer Ausbildung teilweise verblüffende Ähnlichkeit mit denen von Halsbach haben, auf. Häufig begleitet wird der Achat von „Hornstein". Zwischen den Achatlagen kommt Amethyst in schmalen Bändern vor. Brekzienstrukturen treten nur untergeordnet auf. Bemerkenswert sind im Hornstein vorkommende, eigenartige strahlige Strukturen, die möglicherweise als organogene Bildungen interpretiert werden können.

Scheibenwiesen zwischen Weißenborn und Niederbobritzsch

Auf den Feldern im Umfeld der als Feuchtgebiet geschützten Scheibenwiesen sind kleinere Achate mit schwacher Bänderung als Lesesteine gelegentlich zu finden.

Stallanlage Süßenbach

Etwa 350 m westlich der Stallanlage unmittelbar westlich an einer nach Nordwesten führenden Wirtschaftsstraße werden Achate auf den Feldern neben Hämatit, teils in Rasen kleiner Kristalle, teils als „Roter Glaskopf" gefunden. Die Funddichte ist allerdings gering. Baryt als „Rotbaryt" kommt dagegen häufig vor.

Süßenbach

Etwa 70 bis 100 m östlich des Gemeindeteiles Süßenbach der Gemeinde Weißenborn wurde beim Bau einer Erdgasfernleitung im Jahr 1989 eine 2 m mächtige Gneisbrekzienzone mit ca. 50 Grad Streichen bei 70 Grad Einfallen nach Südost freigelegt, deren Bruchstücke durch einen kaum gebänderten, jaspisartigen Achat nahezu vollständig verkittet worden sind. Nur vereinzelt treten in größeren Zwickelfüllungen phanerokristalliner Quarz, sehr selten in Drusenräumen größerer Zwickel, kleine Quarzkristalle auf. In unmittelbarer Nähe des nördlichen Bauerngutes gefundene Lesesteine mit einer analogen Ausbildung erreichen knapp einen Meter Durchmesser. Ganz ver-

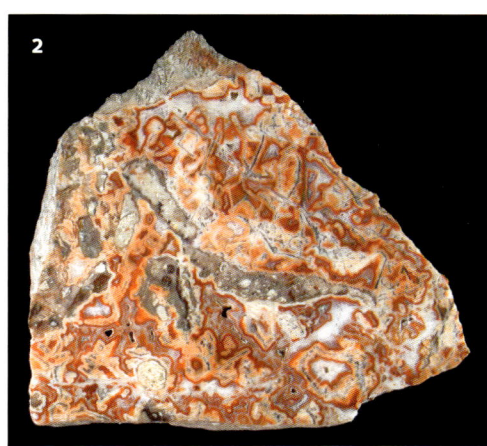

1. Achat mit Amethyst vom Kirchberg bei Weißenborn. Bildbreite 11 cm.
2. Achat von Süßenbach (Gemeinde Weißenborn). Breite 8,5 cm.

einzelt wurden auch Lesesteine mit einer sehr attraktiven Bänderung gefunden.

Straße vom Lichtenberger Kreuz nach Oberbobritzsch

Beim Ausbau der Straße vom so genannten Lichtenberger Kreuz nach Oberbobritzsch wurden vor vielen Jahren ca. 1 km nordöstlich der genannten Straßenkreuzung vereinzelt schmale Achatbänder gefunden. „Hornstein" ist dagegen auch heute noch zahlreich auf den angrenzenden Feldern zu finden.

Oberbobritzsch

Nordwestlich und westlich des kleinen Naturbades der Gemeinde kommen auf den Feldern Lesesteine mit Achat und recht häufig auch Amethyst vor. Achatbänder bis 3 cm Stärke wurden gefunden. Brekzienbildungen, die durch Quarz und „Hornstein", aber auch durch Achat verkittet werden, sind verbreitet. Baryt kommt selten vor; auch Pyrit wurde beobachtet. Das Vorkommen tritt offenbar innerhalb einer von der

Hauptstreichrichtung abzweigenden anfangs genannten großen Störungszone auf (BAUMANN u.a., 2000). Die Verbreitung von Gangmaterial („Hornstein", Quarz, Baryt) auf den nordwestlich des Vorkommens angrenzenden Feldern bis zur Verbindungsstraße Oberbobritzsch-Pretzschendorf lässt auf eine zur Hauptstörungszone parallel bzw. spitzwinkelig verlaufende Nebenstruktur schließen.

Das dürfte auch auf die bei Hartmannsdorf-Röthenbach verlaufende Störung zutreffen, in der erst kürzlich sehr gute Achatfunde am Röthenbacher Berg neu aufgetreten sind (HAAKE & SCHYNSCHETZKI, 2008).

Reiner Haake, Helmut Schynschetzki

Weitere Fundstellen

Im östlichen Teil des Sächsischen Erzgebirges existieren zahlreiche weitere Fundstellen schön gefärbter und interessant gebänderter Achate. Hervorzuheben sind dabei die Vorkommen von *Hartmannsdorf* bei Frauenstein, wo hübsche hydrothermale Gangachate gefunden werden, die leider schon historischen Funde in Kombination mit Amethyst von *Hirschsprung*, wo im Fundbereich Kohlgrund auch seltene Verwachsungen von Achat mit grünem Fluorit vorkamen, sowie weitere Fundstellen bei *Bärenstein*, *Dönschten*, *Johnsbach* und *Obercarsdorf*.

Von vielen anderen Fundstellen, vor allem aus dem Quarzporphyr Nordwestsachsens, sind zum Teil ausgezeichnete Funde bekannt geworden: Achate als Lesesteine auf Feldern, in Kiesgruben und Bachläufen kommen beispielsweise von *Windischleuba* (Pähnitz), *Wendishain*,

Auswahl attraktiver Achate aus Sachsen:
1. Hartmannsdorf. Höhe 15,5 cm.
2. Berthelsdorf. 15,5 cm.
3. Hartmannsdorf. 16,5 cm.
4. Röthenbacher Berg (Neufund 2008). 13,5 cm.
5. Pseudomorphose von Liebgens Mühle, Leisnig. 6,5 cm.

Ebersbach und *Leisnig*, wo auch sehr gute Pseudomorphosen nach Calcit und Baryt geborgen werden konnten (BECK 2004).

Interessante Achatbildungen kommen aus dem nordsächsischen Vulkanitkomplex, so zum Beispiel von *Gröppendorf* bei Hubertusburg in Sachsen. Bereits von J. C. FREIESLEBEN im Jahr 1829 erstmals beschrieben, finden sich in den Resten einer kleinen Melaphyrklippe zum Teil lebhaft gezeichnete Mandeln bis 7 cm Größe. Die Farben bestehen meist aus Weiß-, Grau- und Blautönen. Uruguay-Bänderungen, manchmal mit leicht zueinander verschobenen Lagen, und Geoden treten häufig auf. Die Hohlräume enthalten Bergkristall, Rauchquarz, Amethyst und als Seltenheit Hydrophan.

Chemnitz-Hilbersdorf

Eine Besonderheit stellen verkieselte Baumfarne (Psaronien) aus dem Chemnitzer Stadtteil *Hilbersdorf* dar, deren Luftwurzelstränge mit Achat gefüllt sind. Häufig treten Bänderungen in Form winziger Festungsachate auf.

1. Verschiedene Brauntöne in einem Achat von Mutzschen bei Grimma. Breite 6 cm.
2. In Sedimenten aus den sauren Vulkaniten bei Polditz/Leisnig werden diese Achat-Pseudomorphosen gefunden. 8,5 cm.
3. Sehr unterschiedlich ausgebildete, aber eng nebeneinander liegende kleine Achate als Hohlraumfüllungen des Luftwurzelmantels eines PSARONIUS (Baumfarns) von Chemnitz. Bildbreite 2 cm.

Achate aus den Alt-Elbe-Läufen der Lausitz

Bei den Achaten, die in zahlreichen Kiesgruben der Niederlausitz gefunden werden, handelt es sich größtenteils um „Exportartikel" aus der Tschechischen Republik. Sie sind in Böhmen bzw. dem Osterzgebirge entstanden, wurden durch verschiedene präglaziale Elbeläufe im Miozän und Pliozän mitgebracht und abgelagert und gleichen - mit Ausnahme ihrer durch den Flusstransport extrem abgeschliffenen Oberfläche und einer auch daraus resultierenden relativ hohen Sprüngigkeit - in ihren Farben und Zeichnungen jenen ihrer „Verwandten" z.B. von Kye, Zelecnice oder Levin in der Tschechischen Republik.

Die besten Fundmöglichkeiten bestehen in den Kiesgruben bei **Ottendorf-Okrilla** (etwa 15 km nordöstlich von Dresden), **Zeischa**, **Hennersdorf**, **Otterwisch**, **Kleinpösna**, Hirschfeld, Naunhof, **Saalhausen** und **Calau-Plieskendorf**, während Feldfunde vor allem um **Torno-Leippe**, Schmorkau und Bulleritz möglich sind. Auch auf dem rekultivierten ehemaligen Kippengelände des Braunkohlentagebaus **Meuro** konnten ausgezeichnete Funde getätigt werden.

Die Außenseite der Achate weist manchmal gewisse Auslaugungserscheinungen mit Schwarz-Weiß-Färbung, die fälschlicherweise eine kräftigere Bänderung vortäuschen als nach dem Schneiden tatsächlich zu sehen ist, und dünne Rinden von Eisenoxiden auf.

Das Innere zeigt die aus Tschechien bekannten Farben und Bänderungen, auch Pseudomorphosen, Röhrenstrukturen, nadelige Sphärolithe und Moosachatstrukturen treten auf.

Funde aus den zahlreichen Kiesgruben in der Niederlausitz: 1. Ottendorf-Okrilla. 3,7 cm. 2. Saalhausen. 3,4 cm. 3. Meuro. 6 cm. 4. Calau-Plieskendorf. 4,2 cm. 5. Saalhausen. 4 cm.

Thüringen

Auch in Thüringen existieren zahlreiche Achatfundstellen. Eine überregionale Bekanntheit erlangten dabei zum Beispiel die so genannten „Schneekopfskugeln", die mit Quarzkristallen und eher selten auch vollständig mit Achat gefüllt sind. Die Fundstellen liegen am *Felsenschlag* bzw. *Schneekopf* bei *Gehlberg* und *Oberhof* und am *Seebachfelsen* bei Friedrichroda (ANDREE & ANDREE 2000 sowie KÖRNER 2008).

Sehr schöne, meist lachsfarbige bis weiße Achate innerhalb einer grünlichgelben Porphyrkugel stammen vom Vorkommen *Nesselhof* bei *Schnellbach* in Thüringen.

1. **Achat mit grauviolettem Amethyst von Windischleuba bei Altenburg, Thüringen. 19 cm.**
2. **Felsenschlag bei Gehlberg. 8 cm.**
3. **Felsenschlag bei Gehlberg. 7 cm**
4. **Nesselhof bei Schnellbach. 12 cm.**

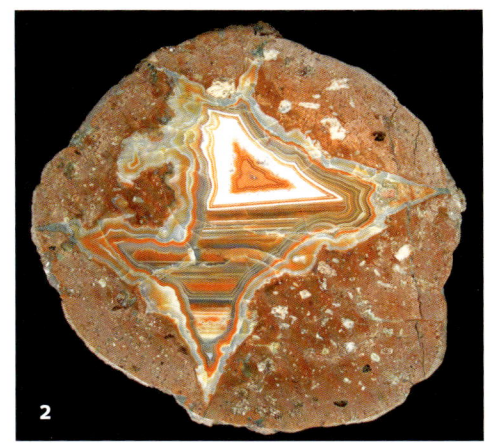

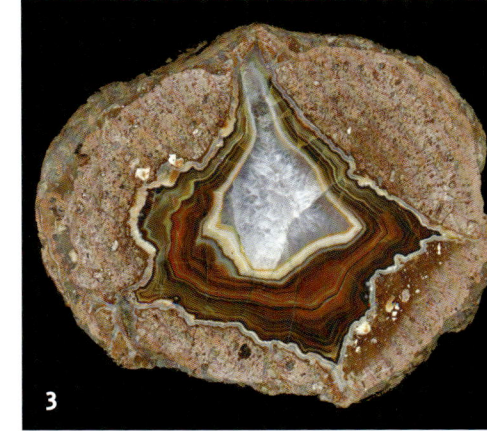

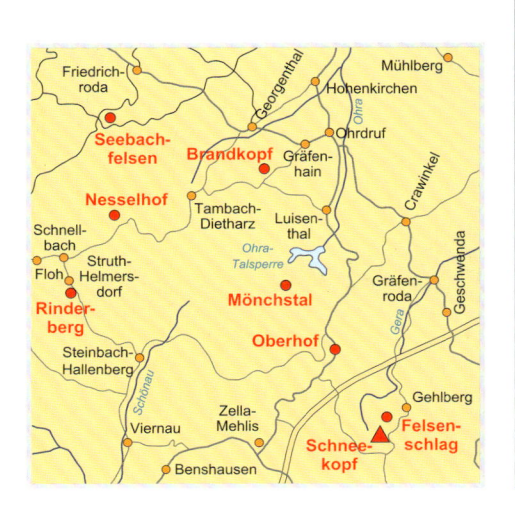

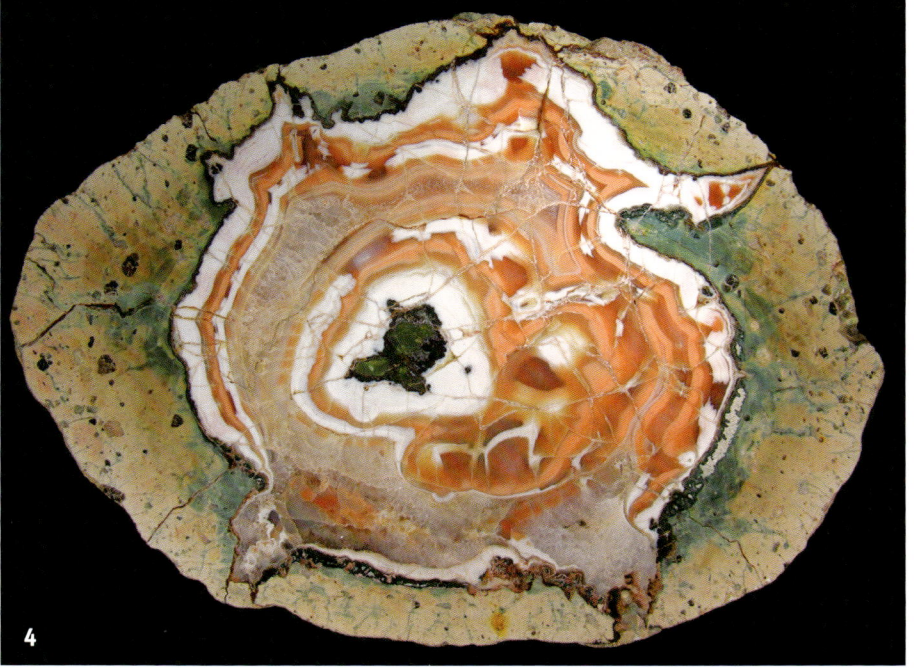

Schwarzwald

Die wohl bekanntesten Achate des Schwarzwalds, in Form von Lithophysen bis 60 cm Größe, entstammen Quarzporphyren der Permzeit im *Lierbachtal* bei Oppenau.

Diese knolligen Gebilde, die vor allem in stark zersetzten und gebleichten Bereichen des Porphyrs gefunden werden, wurden erstmals bereits 1863 beschrieben (SCHMIDT 1997). Gute Funde gelangen im Bereich des Steinbruches am *Hauskopf* und in angrenzenden Waldgebieten des Hauskopfes und des *Eckenfelses*, allerdings liegen die fündigen Bereiche zum Großteil auf Privatgrund bzw. in einem Landschaftsschutzgebiet (!). Das Äußere der Kugeln zeigt überwiegend eine weißgrünliche Verwitterungsrinde von traubiger bis warziger, sonst aber eher glatter Beschaffenheit.

Die Achatfüllungen, die oft leider nur einen geringen Bereich des gesamten „Donnereies" ausmachen, treten aber in vielfältigen Farben und meist guten Zeichnungen auf. Augenachat, Festungsachat, Uruguay-Bänderung und interessante polygonale Bildungen (ähnlich jenen der Achate aus Paraiba in Brasilien) sind zu beobachten.

Interessante, meist rötlich gefärbte Achate kommen in Verbindung mit Amethystkristallen in zum Teil riesigen Quarzgängen entlang des Sulzbaches bei *Sulzburg* im Schwarzwald vor (GRUBER 1980).

Weitere Achatfunde im Bereich des Schwarzwaldes stammen zum Beispiel aus hydrothermalen Erzgängen aus dem *Teufelsgrund* im Untermünstertal und vom *Geisberg* und *Hühnersedel* bei *Schweighausen*, wo vor allem große Mandeln und prächtige bunte Trümmerachate geborgen werden konnten (SCHMIDT 1997).

Im Gebiet um *Baden-Baden* wurden bereits im 18. Jahrhundert Achate abgebaut, die in der Steinschleiferei des Großherzoglichen Hofes in Karlsruhe verarbeitet wurden. Es handelt sich um schön gebänderte Donnereier bis Kopfgröße in einem permischen Rhyolith; in Drusen finden sich auch Hämatit- sowie Quarzkristalle. Bekannte Aufschlüsse sind der Steinbruch am Nordabhang des *Iberges* (ca. 3 km südwestlich Baden-Baden) und der Steinbruch Peter am Südosthang des *Leisberges* (ca. 2 km süd-südöstlich Baden-Baden). Zwischen beiden Lokalitäten liegen weitere Fundstellen, zu denen z.B. *Gunzenbach*, *Klopfengraben* und *Rappenhalde* zählen; eine interessante Fundstelle stellt auch die Kiesgrube „*Kühler See*" dar.

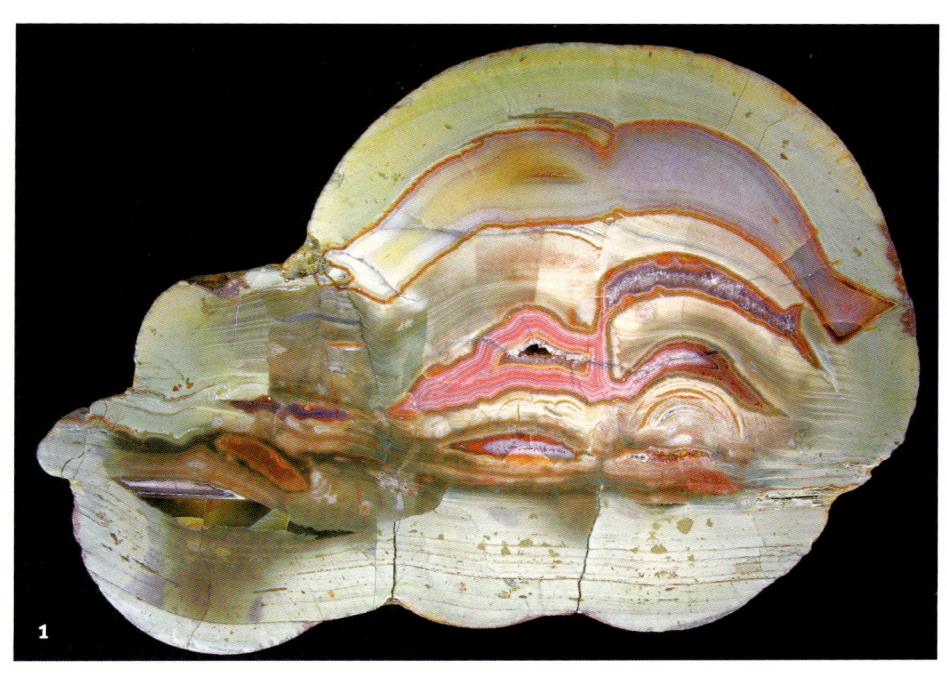

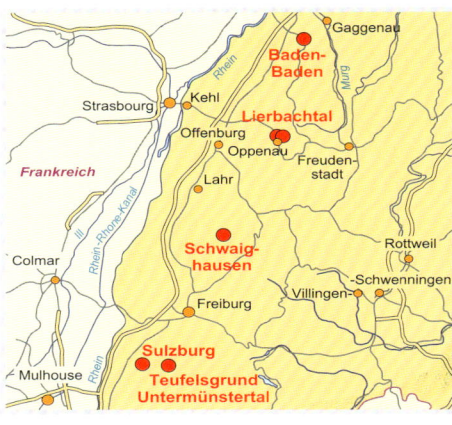

1. Hauskopf, Lierbachtal bei Oppenau. 13,5 cm.
2. Eckenfels, Lierbachtal bei Oppenau. 9 cm.
3. Geisberg, Schweighausen. 6 cm.

Europa

Neben dem amerikanischen Kontinent gilt Europa seit Generationen als Zentrum der Achatsammler und verfügt über eine fast endlose Liste an Achatfundorten. Viele davon sind leider aber nur mehr aus historischer Sicht bemerkenswert, da sie - wie ihre Pendants aus dem Bereich der Mineralien und Kristalle - bereits ausgebeutet oder aus verschiedensten Gründen nicht mehr zugänglich sind.

Frankreich

Die bunten Lithophysenachate aus dem Massif de l´Esterel in der Nähe von **Frejus** in der Provence erlangten weltweite Bekanntheit. Diese Landschaft mit ihren zum Teil bereits verwitterten Porphyrfelsen ist das Ergebnis einer intensiven vulkanischen Tätigkeit. Leider liegen die meisten Fundorte heute in einem ca. 13.000 ha großen Naturschutzgebiet mit Sammelverbot. Die drei wichtigsten sind der „*Colle-de-la-Motte*", „*Darboussieres*" und „*La Vigne*".

England

In den zahlreichen Buchten entlang der Küstenlinien befinden sich mehr oder weniger isolierte Fundpunkte. Eigentlich keine Achate im engeren Sinn, aber trotzdem in Sammlerkreisen sehr begehrt sind die Calcitknollen mit Chalcedonbänderung aus den **Mendip Hills** in Somerset. Die reichsten Funde stammen aus dem Steinbruch bei Dulcote und erfolgten bereits in den 1970er Jahren. Über viele Jahre liefert auch die Hügelkette der

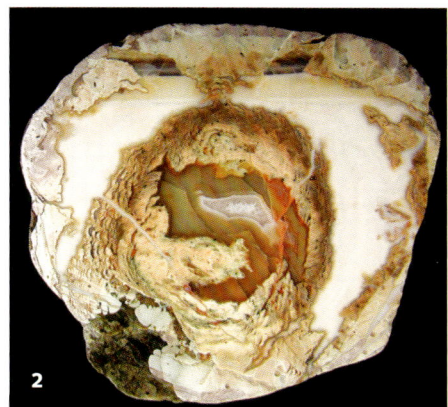

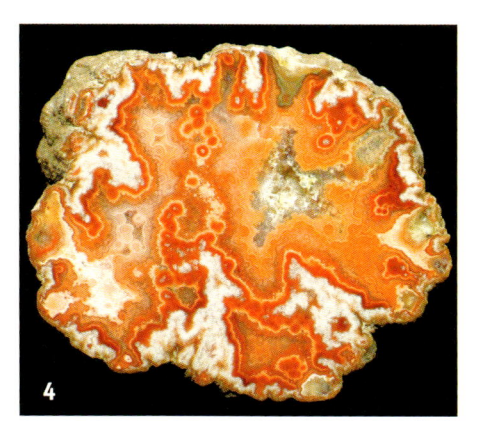

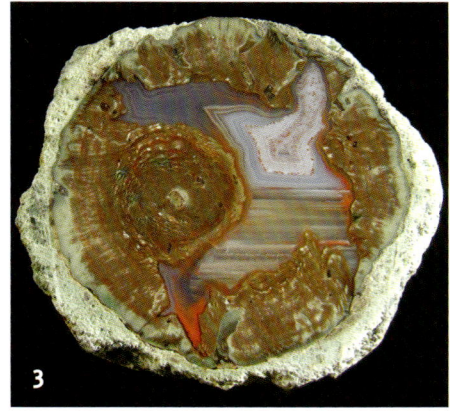

1. Außergewöhnlich attraktives Exemplar von Frejus, Frankreich. Breite 7,7 cm.

2. Ungewöhnlich helle Ausbildung. Frejus, Frankreich. 5,5 cm.

3. Perfekte Lithophyse mit Uruguay-Bänderung und bandunabhängigen Farbzonen. Frejus, Frankreich. 4 cm.

4. Prächtige Farben und Augenbildungen in diesem Achat von Mendip, Südengland. 9 cm.

Cheviot Hills in Northumberland an der Grenze zu Schottland trotz intensiver Besammelung nach wie vor interessante Achate mit guten Farben und Zeichnungen.

Schottland

Schottland verfügt über eine Vielzahl produktiver Achatfundstellen. Die wichtigsten liegen im Bereich der etwa 380 Millionen Jahre alten „Red Sandstone Laven" des schottischen Midland Valleys, vor allem in den Regionen Kincardineshire, Angus, Perthshire, Fife und Ayrshire. Das Gebiet um die Stadt **Monrose** an der Ostküste ist seit mehr als 200 Jahren als ertragreiches Achatfundgebiet bekannt. Die nach allgemeiner Meinung schönsten Achate Schottlands stammen aus einer mittlerweile fast vergessenen und schon legendären Fundstelle, dem so genannten Blue Hole bei **Usan**. Heute bestehen die besten Fundmöglichkeiten in den vielen Buchten, vor allem, wenn nach den allgegenwärtigen Stürmen neues Material freigelegt wird. Am Fundort der bekannten Jaspachate am **Burn Anne** erbrachten in den letzten

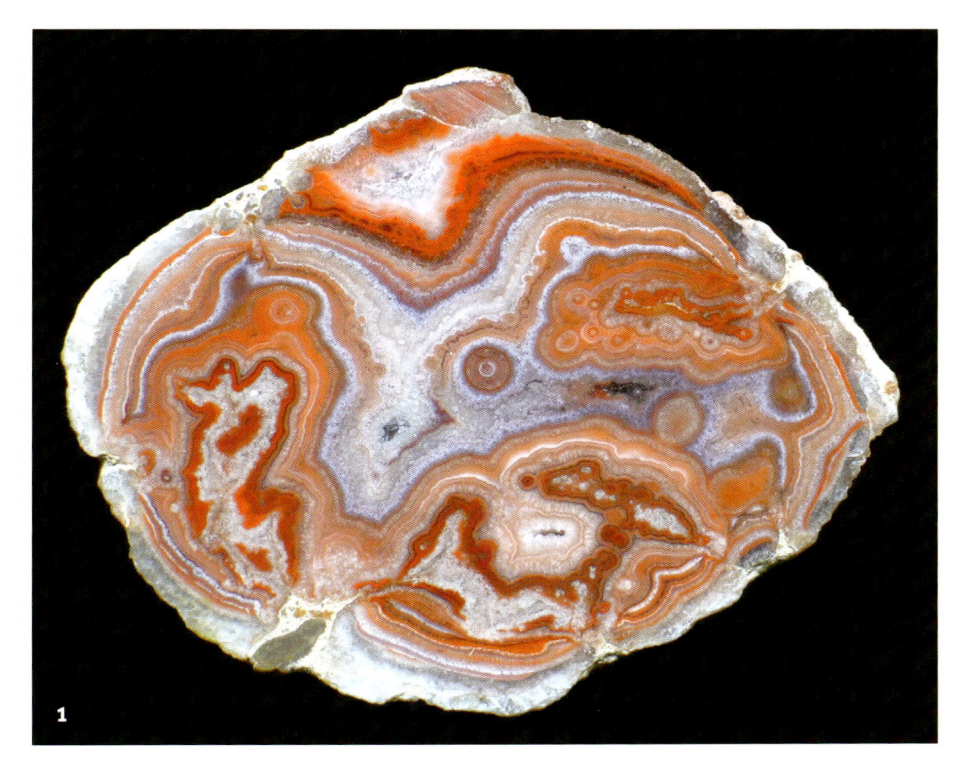

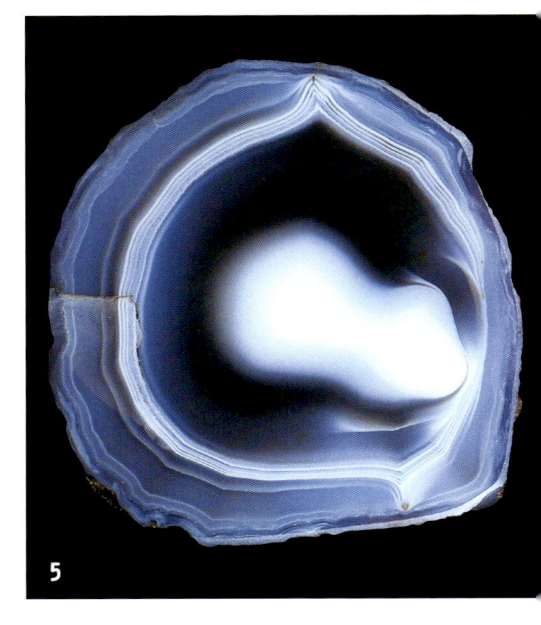

1. Seltener blauer Mendip-Achat, England. 8 cm.
2. Zerbrochene Jaspislagen im unteren Bereich. Ethiebeaton Quarry. 6 cm.
3. Ein schönes Auge auf diesem Stück von Ferryden. 3 cm.
4. Augen und Röhren. Cheviots Hills, England. 5 cm.
5. Klassiker von der berühmten Fundstelle Blue Hole bei Usan, Schottland.

Jahren einige maschinell unterstützte Grabungsoperationen prächtiges neues Material, welches den alten Funden mindestens ebenbürtig ist.

Italien
Die bekannten Jaspachate aus Sizilien gelten als bedeutendste Vertreter der kryptokristallinen Quarze in Italien. Sie sind auch historisch bedeutsam, weil sie schon seit Jahrhunderten in der Schmucksteinindustrie verwendet werden.

**1. Jaspachat von Sizilien mit ausgeprägter Trümmerstruktur. 12 cm.
2. Schön gebändertes Stück von der Insel Sardinien. Breite 6,5 cm.
3. Sardinien. 8 cm hoch.
4. Achatabbau im Wald bei Nowy Kosciól in Südpolen.**

Auch von Sardinien wurden in jüngster Zeit ausgezeichnete Jaspisse und Achate bekannt, einige davon zeigen Moos- und Plumestrukturen.

Polen
Bereits seit dem Mittelalter werden farbenprächtige Achate aus Niederschlesien in Südpolen gesammelt und zu Schmuckstücken verarbeitet. Bunte, fein gebänderte Achatmandeln kommen von *Plóczki Górne* im Vorland des Isergebirges. Außerdem finden sich zum Teil sehr große Donnerei-Achate in der Umgebung von *Nowy Kosciól* im Kaczawskie-Gebirge. Durch rücksichtslose Sammler wurden hier leider beträchtliche Schäden im Waldbereich angerichtet, mit Neufunden ist daher kaum mehr zu rechnen. Weitere Achatfundstellen liegen bei *Przezdziedza*, *Rosana* (auch Achate mit Fluoreszenzerscheinungen in langwelligem UV-Licht), *Gozdno*, *Lubiechowa* (große Geoden) und *Klodzko* (Moosachate).

Tschechische Republik
Im südlichen Riesengebirge lagern etwa 245 bis 300 Millionen Jahre alte Vulkanite. Sie bringen eine Vielzahl an Achaten, Chalcedonen und Jaspissen hervor. Zahlreiche Fundstellen für meist kleine, aber sehr bunte Achate existieren im Bereich der nordostböhmischen Melaphyrmandelsteine, zum Beispiel nahe *Bezdecin*, *Doubravice*, *Zelecnice* und am Berg *Kye* bei Jicin. Die besten Funde kann man in Steinbrüchen, an Straßenbaustellen und auf landwirtschaftlich genutzten Flächen in dieser Region machen.

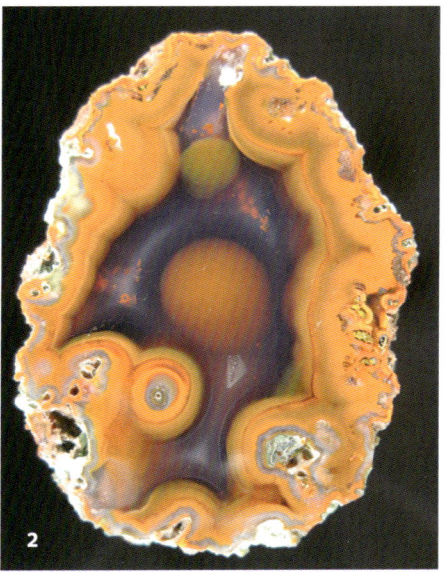

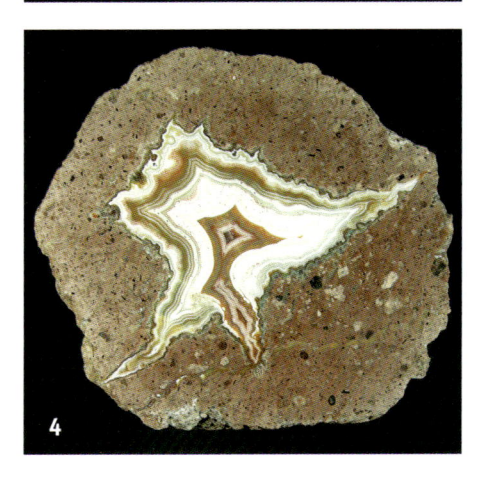

1. Berühmt für Plóczki, Polen: Intensive Farben und Kontraste sowie eine regelmäßige und durchgehende Bänderung. Breite 6 cm.
2. Eine intensive Färbung auch auf diesem Stück. Höhe 5 cm.
3. Besonders farbattraktiver Achat von Plóczki. Höhe 7,4 cm.
4. Donnerei von Nowy Kosciól, Polen. Breite 7 cm.
5. Dynamische Bänderung mit Augenstruktur. Nowy Kosciól. Breite 23 cm.

Weltweite Bekanntheit erlangten auch die seltenen „Zick-Zack-Achate" von **Horni Halze** im Nordwesten der Tschechischen Republik. In einem kleinen Aufschluss nahe der Kirche des Ortes wurden die besten Exemplare gefunden.

Ungarn

Farbenprächtige Gangachate mit schöner Moosachatstruktur werden in der Umgebung von **Gyöngyös** gefunden. Grundmasse dieser schönen Stücke ist normalerweise ein klarer bis blauer Chalcedon, zu welchem die roten, grünen und schwarzen „Moose" einen ausgezeichneten Kontrast darstellen. Die ungarischen Achate werden überwiegend rund oder auch halbrund geschliffen, um das Achatmuster besser präsentieren zu können.

Bulgarien

Von verschiedenen Fundpunkten in Bulgarien, meist aus der Region **Kurdjali**, kommt in jüngster Zeit ausgezeichnetes Achatmaterial, darunter die wohl besten europäischen Sagenit-Achate.

Russland

Trotz seiner Größe kommen aus Russland nur wenige Achate auf den Sammlermarkt. Einer der bekanntesten Fundorte liegt bei **Golutvin**, südlich von Moskau. Von dort kommen Achate in gelben und braunen Fabtönen mit zum Teil schöner Bänderung. Attraktive Achatmandeln mit zumeist blauweißer Bänderung stammen aus devonisch-karbonischen Vulkaniten der mehr als 500 km langen **Timan**-Bergkette im nördlichen Sibirien. In der Region **Chukotka** im äußersten Nordwesten Russlands wurden ausgezeichnete Exemplare von Achatmandeln in Größen von 15 cm gefunden. Schöne und zum Teil sehr große Achate mit feiner Bänderung und intensiven meist rötlichen und gelben Farben sind auch von **Sergeyevka** nahe Wladiwostok bekannt. Auch auf der Insel **Moneron**, im Tatarischen Sund zwischen Sachalin und dem Festland gelegen, werden attraktive Achate gefunden.

Türkei

Das Gebiet um **Ayas** westlich von Ankara ist bekannt als Fundort von Moosachaten und Jaspis. Bei diesen Stücken handelt es sich meist um Exemplare in beachtlichen Größen, aber mit nur mittelmäßiger Bänderung. Die besten türkischen Achate der letzten Jahre stammen aus der Gegend um **Cubuk**, ca. 70 km nördlich von Ankara gelegen.
Im asiatischen Teil der Türkei bestehen weitere Achatvorkommen bei **Yozgat** und **Eskisehir**. Sehr interessant sind auch die achatisierten Hölzer aus dem versteinerten Wald bei **Kizilcahaman**, westlich von Ankara.

1. Bezdecín, Tschechien. Breite 3,4 cm. 2. Zeleznice, Tschechien. Breite 5 cm.
3. Achat aus Cubuk, Türkei. Breite 13,5 cm.
4. Fein gebänderter „Kascholong"-Achat von Bezdecín, Tschechien. 8 cm.
5. Dafür sind Achate aus Kye/Tschechien so begehrt: Kontrastreiche Farben und extrem lebhafte Schnittbilder. Breite 5 cm.
6. Wirrstrahlig angeordnete Chalcedonröhren („Zick-Zack-Achate") von Horní Halze, Tschechien. Höhe 15 cm.
7. Aus der Umgebung von Studen Kladenec, Bulgarien, stammt dieser Mandelachat. Höhe 6 cm.
8. Um dünne Moosachatfäden bildeten sich Augenstrukturen. Gyöngyös, Nordungarn. Breite 8,5 cm.
9. Prächtige Mandel mit großer Tiefenwirkung von Kemerovo, Novokusnez, Sibirien. Breite 7 cm.

Afrika

Marokko

„Das" Achatland im Norden Afrikas der letzten 20 Jahre ist zweifellos Marokko. Vor allem durch die Funde und Prospektionsarbeiten des Deutsch-Marokkaners Joachim Pfeiffer wurden ausgezeichnete Sammlerachate in aller Welt bekannt.
Die Hauptfundgebiete liegen bei **Zaër-Zaïane** (klare Achate mit Pseudomorphosen und Goethiteinschlüssen), **Aouli** (hervorragend gebänderte Festungsachate), **Sidi Rahal-Asni**,

1. Zaër-Zaïane. Breite 15 cm.
2. Aouli. 11 cm.
3. Aouli. Breite 4 cm.
4. Zaër-Zaïane. Breite 12 cm.
Alle Marokko.

Agouim (Achate mit tollen Einschlüssen für den Mikroskopfreund) und **Kerrouchen** (große, farbintensive Mandeln mit Plume-Zeichnungen). Auch Neufunde sind in Marokko immer wieder möglich. So wurden etwa vor einiger Zeit nahe der bekannten

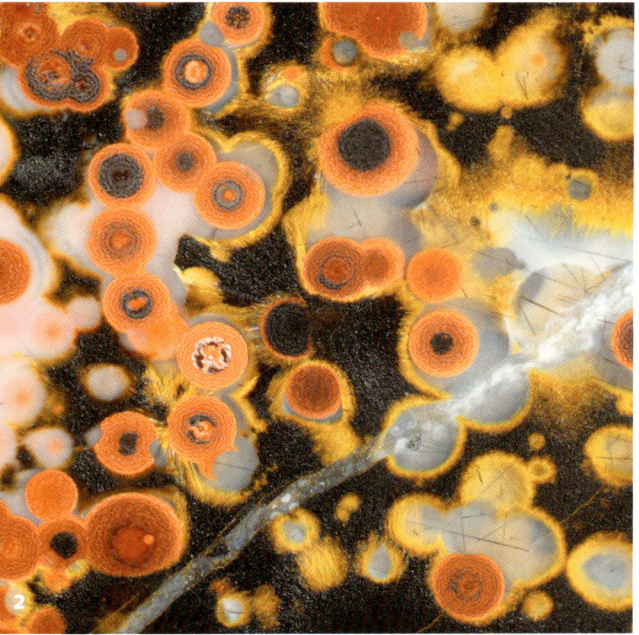

1. Sidi Rahal.
Höhe 7,2 cm.
2. Agouim. Breite 3 mm
3. Agouim.
Höhe 10,5 cm.
4. Agouim.
Breite 6,5 cm.
5. Kerrouchen. 9 cm.
6. „Bou Lili"-Achat, bei Aouli. 6,5 cm.

Alle Marokko.

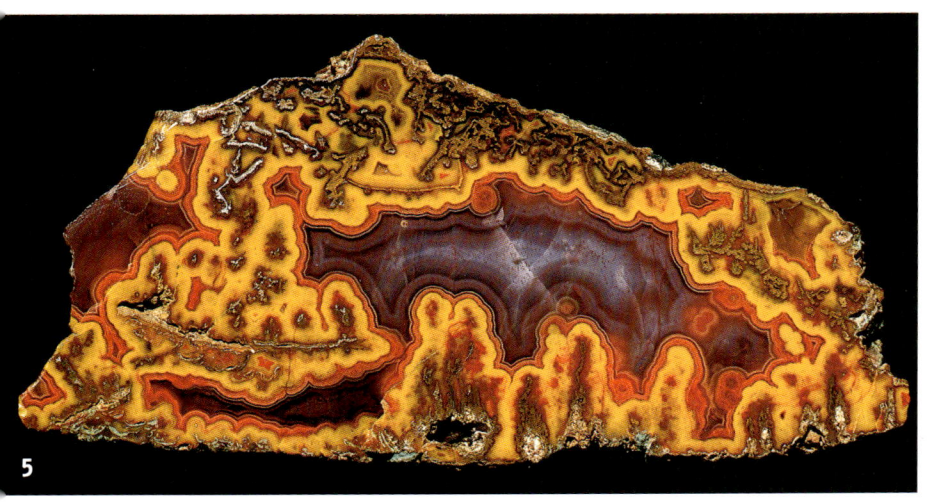

Fundstelle von Aouli ähnlich gezeichnete, aber völlig anders gefärbte Achate entdeckt, die im Bereich eines Sedimentes vorkommen. Für sie wurde daher der eigene Handelsname „Bou Lili"-Achat vergeben.
Marokkanische Achatfundstellen sind vor allem für zahlreiche europäische Achatsammler das Ziel regelmäßiger erfolgreicher Sammelfahrten. Dementsprechend ist marokkanisches Achatmaterial auf Mineralienschauen weltweit in großer Zahl anzutreffen.

Algerien

Ein wegen der schwierigen Erreichbarkeit zu den seltensten Achaten weltweit zählendes Material kommt aus dem Süden von Algerien. Das Fundgebiet prächtiger Achate mit einer sehr schönen Bänderung liegt in der Provinz **Adrar** inmitten der Sande der Sahara. Wegen der instabilen politischen Lage ist von Sammeltouren in diese Region strikt abzuraten.

1. und 2. Prächtige Botswana-Achate mit allen charakteristischen Merkmalen: Dunkle Farbtöne mit kontrastreichen, lebhaften Bändern. Breite 8,5 bzw. 7 cm.

Botswana

Botswana liefert seit Jahrzehnten ausgezeichnetes Material für den Weltmarkt. Meist handelt es sich um schwarze bis graue Achatmandeln mit kontrastreicher weißer oder leicht rötlicher Bänderung.
In letzter Zeit wurde die Ausfuhr von Rohmaterial behördlich strengstens untersagt, lediglich bearbeitete Achate dürfen noch exportiert werden. Vereinzelt werden Rohachate daher von Einheimischen unter großen Gefahren schwimmend über einen Grenzfluss ins benachbarte Südafrika gebracht.

Malawi

Farbenprächtige, aber leider sehr rissige Achate stammen aus der Region **Ngaba** in Malawi.
Von hier ist in naher Zukunft mit neuem Rohmaterial zu rechnen, da kürzlich einige neue Prospektions- und Abbauprojekte gestartet wurden.

3. Eigenartig dachförmige Bänderung bei diesem Stück aus der Wüste Algeriens. Breite 6 cm.

1. und 2. Vielfältige Strukturen und Farben bei diesen Stücken aus Madagaskar. Breite 15,5 cm bzw. 10,3 cm.
3. Lichtenburg, Südafrika. 10,5 cm breit.
4. Plume-Achat. Moçambique. 8 cm.

Moçambique
Auch in Moçambique kommen den botswanischen Achaten nicht unähnliche Mandelachate vor. Sie sind jedoch meist größer und zeigen rote bis violette Farbtöne und - für afrikanische Achate eher untypisch - oft planparallele Uruguay-Bänderungen.

Südafrika
Das Land im äußersten Süden Afrikas wurde erst unlängst, vor allem durch Verdienste des Sammlers Guido de Beer, als produktives Achatland bekannt. Die Fundstellen liegen teilweise im Bereich ehemaliger oder aktiver Diamantminen, wie etwa bei *Lichtenburg* oder *Wolmeransstad*. Die Mehrzahl der Achate zeigt graue, schwarze, braune und gelbe Farben mit kontrastreichen weißen Bändern. Ihr Äußeres erscheint durch Flusstransport stark abgerundet.

Madagaskar
Die Insel im Osten des afrikanischen Kontinents liefert zum Teil recht große, äußerlich meist abgerollte Achatmandeln mit braunem, gelbem, rötlichem oder weißem Innenleben.

Asien

Kasachstan

Von den zahlreichen bekannten Achatvorkommen in Kasachstan (etwa um *Karaganda*, *Semipalatinsk*) ragt vor allem die Fundstelle riesiger Donnerei-Achate bei *Maiskoje* deutlich hervor. Besonders begehrt sind hier Stücke mit eingewachsenen Baryt-Pseudomorphosen und intensiven Farben. Der Fundort *Balyktykol*, 120 km westlich von Karaganda, lieferte aus einem Rhyolith ausgewitterte Exemplare zwischen 4 und 6 cm Größe in sehr intensiven Farben. Durch Erosion freigelegte Achatmandeln treten in der Grassteppe *Toparkol*, 80 km westlich von Karaganda, auf. Weitere Fundorte meist brauner bis grauer Achate mit weißer Bänderung befinden sich in der Region von Karaganda (Steinbruch *Maikuduk*, *Rutscheij Batha*, *Toparkol*).

Iran

Durch die Verdienste des Teheraner Sammlers und Wissenschafters Maziar Nazari wurden Achate aus dem Iran in den letzten Jahren weltweit bekannt. Meist handelt es sich dabei um Mandelachate mit blauen und grauen Farbtönen. Die Bänderung ist eher schwach ausgeprägt.

Irak

Die westliche Wüste bei *Rutbah* beherbergt vereinzelt interessante, wohl sedimentär gebildete Achatknollen mit brauner und weißer Bänderung. Ihr Äußeres erinnert an Anhydritknollen. Eine geringe Menge dieses sehr seltenen Materials wurde durch einen tschechischen Sammler

1. Achat mit einer Eisenkarbonatrinde von Khur, Iran. 6 cm.
2. Maikuduk-Achat mit Uruguay-Struktur. Kasachstan. Breite 14 cm.
3. Herrliche Pseudomorphosen in einem Achat von Maiskoje, Kasachstan. 22 cm.
4. Ga'ara-Senke, Irak. 10 cm.

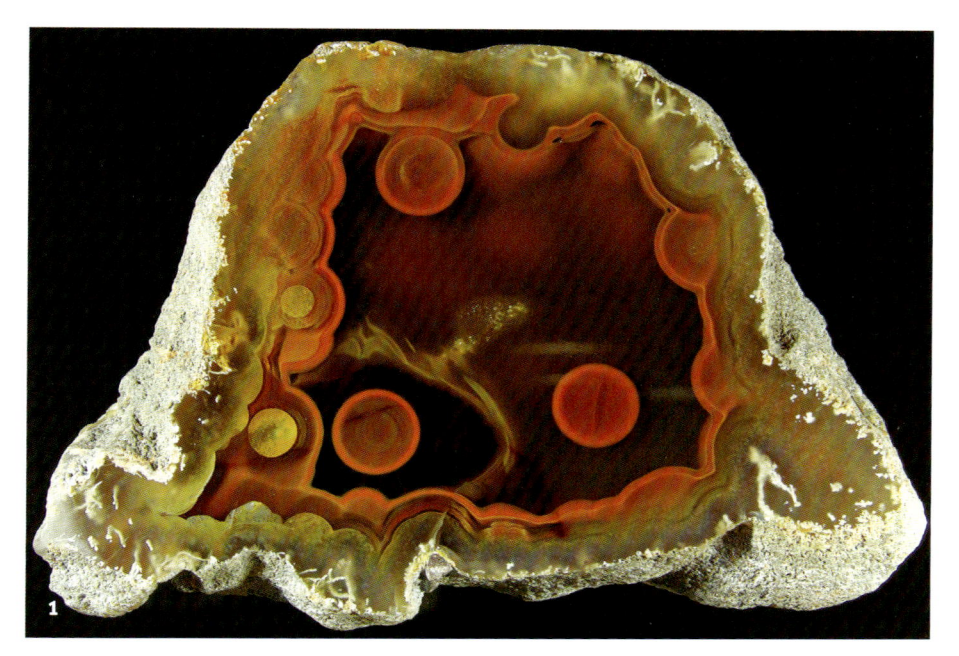

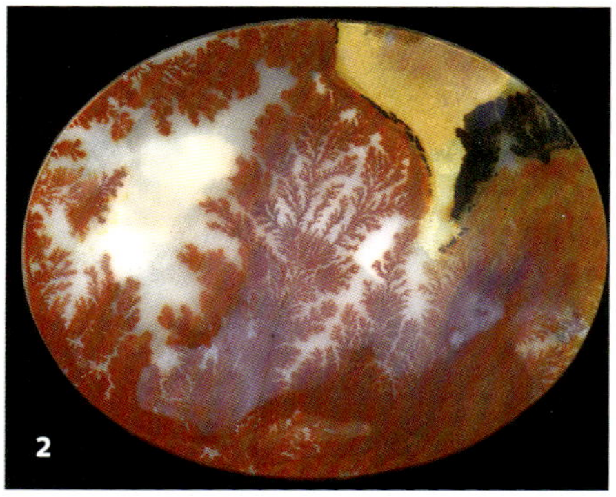

Indien

Indische Achate zählen seit Jahrtausenden zu den begehrtesten Rohmaterialien im arabischen und asiatischen Raum. Zur Zeit gelangen vor allem ausgezeichnete Dendritenachate auf den Markt.

Auch die bekannten „Blackskin"-Achate, das sind relativ große Achatmandeln mit dunkler, ziemlich abgeschliffener Rinde und graublauem Innenleben, sind noch reichlich erhältlich. Die besten Stücke zeigen ebenfalls lebhafte Dendriteneinschlüsse.

Indonesien

Große, äußerlich stark abgerollte Achate werden bei **Donorojo** und **Garut** auf der Insel Java gefunden. Auch ein dem mexikanischen Material von der Zeichnung her ähnlicher Gangachat wird unter dem Handelsnamen „Java Lace" verkauft. Die Farben und Gesamtbilder erreichen jedoch nur ganz selten die Qualität des mexikanischen „Vorbildes".

1. Augenachat vom Berg Burugdi. 9 cm.
2. Dendritenachat. Indien. 5 cm.
3. Augenachat. Hanaishi, Japan. 14 cm.

und Wissenschaftler bereits vor Jahrzehnten in den Westen gebracht.

Mongolei

Aus der Wüste Gobi (*Berg Burugdi*) und weiteren Fundstellen im Süden der Mongolei kommen seltene Achate, die neben anderen auch gelegentlich die gesuchten schwarzen Farben zeigen, auch Moos- und ganz vereinzelt Plume-Achate werden gefunden. Der Export des Rohmaterials aus der Mongolei gestaltet sich allerdings schwierig, da die Mongolen ihre Steine für „heiliges Gut" halten und diese nicht außer Landes sollen.

4. Moosachat. Indonesien. Breite 18 cm.
5. „Rain Flower-Pebbles". China. 8 cm.

China

In letzter Zeit gelangen immer bessere und größere Achate („Yuhua Stones") vor allem aus der Region **Nanjing** in westliche Sammlungen. Die Achate sind stark abgerollt und zeigen rote, orange und braune Farben. Sie bleiben meist im Naturzustand und werden nur selten geschnitten und poliert.

Japan

Die meisten japanischen Achatfundstellen sind nur mehr von historischer Bedeutung, die bedeutendsten davon liegen auf Hokkaido um den Ort *Hanaishi*. Trotzdem besteht in Japan eine lange Tradition im Sammeln von Achaten und Jaspissen.

Nord- und Mittelamerika

Kanada

Die Provinz British Columbia im Westen Kanadas kann mit zahlreichen Fundstellen von eher lokaler bzw. historischer Bedeutung aufwarten. Aus der Umgebung der Stadt **Vernon** stammen teils riesige Gangachate. Auch die Fundstellen entlang der **Bay of Fundy**, Nova Scotia, im äußersten Osten bringen immer wieder schönes Achatmaterial hervor. In mächtigen Basalten aus dem späteren Jura entstanden zahlreiche, mit Achat und Zeolithen gefüllte Gänge und Mandeln. Sie werden zu einem großen Teil durch die Kraft des Wassers freigelegt, denn der Gezeitenunterschied beträgt hier fast 16 m!
Bereits seit dem mittleren 19. Jahrhundert sind vom **Michipicoten Island**, Provinz Ontario, sehr schön gebänderte Achate bekannt. Sie gehören zusammen mit den sogenannten Lake-Superior-Achaten zu den geologisch gesehen ältesten Bildungen ihrer Art.
Aufgrund der Weite des Landes und vieler noch unerforschter Gegenden ist in Zukunft durchaus mit dem Bekanntwerden neuer Fundstellen zu rechnen.

1. Farbenprächtiger Achat von Michipicoten Island. Fund aus den 1980er Jahren. 8 cm.

2. An der Außenseite „naturgeschliffener" Achat von der Bay of Fundy. Fund aus den frühen 1970er Jahren. Dieses Material zeigt oft verblüffende Ähnlichkeiten mit den bekannten mexikanischen Crazy-Lace-Achaten. 6 cm.

3. Achat mit farblich intensivem Zentrum von Dalhousie Junction, New Brunswick. 18 cm.

4. Selten zeigen die Souris-Achate planparallele Uruguay-Bänderungen. 5 cm.

USA

In keinem anderen Land der Welt gibt es auch heute noch eine derartige Dichte an Achatsammlern wie in den USA. Dementsprechend existiert auch eine Unzahl von aktuellen oder historischen Fundstellen.
Einige besondere Fundorte seien hier nur kurz erwähnt: „Paint-Rock"-Achate aus der Gegend von *Trenton*, Alabama, die Achate von den *Chimney Beds* bei Buckeye oder aus den *Muggins Mountains* in Arizona, achatisierte Korallen aus Florida, Sagenit-Achate aus *Nipomo* in Kalifornien, die bekannten riesigen, aber meist sehr rissanfälligen Kentucky-Achate, die so genannten „Lake Superior-Achate", welche vom *Lake Superior* bis zur Mündung des Mississippi gefunden werden und mit einem Alter von etwa 1,2 Milliarden Jahren die ältesten bekannten Achate sind, die Union Road-Achate direkt aus der Großstadt *St. Louis*, die wohl schönsten US-Festungsachate mit dem Sammlernamen „Dryhead-Achat"

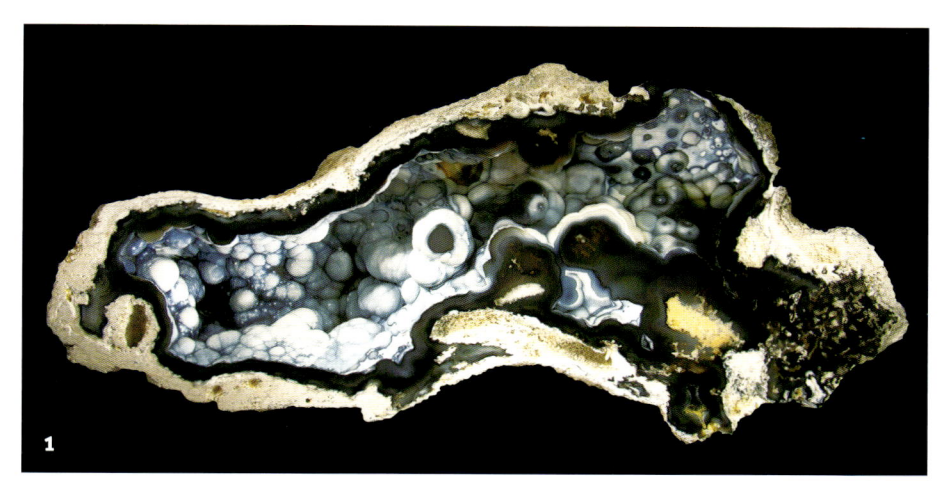

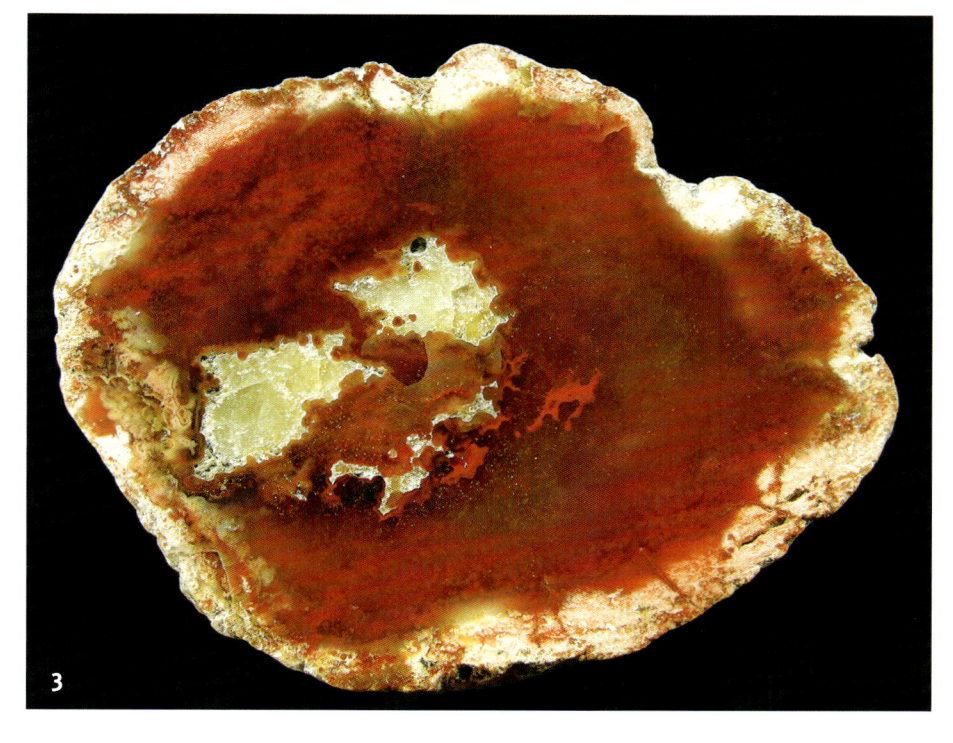

1. Achatisierte Koralle von Tampa Bay, Florida. 17 cm.

2. Nadelige Aragonite im Zentrum einer Lithophyse. Muggins Mountains. 7 cm.

3. Paint-Rock-Achat aus der Umgebung von Trenton, Alabama. Breite 7 cm.

4. Seltene Farbgebung von den Gila Bend Mountains, Arizona. Breite 4 cm.

aus dem *Bighorn-Gebiet* in Montana, die klaren, meist mit Dendriten verzierten Montana-Achate, die entlang des Yellowstone Rivers gefunden werden, die Donnerei-Achate von der Baker Egg Mine bei *Deming* in New Mexico, oder die zahlreichen Donnerei-Vorkommen (*Priday Ranch*, *Lucky Strike Mine* u.v.m.) und der Polka dot-Achat (ein Bilderachat mit landschaftsartiger Zeichnung) in Oregon, Plume-Achate und Moosachate aus Texas (z.B. **Woodward Ranch** bei Alpine) und nicht zu vergessen die wohl teuersten nordamerikanischen Achate, die „Fairburn-Achate" aus South Dakota mit ihren Verwandten, den Achaten aus dem *Tepee Canyon*.

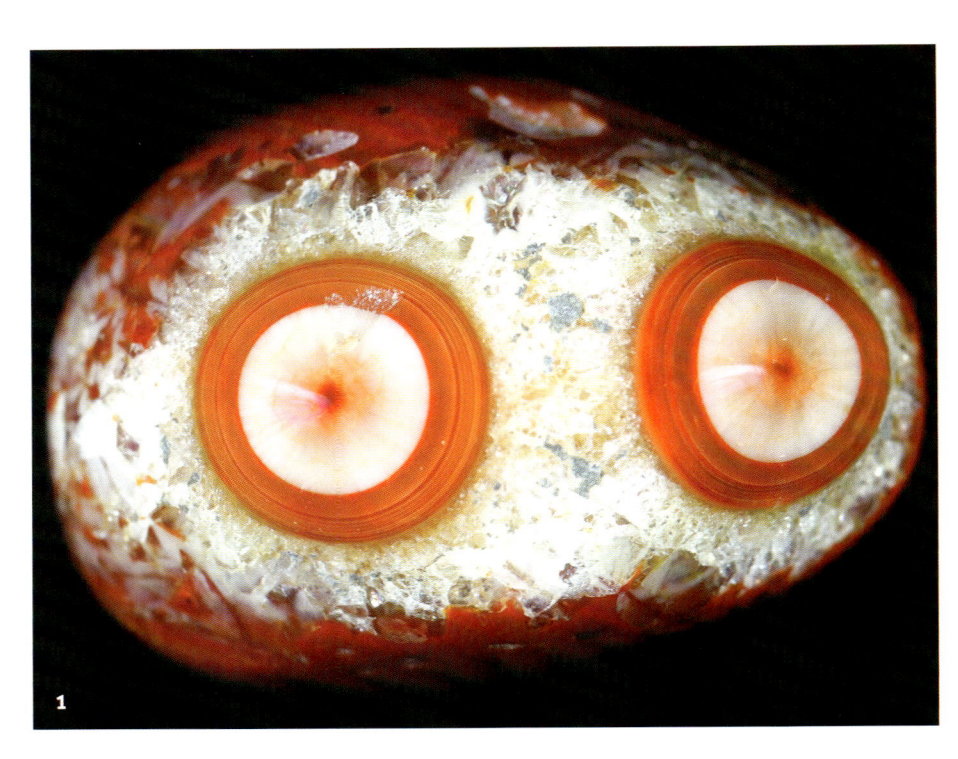

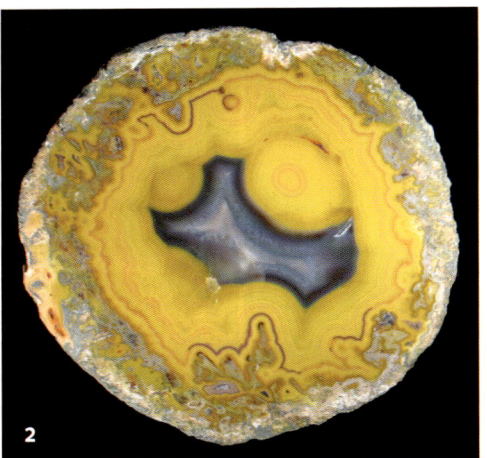

1. Augen-Achat vom Lake Superior.
2. Kentucky-Achat. Breite 14,2 cm.
3. So genanntes „Biscuit" mit Plume-Achat. Woodward Ranch, Texas. 5 cm.
4. Deformationserscheinungen an der Basis bei diesem Dryhead-Achat. Montana. 5,8 cm.

Seite 133: Verschiedene prächtige Achate von der Baker Egg Mine bei Deming, New Mexiko (1-4):
1. Lebhafte Farbverteilung. 6 cm.
2. Doppelkammer-Donnerei. 8 cm.
3. Eher seltene Blaufärbung bei diesem Donnerei-Achat. 13 cm.
4. Baker-Egg mit attraktiver lila-grüner Farbkombination. 7 cm.
5. McDermitt-Donnerei mit roten Plumes von einer neuen Fundstelle in Oregon. Breite 7 cm.
6. Farbenprächtige, rundum geschliffene Fairburn-Achate. Bildbreite ca. 10 cm.

133

Mexiko

Das Eldorado für Achatsammler bilden sicher die mehr als 100 bekannten Achatfundstellen in Nord-Mexiko. Kaum anderswo werden derart farbenprächtige und feinst gebänderte Achate in guten Größen und beachtlicher Menge gefunden wie hier. Vor allem der Bundesstaat Chihuahua glänzt mit einer Vielzahl von Vorkommen, die meist auf privaten Ranchgebieten liegen und daher für Privatsammler absolut tabu sind. Fundorte wie *Estacion Moctezuma*, *Rancho Coyamito*, *Nuevo Casas Grandes*, *Rancho Agua Nueva* oder *Ojo Laguna* (mit den in jüngster Zeit ertragreichsten Claims namens *Alianza* und *Conejeros*) lieferten und liefern seit den frühen 1950er Jahren ausgezeichnetes Sammlermaterial. Darüber hinaus kennt man beispielsweise die verschiedenen Vorkommen der Lace-Achate und auch die beliebten Kokosnussgeoden, die sehr oft mit Achaten gefüllt sind.

Der berühmteste Achat der Welt, die „Schleiereule", ein Achat von *Ejido el Apache*, stammt ebenfalls aus Chihuahua und ist im Besitz des bekannten amerikanischen Sammlers und Autors Brad L. Cross.

Weitere interessante Fundstellen, die in der Vergangenheit ausgezeichnetes Material geliefert haben, sind das *Rancho Aparejos*, *Ejido Esperanza* bei El Acebuche, *Carneros*, das *Rancho Derramadero* (heißt heute Rancho el Agate), die gesamte *Sierra del Gallego*, das *Rancho Gregoria*, *El Sueco*, *La Mojina* („Luna-Achat"), *Le Baron* („Parcelas-Achat") u.v.m.

Auch aus den Provinzen Sonora und Durango sind Achatfunde bekannt. Meist handelt es sich hierbei jedoch um Gangachate.

1. Die Schleiereule, teuerster Achat der Welt, neben Edelsteinkönigin Rebekka Mildenberger. 2. „Coyamo-Achat", Chihuahua. 8 cm. 3. Alianza-Achat. 12 cm.
4. Alianza-Achat. 6 cm.
5. Bilderachat von Moctezuma. 6 cm.
6. Prächtiger Laguna-Achat. Breite 6 cm.

1. Ojo Laguna-Achat. Höhe 12 cm.
2. Aparejos-Achat mit Pseudomorphosen in der linken Mandelhälfte. 6 cm.
3. Außergewöhnlicher Achat mit Röhrenbildungen und intensiver Farbe vom Rancho Agua Nueva, Chihuahua. 20 cm.
4. Großer Infiltrationskanal, der die Farbgebung beeinflusste. Rancho Coyamito. 5 cm.
5. Endstück eines Crazy-Lace-Stalagmiten mit Quarzkristallen an der Außenseite. 6 cm.
6. Pseudomorphosen im Coyamito-Achat. Höhe 12 cm.

Südamerika

Brasilien

Der mengenmäßig bedeutendste Achatexporteur ist seit etwa der Mitte des 19. Jahrhunderts wohl Brasilien, speziell der Bundesstaat Rio Grande do Sul.

Ausgewanderte deutsche Schleifer sind für den Achatboom in Brasilien hauptverantwortlich.

Die Rohachate wurden zuerst nach Deutschland (Idar-Oberstein) verschifft, mittlerweile landet der überwiegende Teil der in Massenproduktion mit schweren Maschinen abgebauten Achate aber in Asien zur Weiterverarbeitung.

Hauptfundgebiete befinden sich um die Stadt Salto do Jacui, es existieren aber Hunderte von Fundstellen im Bereich der ausgedehnten Parana-Basaltdecken Brasiliens.

Minenarbeiter beim Sortieren der Rohachate nahe Salto do Jacui.

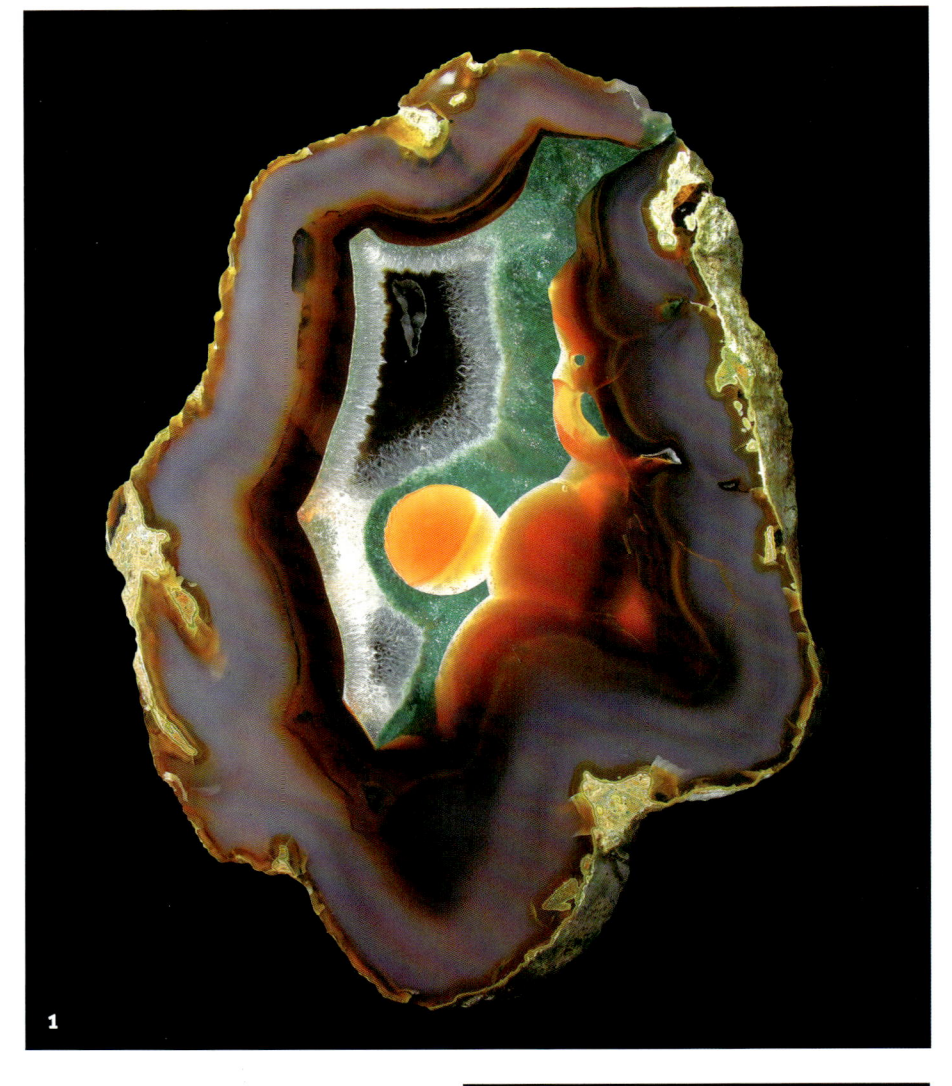

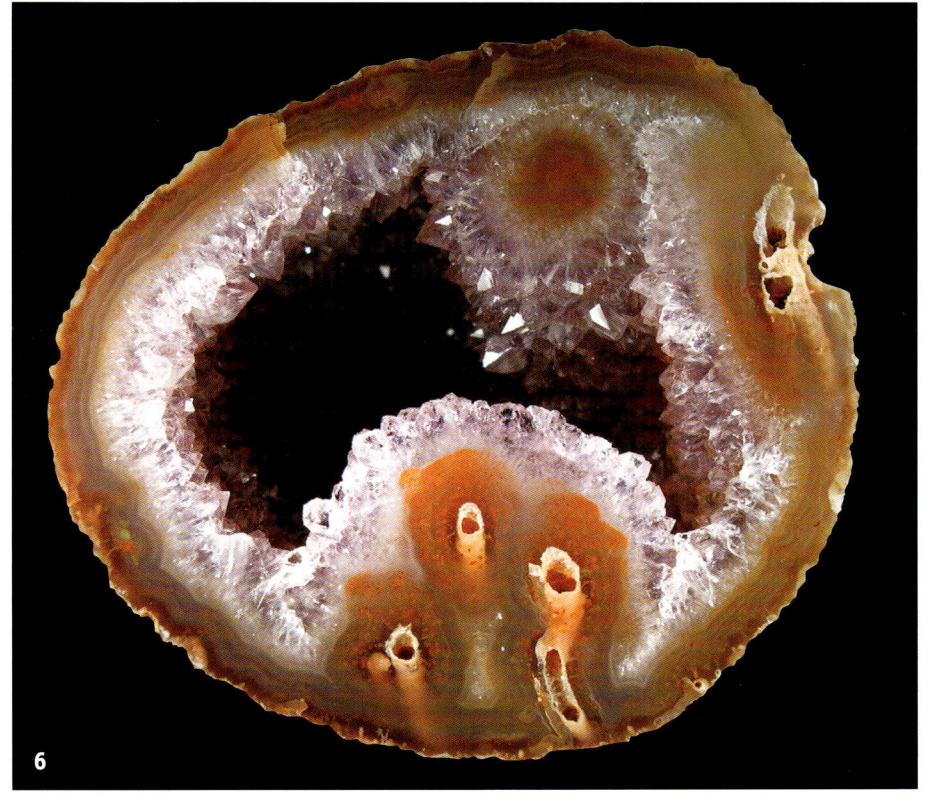

1. Achat aus Brasilien mit einem wunderbaren Auge im Zentrum der Mandel. Höhe 22 cm.
2. und 3. Gesuchte Raritäten aus Brasilien sind Gesichter oder Lippen im Achat. Breite 9 cm bzw. 15,7 cm.
4. Musterbeispiel für die Bildung der „Polygonal-Achate": Zwischen präexistenten blättrigen Kristallen entstanden selbstständige Achatsysteme. Höhe 16 cm.
5. Kombination aus nierigem Chalcedon und Uruguay-Bänderung im Zentrum. 8. cm.
6. Druse mit Amethyst-Kristallen und Röhrenstruktur in den Randbereichen. 7,5 cm.
7. Pseudomorphosen in Achat. Brasilien. Breite 13 cm.

Die Achate kommen in vulkanischen Gesteinen aus der Gruppe der Parana-Basalte vor. Diese bilden die größte bekannte Basaltdecke der Erde mit einer Fläche von mehr als einer Million km^2 und einem Alter von etwa 130 Millionen Jahren.

Trotz der enormen geförderten Mengen an brasilianischen Achaten gelangen sammelwürdige Exemplare nur selten auf den Markt, hier meist in Form doppelseitig polierter Scheiben.

Ein absolutes Unikat, weil von ebenen Flächen begrenzt und ursprünglich für Achate mit Kristallflächen gehalten, stellen die so genannten Polygonal-Achate aus der Region Paraiba dar.

1. Achatscheibe, Brasilien. 10,3 cm breit.

2. Neuer Achat aus den Flusskiesen des Rio Magdalena, Kolumbien. 4 cm.

3. Besonders schöne und seltene dunkle Achatzentren mit Amethyst-Kristallen im Außenbereich. Artigas, Uruguay. Höhe 13,5 cm.

Uruguay

Dem brasilianischen Material ganz ähnliche Achate werden auch in Uruguay gewonnen. Leider sind sie sehr oft auch mit brasilianischen Stücken vermischt und daher fundortmäßig nur schwer zu unterscheiden.

Kolumbien

Durch Verdienste des deutschen Sammlers Klaus Stubenrauch gelangten in jüngster Zeit interessante, äußerlich ziemlich abgerundete Achate auf den Markt, die in den Flusskiesen des *Rio Magdalena* gefunden werden.

Argentinien

Argentinien gilt seit den letzten 15 Jahren als eines der produktivsten Achatländer. Jahr für Jahr werden neue Fundorte bekannt und die Vielfalt des Materials begeistert nicht nur Achatfreunde.

Argentinische Achate:
1. Schöner „Condor" mit Farbzonenänderung unabhängig von der Bänderung. 10,2 cm.
2. Deformierte Bänderungen. Berwyn, Patagonien. 7 cm.
3. Puma-Achat. 9 cm.
4. Farbenprächtiger Achat von Malargüe. Breite 5 cm.

Die Hauptfundstellen der in den USA als „Condor"-Achate beliebten und auch namensrechtlich geschützten (!) Achate liegen um *San Rafael* in der Provinz Mendoza. Bereiche wie *Canon de Atuel*, *Sierra Pintada*, *Cerro Victoria* oder *Los Leones* bringen alle ausgezeichnete Achate hervor. „Puma"-Achate sind sedimentär gebildete knollenförmige Gebilde mit meist roter oder oranger Achatfüllung und stammen aus der Umgebung von *Malargüe*. Ähnliches Material (ursprünglich unter der falschen Fundortangabe Tunuyan verkauft) kommt aus der *Sierra de Chachahuen* und besticht zusätzlich durch interessante Zeichnungen.

Die weiten Gebiete Patagoniens liefern aus Fundstellen wie beispielsweise *Paso Berwyn* oder La Manea wiederum sehr interessante Achate mit starkem individuellen Erscheinungsbild und perfekter Zeichnung. Darüber hinaus ist auch ein unter dem Namen „Krater-Achat" bekanntes Material recht zahlreich bei Händlern anzutreffen.
Diverse Fundstellen (meist Kiesgruben) im Grenzbereich zu Uruguay wiederum sind für, den brasilianischen Achaten nicht unähnliche, meist abgerollte Mandeln bekannt, die zum Teil sehr feine Zeichnungen aufweisen. Auch schöne Plume-Achate kommen hier vor.

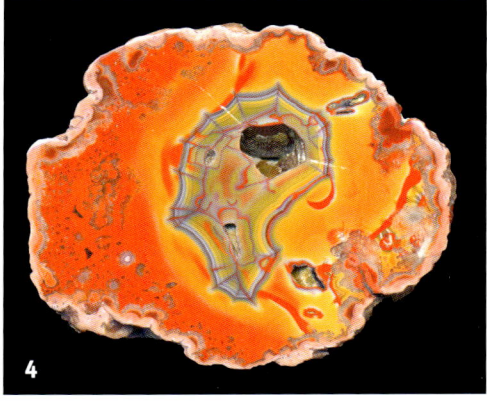

5. Unregelmäßiges Bandwachstum im Zentrum. San Rafael. 10,5 cm.
6. Neufund aus Patagonien. Breite 10 cm.

Australien & Neuseeland

Australien

Neben zahlreichen weiteren Achatfundbereichen im übrigen Australien (z.B. *Wave Hill Pastoral Station* oder *Lune River* auf Tasmanien) besitzt vor allem die Fundstelle *Agate Creek* in Nord-Queensland aufgrund ihrer reichen und extrem farbenprächtigen Achate weltweite Bedeutung.
In permischen Basalten sitzen die Achatmandeln in zum Teil dichter Konzentration und werden seit Generationen von eifrigen Sammlern geborgen. Ein Großteil des Gebietes (etwa 45 km^2) steht auch heute noch privaten Sammlern als so genannte „Fossicking Area" zur Verfügung. Es besteht lediglich nur mehr ein verbliebener kommerzieller Claim, der im Besitz des bekannten australischen Achatexperten Sir Paul Howard („Mann mit dem Achatzahn") steht.
Zum Teil etwas unterschiedlich gefärbte und gebänderte Achate stammen aus folgenden Fundbereichen: *Flanagans*, *Simpson´s Gully*, *Blue Hills*, *Spring Creek*, *Bald Hills*, *Bald Rock*, *The Saddle*, *Crystal Hill*, *Black Soil Creek*, *Darcy´s Camp*, *Banyan Springs* und *The Gorge*. Das Gebiet ist nicht einfach erreichbar, trotzdem wird es seit Jahrzehnten eifrig von Sammlern aus aller Welt besucht und intensiv besammelt.

1. Agate-Creek-Achat mit ausgeprägtem Infiltrationskanal. 5 cm.

2. Achat mit feiner Bänderung. 9,5 cm.

3. Flammenähnliche, kontrastreiche Zeichnung. Agate Creek. Höhe 7 cm.

4. Eine seltene Farbkombination weist dieser Achat vom Agate Creek auf. 6 cm.

Die Achate vom Agate Creek beeindrucken durch extrem intensive Farben aus dem Bereich der gesamten Farbpalette, feinste Bänderung mit Schattenachatstrukturen und einer erfreulich verbreiteten Rissfreiheit. Auch Donnerei-Achate mit meist rötlichen Achatzentren sind aus der Region Agate Creek bekannt.
Im **Mount Hay** Gemstone Tourist Park, westlich von Rockhampton am Capricorn Highway, werden ausgezeichnete Donnerei-Achate gefunden (siehe auch Seite 142).

„Schönheiten" und Raritäten aus der Region um den Agate Creek:
1. Queensland-Achat mit nadeligen Pseudomorphosen in den Randbereichen. 6,8 cm.
2. Porzellan-Achat. 4 cm.
3. Infiltrationskanal im linken Bereich der Mandel. 6 cm.
4. Der äußere Bereich der Mandel ist mit Hämatit gefüllt. 10 cm.
5. Ungewöhnliche Farbgebung bei diesem Donnerei vom Agate Creek. Durchmesser 11 cm.

Der Edelsteinpark am Mt. Hay

Im Jahr 1963 hörte Albert „Bert" Kayes aus Rockhampton in Queensland, Australien, der sich erst vor kurzer Zeit für das Suchen und Verarbeiten schöner Steine zu interessieren begonnen hatte, von eigenartigen Kugeln, die den Namen „Donnereier" trugen und nahe dem Mt. Hay unweit von Rockhampton vorkommen sollten. Bald machte er sich auf die Suche nach diesen Steinen. Dies war nicht gerade einfach, denn die Fundstellenangaben, die er erhalten hatte, waren oberflächlich und ungenau. Doch schließlich gelang es ihm, das besagte Gebiet zu finden, es lag direkt am Fuß des Berges, und Abbauspuren eifriger Sammler und Schürfer waren noch deutlich zu sehen.

Auf der Suche nach der eigentlichen Fundstelle war Bert Kayes einige Male vom rechten Wege abgekommen und hatte dabei zusätzlich einige viel versprechende Anzeichen für mögliche weitere Fundbereiche entdecken können, welche er erst später untersuchen wollte.

Das gesamte Gebiet ist heute als „Mount Hay Gemstone Tourist Park" bekannt.

Einheimische und Sammler wussten aber wohl schon viel länger über die Fundstellen der Donnereier Bescheid, doch da für das Aufsägen der Kugeln teure Diamantsägen erforderlich waren, wuchs das Interesse für das Material erst in den 1950er Jahren stark an, als das Bearbeiten von schönen Steinen zu einem weit verbreiteten Hobby auch in Australien wurde.

In den 1960er Jahren erreichte die Beliebtheit der Donnereier einen ersten Höhepunkt. Bert Kayes entwickelte eigene Maschinen zur Bearbeitung der Rohsteine und dachte auch über den Aufbau einer eigenen Schmuckstein-Industrie im großen Stile nach. Mit einem Partner gründete er schließlich die „Central Queensland Gem and Mineral Company". Im Zentrum des Interesses stand dabei

1. Blick auf das Fundgebiet am Mt. Hay.
2. Dicht an dicht liegen die Achatknollen im Muttergestein.
Ebenfalls vom Mt. Hay stammt der zu einer Kugel geschliffene achatisierte Rhyolith.

zunächst der Abbau von Chrysopras in der Lagerstätte Marlborough bei Rockhampton, aber auch die Donnerei-Fundstelle am Mt. Hay sollte bald für Sammler geöffnet werden.
Seit der offiziellen Eröffnung am Osterwochenende 1974 trägt diese

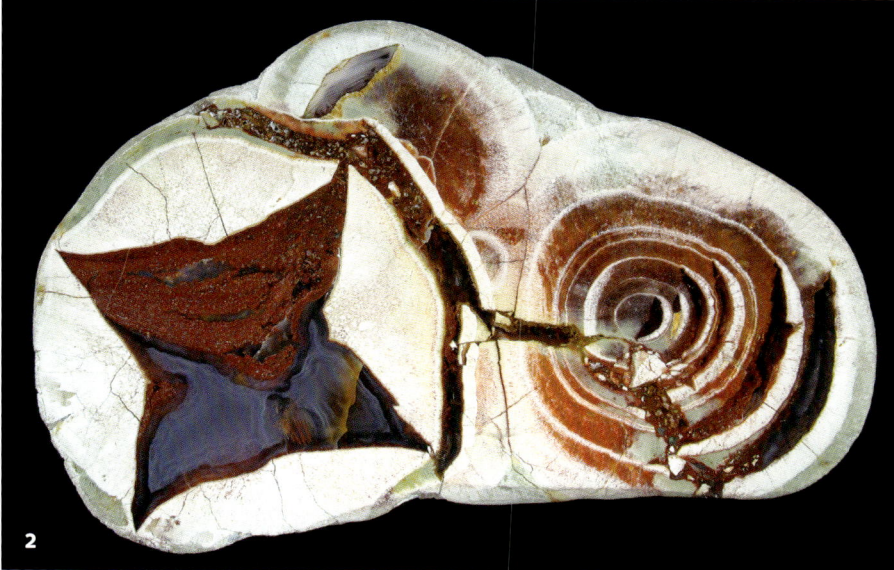

Fundstelle nun den Namen „Mt. Hay Gemstone Tourist Park". Der Park befindet sich etwa 40 km südwestlich von Rockhampton am Capricorn Highway A4 und ist das gesamte Jahr über für Sammler und Camper geöffnet und zugänglich. Er wird nach wie vor von der Kayes-Familie geleitet und unter dem Firmennamen „Aradon Pty. Ltd." betrieben. Leider verstarb der Entdecker, Bert Kayes, im Januar 2000.

Die erste schriftliche Erwähnung von Donnereiern am Mount Hay stammt von einem Geologen aus dem Jahr 1889. Er war auf der Suche nach Lehmlagerstätten, die für die Ziegelindustrie verwendet werden konnten. Der Prospektor untersuchte dabei auch die vulkanischen Gesteine am Mt. Hay und beschrieb das Vorkommen von verschiedenen Schmucksteinen wie Achat, Chalcedon, Jaspis, Donnereiern und Quarz. Bis in die späten 1950er Jahre fehlt aber jeglicher Nachweis eines kommerziellen oder privaten Abbaus dieser Materialien am Mount Hay.

Das Gesamtgewicht des abgebauten Materials seit dieser Zeit kann nur auf groben Schätzungen beruhen, doch dürfte eine jährliche Produktion von etwa einer Tonne Donnereier wohl bisher eine Gesamtmenge von 50-60 Tonnen erbracht haben. Vom achatisierten, kugeligen Rhyolith, der ebenfalls im Park gefunden wird, dürften bisher ca. 500 Tonnen abgebaut worden sein. Hiervon werden Container mit jeweils 20 Tonnen Material befüllt und meist in verschiedenste Länder zur Weiterverarbeitung exportiert.

Die Donnereier werden vorwiegend für Touristen und Freunde der Steinverarbeitung gewonnen. Bis vor ei-

1. Donnerei mit Amethyst-Kern vom Mt. Hay. Breite 6,8 cm.

2. „Mehrfach"-Donnerei. Breite 11,4 cm.

3. Mit 27,2 cm erreicht dieser Achat vom Mt. Hay eine beachtliche Größe.

niger Zeit war die Selbstsuche in der Mine gestattet. Mittlerweile wird das Material jedoch maschinell abgebaut und zu einer eigenen Stelle gebracht, wo die Touristen dann ohne große Mühe nach den Kugeln suchen können.

Es ist nahezu unmöglich zu sagen, wer das erste Donnerei am Mount Hay gefunden hat, aber das bisher größte mit einem Gewicht von etwa 60 kg und Abmessungen von 65x25 cm wurde von einem gewissen B.P. Small entdeckt. Das zweitgrößte bekannte Ei mit etwa 45 kg und circa 60x50 cm wurde vom Autor selbst gefunden und ist nun im Ausstellungsraum des Parks zu bewundern.

Die Gesamtzahl der jährlichen Besucher beträgt etwa 3000 und besteht zum Großteil aus „normalen" Touristen, doch auch ernsthafte Samm-

Auswahl besonders schöner und interessanter Donnereier. Eine Seltenheit sind die „Mehrfachexemplare".

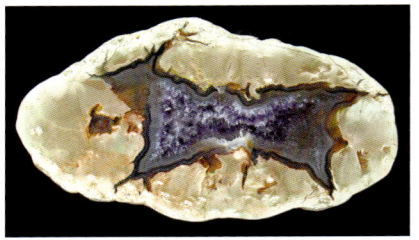

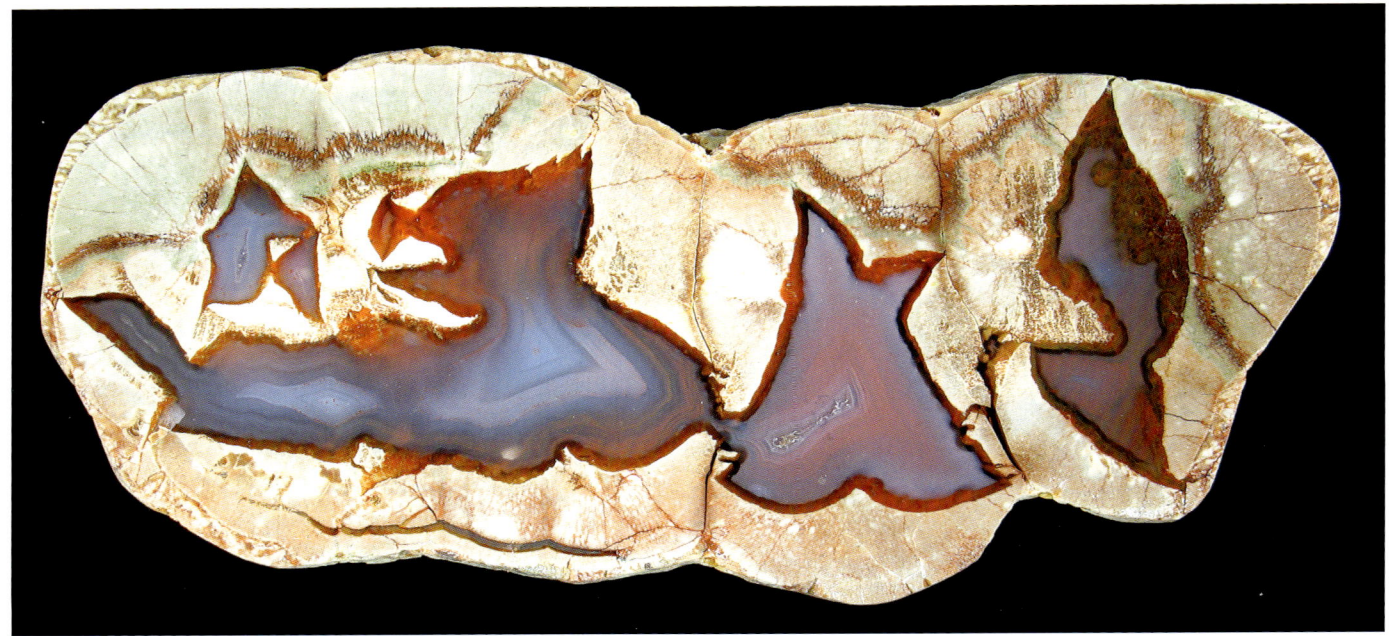

ler können am Mt. Hay immer wieder noch für die Sammlung brauchbare Stücke finden.

Das Gebiet um den Mount Hay besteht aus sauren Vulkaniten. Die Laven wurden in einer zweiten vulkanischen Phase stark gepresst. Diese zweite Phase erst produzierte das Muttergestein für die am Mount Hay vorkommenden Schmucksteine.

Außer den Mitgliedern der gesamten Quarz-Familie finden sich in den Donnereiern Calcite und noch einige weitere, bisher unidentifizierte Kleinstmineralien.

Das Alter des Vorkommens beträgt etwa 120 Millionen Jahre. Wir haben es der in diesem Zeitraum erfolgten Verwitterung zu verdanken, dass wir nun diese Schätze der Mutter Natur am Mount Hay finden und bergen können.

Don Kayes

Kontaktadressen vom Mount Hay, Queensland:
Hausadresse: Aradon Pty. Ltd., Don Kayes, Mount Hay Gemstone Tourist Park, 3665 Capricorn Highway (A4), Wycarbah QLD 4702, Australia.
Postadresse: Aradon Pty. Ltd., Don Kayes, 7 Ferguson Street, Rockhampton QLD 4700, Australia, Tel.: +61-7-4934-7183,
Fax: +61-7-4934-7346,
Mail: mthaygems@aradon.com.au
oder: aradon@iinet.net.au,
www.aradon.com.au

Neuseeland

Trotz vereinzelter Fundstellen auf der so genannten Nordinsel (Hawkes Bay, Tauranga District) gilt vor allem die Südinsel (Canterbury District) als ein Gebiet mit reichen Achatvorkommen.

Neuseeländische Achate sind meist nicht besonders farbenprächtig, aber aufgrund ihrer feinen, vielfältigen Zeichnungen und Strukturen in Sammlerkreisen sehr begehrt.

Zu den bekanntesten Fundstellen zählt der Mount Somers, der Mount Bonanza, der Hororata River oder die Schlucht des Hinds River.

1. Die Schlucht des Rakaia-Flusses auf der Südinsel Neuseelands beherbergt gute Achate und Amethystgeoden.

2. Woolshed Creek, Mount Bonanza. 15 cm.

3. Hinds River. 12 cm.

Edelsteine selber schleifen

Das besondere Erlebnis: aus einem Rohedelstein wird ein funkelnder Edelstein gestaltet!

Schleifkurs
3-Tages-Kurs   260,00 €
5-Tages-Kurs   320,00 €

Goldschmiedekurs
3-Tages-Kurs   290,00 €
5-Tages-Kurs   360,00 €

(Preise gültig für 2009)

Besuchen Sie unsere Mineralien- und Edelstein-Ausstellung!

Helga Hellriegel
100 Jahre Edelsteingeschichte in Hettenrodt

Hans Gordner erzählt

Neu erschienen!

Beim Goldschmieden kann nach eigenen Vorstellungen ein Schmuckstück in Gold oder Silber gefertigt werden.

Hans Gordner
Am Kremel
55758 Hettenrodt
Tel. 06781-33927
Fax 06781-33985
www.edelsteine-gordner.de

50 cm große Amethyst-Druse mit Baryt · Dienstweiler

Kleines Achat-ABC

Von keiner anderen Mineralart gibt es so viele unterschiedliche Varietätsnamen, Unterbegriffe, Namen, die nur zu Handels- und Verkaufszwecken kreiert oder einfach so vom Finder oder mit Bezug auf einen Fundort gegeben wurden wie vom Achat. Vor allem Letzteres ist eine übliche Vorgangsweise in anglo-amerikanischen Sammlerkreisen. Die folgenden Seiten zeigen einige der wichtigsten Namen und Begriffe und den Versuch, kurze, verständliche Erklärungen für die einzelnen Varietäten und Arten zu finden, wobei manche Namensgebungen einfach Übersetzungen aus dem Englischen darstellen, die der Erleichterung und Verständlichkeit wegen auch im deutschen Sprachraum übernommen werden könnten.

Die möglichst exakte Fundortangabe bei den einzelnen Arten könnte auch dazu dienen, die Achate in der eigenen Sammlung zu überarbeiten und geographisch richtig und vollständig zu katalogisieren.

Ein Anspruch auf Vollständigkeit soll dabei keineswegs erhoben werden, das würde den Rahmen dieses Buches um ein Vielfaches sprengen. Eine ausführliche Übersicht mit genauen Quellenforschungen gibt zum Beispiel PABIAN auf der überaus gelungenen Webseite unter http://csd.unl.edu/agates/agatelexicon.asp. Genauso vielfältig wie die Begriffe und Namen innerhalb der Welt der Achate sind auch deren Schreibweisen. So wurden gängige oder historisch gewachsene Formen wie „Feuerachat" auch hier übernommen, während bei anderen Namen eher auf Zusammensetzungen zurückgegriffen werden sollte (z.B. „Apache-Achat").

Acebuche-Achat
Achatmandeln von El Acebuche, Chihuahua, Mexiko

Achatdruse
Hohle Achatmandel mit Quarzkristallen im Hohlraum

Achatmandel, Mandelachat
Achate, die ehemalige Hohlräume in vulkanischen Gesteinen ausfüllen

Afton-Canyon-Achat
Verschiedene Achate vom Afton Canyon, San Bernardino County, Kalifornien, USA

Agua-Nueva-Achat
Mandel- und Gangachate vom Rancho Agua Nueva, Chihuahua, Mexiko

Amethyst-Lace-Achat
Bandachat mit Amethystlagen aus Chihuahua, Mexico

Apache-Achat
Achat von Ejido el Apache, Chihuahua, Mexiko

Baumachat
Weißer Chalcedon mit dicken dunkelgrünen „Moos"-Einschlüssen aus Indien

Bohnenachat
Kleine, bohnenartige Achate aus der Nähe von Estacion Moctezuma, Chihuahua, Mexiko

Aparejos-Achat
Achat vom Rancho Los Aparejos, Chihuahua, Mexiko

Beacon-Hill-Achat
auch „Idaho-Kartoffel" genannter Achat vom Beacon Hill, Idaho, USA

Botswana-Achat
Achate von verschiedenen Fundstellen in Botswana, Afrika

Augenachat
Achat mit augenartiger Zeichnung

Bilderachat
Achat, der ein Bild oder eine Szenerie zeigt

Breccienachat
Zerbrochener und mit Chalcedon wieder neu verkitteter Achat

Bandachat
Achat mit meist konzentrischer Bänderung

Blumengarten-Achat
Gangachat mit roten, gelben, orangen Plumes und Moosen aus Chihuahua, Mexiko und Texas, USA

Brillenachat
Selten gebräuchlicher Ausdruck für zwei eng beieinander liegende „Achataugen"

Bukett-Achat
Klarer Achat mit radialstrahligen weißen oder gelben Einschlüssen

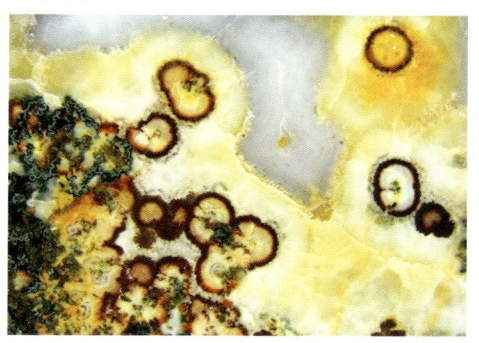

Cady-Mountain-Achat
Sagenit-Achat aus den Cady Mountains, Ludlow, San Bernardino County, Kalifornien.

Chrysopras
Durch Nickelbeimengungen grün gefärbte Chalcedon-Varietät aus Polen und Australien

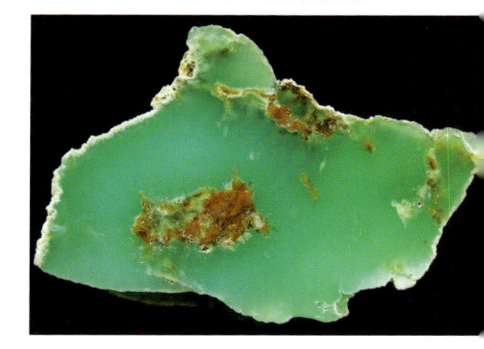

Bull-Canyon-Achat
Moosachat aus dem Bull Canyon, Grenzgebiet von Nevada und Kalifornien, USA

Carneros-Achat
Verschiedene Achate vom Rancho Carnero, Chihuahua, Mexiko

Condor-Achat
Achat von verschiedenen Fundstellen um San Rafael, Mendoza, Argentinien

Burro-Creek-Achat
Achat, oft mit Jaspis und Opal vom Burro Creek, Arizona, USA

Casas-Grandes-Achat
Mandelachat von Nuevo Casas Grandes, Chihuahua, Mexiko

Coneto-Achat
Verschiedene Achate von Coneto De Comonfort, Durango, Mexiko

Cactus-Lace-Achat
Ein Gangachat mit an Kakteen erinnernden Zeichnungen aus Chihuahua, Mexiko

Chalcedon
Meist graues, nieriges Mineral, aus dem Achat besteht

Copco-Achat
Achat mit blauen und schwarzen Zeichnungen, benannt nach der California Oregon Pacific Cattle Company, aus dem Grenzgebiet von Oregon und Kalifornien, USA

149

Coyamito-Achat
Mandelachat vom Rancho Coyamito, Chihuahua, Mexiko

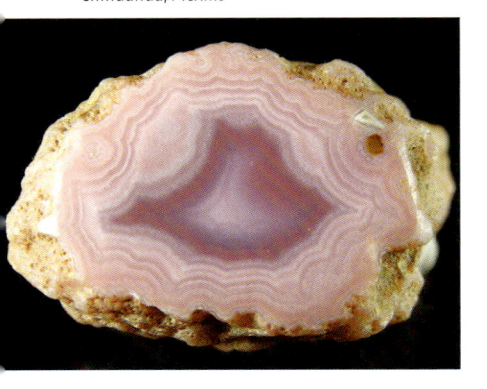

Donnerei-Achat
Meist kugelförmige Rhyolithbildung mit Achat- oder Opalkern

Engelsflügel-Achat
Plumeachat, ursprünglich vom Eagle Rock, Crook County, Oregon, USA, später ausgeweitet auf weitere Plumeachate aus Oregon und Idaho

Crazy-Lace-Achat
Gangachat mit „wirren" Zeichnungen; Fundstellen um Ejido Benito Juarez, Chihuahua, Mexiko

Dryhead-Achat
Festungsachat aus dem Bighorn Gebiet, Montana, USA

Fairburn-Achat
Achat, ursprünglich aus der Umgebung von Fairburn, South Dakota, USA

Dendritenachat
Meist farbloser Achat mit schwarzen, roten oder braunen Dendriten

Dugway-Geoden
Blaue Chalcedon-/Achatbildungen in einem meist hohlen Donnerei

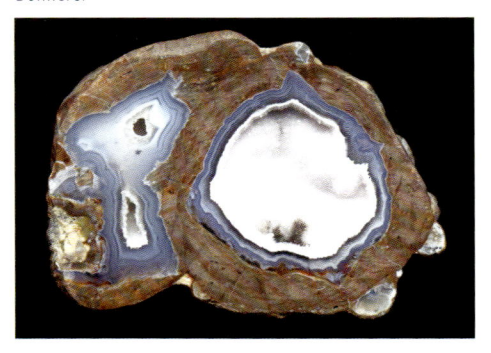

Festungsachat
Achat, dessen Bänder scharfkantige Formen zeigen, die an alte Festungsanlagen erinnern

Derramadero-Achat
Mandelachat vom Rancho Derramadero, Chihuahua, Mexiko

Dulcote-Achat
Sedimentär gebildeter Achat aus Dulcote, Somerset, England

Feuerachat
Nierig-traubiger Chalcedon mit einer irisierenden eisenhaltigen Schicht

Flammenachat
Achate mit flammenähnlichen Zeichnungen

Gregoria-Achat
Mandelachat vom Rancho Gregoria, Chihuahua, Mexiko

Horse-Canyon-Achat
Gangachat mit Pseudomorphosen und Plumes aus dem Horse Canyon, Kern County, Kalifornien, USA

Gallego-Achat
Mandelachat vom Rancho Gallego, Chihuahua, Mexiko

Hi-Fi-Achat
Achat von Coneto de Comonfort, Durango, Mexiko

Iris-Achat, Regenbogen-Achat
Achat, der durch Aufspaltung des durchströmenden Lichtes in seine Spektralfarben regenbogenähnliche Effekte zeigt

Gangachat, Sinterachat
Achat in Gängen und Spalten im Gestein

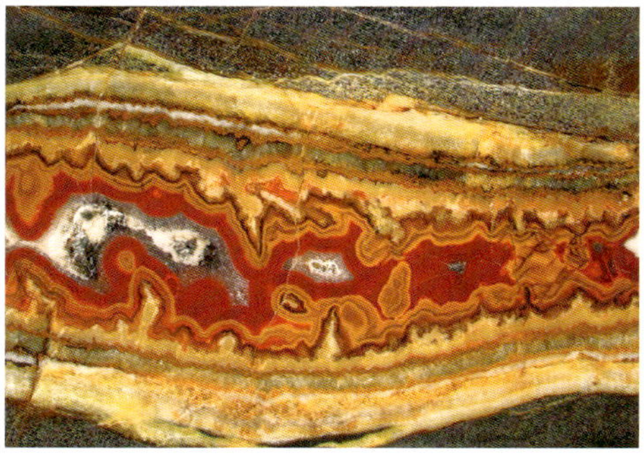

Holley-Blue-Achat
Ein intensiv blauer Achat aus Holley, Linn County, Oregon

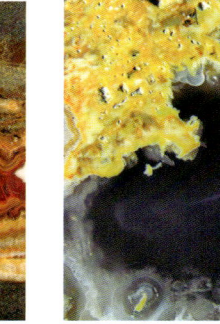

Isoliertes Zentrum, Floater
In einer dicken äußeren Schicht von makrokristallinem Quarz sitzt im Zentrum ein gebänderter Achatbereich ohne sichtbare Verbindung zur Peripherie.

Graveyard-Achat
Plumeachat aus dem Malheur County, Oregon, USA

Holzachat, Holzstein, Baumstein
Eher selten gebräuchlicher Ausdruck für achatisierte Hölzer

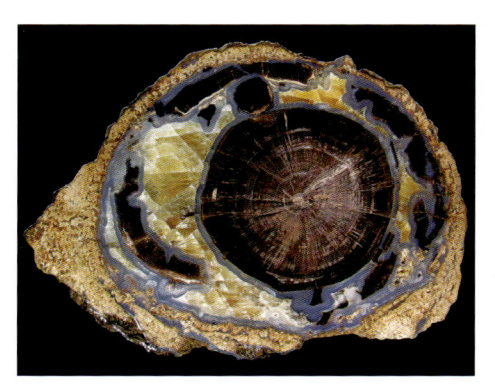

Janos-Achat
Donnerei-Achat von Janos, Chihuahua, Mexiko, auch Regenbogen-Achat genannt

Jasp-Achat
Gemenge von Jaspis und Chalcedon

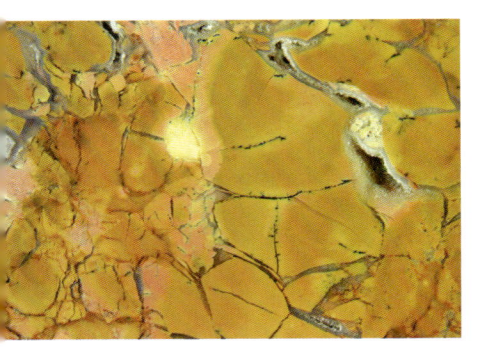

Keswick-Achat
Achat aus dem Keokuk County, Iowa, USA

Lace-Achat, Spitzenachat
Ursprünglich aus Mexiko kommender Gangachat, dessen Form und Zeichnungen an Spitzen oder Borten erinnert, auch aus Australien und von anderen Fundorten bekannt

Karneol
Chalcedon von rotbrauner Farbe

Kobra-Achat
Handelsname für schwarz-weiß gezeichnete Gangachate aus Indien

Laguna-Achat
Intensiv farbiger Festungsachat aus der Umgebung von Ojo Laguna, Chihuahua, Mexiko

Kascholong-Achat
Sammlerausdruck für „entwässert" erscheinende, weiße Achate mit schwacher Bänderung

Kokosnuss-Achat
Kugelförmige Geoden mit gelegentlich Achat aus verschiedenen Fundstellen in Chihuahua, Mexiko

Lake-Superior-Achat
Geologisch ältester Achat der Welt, über 1,1 Milliarden Jahren alt. Hauptfundorte: Minnesota, Wisconsin und Iowa

Kentucky-Achat
Sedimentär gebildeter Achat von verschiedenen Fundstellen in Kentucky, USA

Korallenachat
Berühmter 'alter' Gangachat von Halsbach bei Freiberg, Sachsen

Landschaftsachat
Achat, der landschaftsähnliche Zeichnungen aufweist

Lavic-Achat
Verschiedene Achate und Jaspise aus der Nähe von Barstow, San Bernardino County, USA

Luna-Achat
Achat, ursprünglich von Terrenates, Chihuahua, Mexiko, mit mondkraterähnlichen Zeichnungen

Mes(z)quite-Achat
Varietät des Laguna-Achates vom Mezquite Claim

Loma-Pinta-Achat
Achate aus der Umgebung von Estacion Moctezuma, Chihuahua, Mexiko

Lysite-Achat
Gangachat vom Lysite Mountain, Fremont County, Wyoming, USA

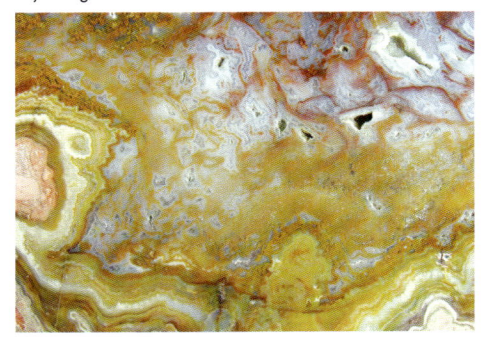

Mocha-Achat, Mokkastein, Mückenstein, Mochhastein, Dendrachat
Dendriten-Achat ursprünglich von Mocha, Yemen, später auch auf Achate von Indien angewendet

Louisiana-Achat
Durch Wassertransport naturgeschliffene Achate aus Südost Louisiana/Missouri, USA

Maury-Mountain-Moosachat
Dichter Moosachat von den Maury Mountains, Crook County, Oregon, USA

Moctezuma-Achat
Kleine Mandelachate von der Cerro Brajo de Diablo nahe Estacion Moctezuma, Chihuahua, Mexiko

Lucky-Strike-Donnerei-Achat
Donnereier von der Lucky Strike Mine, Crook County, Oregon, USA

Medicine-Bow-Achat
Gangachat mit Moosen, Dendriten und Plumes vom Medicine Bow Peak, Albany County, Wyoming, USA

Montana-Achat
Dendritenachate von verschiedenen Fundstellen entlang des Yellowstone River, Montana, USA

Moosachat
Meist klarer Chalcedon mit verschiedenfarbigen moosartigen Einschlüssen

Onyx
Schwarzer Achat, meist künstlich gefärbt; fälschlicherweise auch für Calcit verwendet

Parcelas-Achat
Mandelachat aus der Cerro el Oregano, NW von Le Baron, Chihuahua, Mexiko

Mocambique-Achat
Große Achatmandeln mit intensiver Uruguay-Bänderung aus der Tete-Provinz, Mocambique

Oregon-Beach-Achat
Durch Meeresbrandung naturgetrommelte Stücke von Achat, Jaspis und Chalcedon von versch. Pazifikbuchten/Oregon

Pink-Lace-Achat
Rosafarbene Varietät des Crazy Lace-Achates aus Chihuahua, Mexiko

Nebraska-Blue-Achat
Blauer Gangachat aus den Sioux und Daws Counties, Nebraska, USA

Paint-Rock-Achat
Sedimentär gebildeter Achat aus Alabama, USA

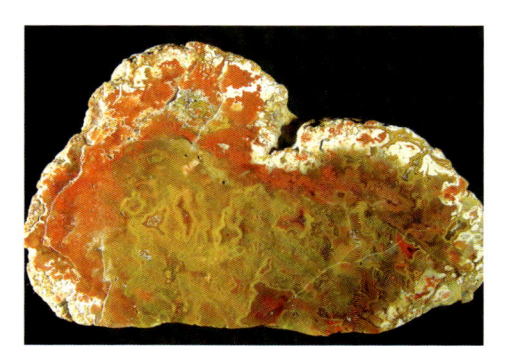

Piranha-Achat
Farbenprächtiger Achat von Parana oder Rio Grande do Sul, Brasilien

Nipomo-Achat
Sagenit-Achat, mit Einschlüssen von Markasit, aus Nipomo, San Luis Obispo Co., Kalifornien, USA

Papageienflügel-Achat
Achatisiertes Material in den Farben Grün und Gelb, verwachsen mit dunkelblauem Chrysokoll

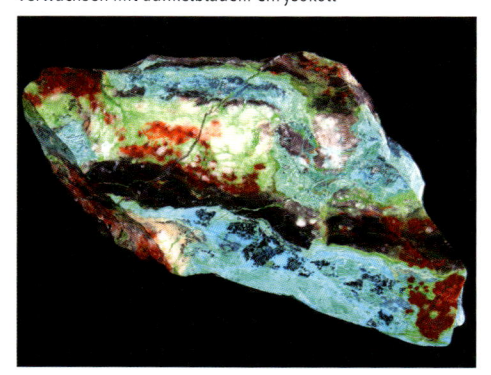

Plume-Achat
Chalcedon mit orientierten dreidimensionalen feder-, pflanzen- oder strauchähnlichen Einschlüssen

Polka-dot-Achat
Landschaftsachat mit frei verteilten punktartigen Einsprengungen aus Oregon, USA

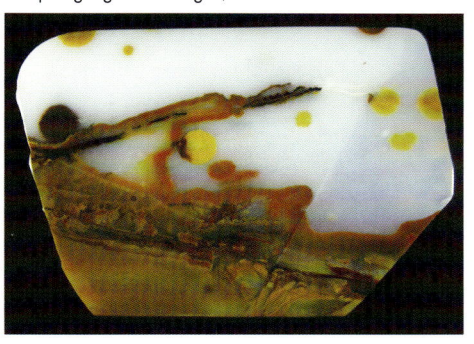

Prärieachat
Durch Erosion und Flusstransport abgerundeter Jaspis aus Nebraska, South Dakota und Wyoming, USA

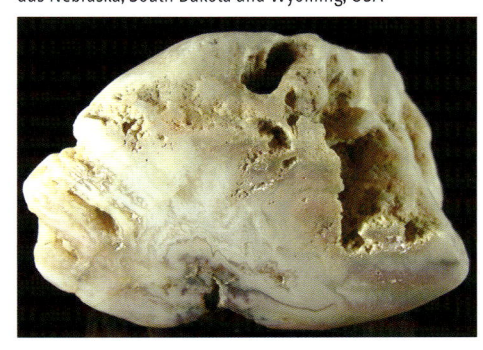

Regenbogen-Achat
Zweiter Name für Iris-Achat; auch Handelsname für einen Donnerei-Achat von Janos, Chihuahua, Mexiko

Polygonal-Achat
Von ebenen Flächen begrenzte Achate aus Paraiba, Brasilien

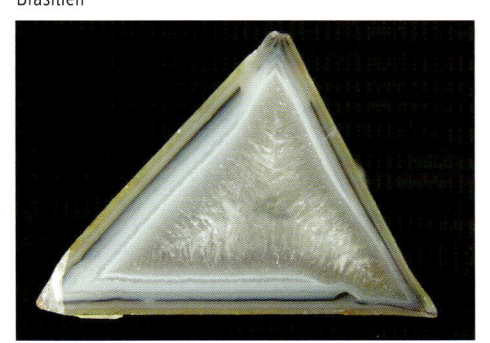

Punktachat
Ein Achat mit eingelagerten punktähnlichen Zeichnungen

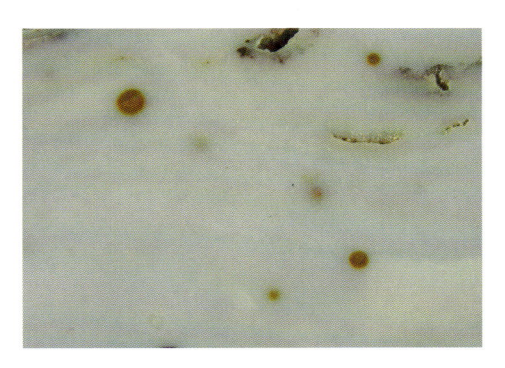

Regency-Rose-Achat
Rosa bis pfirsichfarbener Plumeachat vom Graveyard Point, Idaho, USA

Pompom-Achat
Klarer Achat mit gelblichen kugelförmigen Einschlüssen aus Texas, USA

Purple-Passion-Achat
Gangachat mit typischen violetten und rosa Farbtönen von Galiana, Chihuahua, Mexiko

Rio-Grande-Achat
Verschiedene Achate aus den Schotterbänken des Rio-Grande-Flusses in Texas, USA

Porzellanachat
Sammlerausdruck für weiße Achate mit Porzellan ähnlichem Aussehen zum Beispiel vom Agate Creek, Australien

Queensland-Achat
Farbenprächtige Achatmandeln vom Agate Creek, Queensland, Australien

Röhrenachat
Achat mit röhrenartigen Strukturen

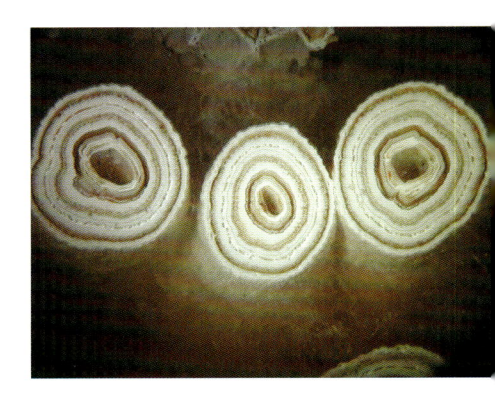

155

Ruinenachat
Ausdruck für auf natürlichem Wege zerbrochene und wieder verheilte Achate

Schlangenachat, -chalcedon
Graublaue bis schwarze scheibenförmige Chalcedonbildungen mit wulstartigem Aussehen aus Brasilien

Tepee-Achat, -Canyon-Achat
Sedimentär gebildeter Achat vom Tepee Canyon, South Dakota, USA

Sagenit-Achat
Achat mit nadeligen Einschlüssen oder Pseudomorphosen

Schlangenhaut-Achat
Chalcedonknollen mit rissiger Außenhülle, die an Schlangenhaut erinnert

Texas-Plume-Achat
Plume-Achat aus dem Gebiet von West-Texas, USA

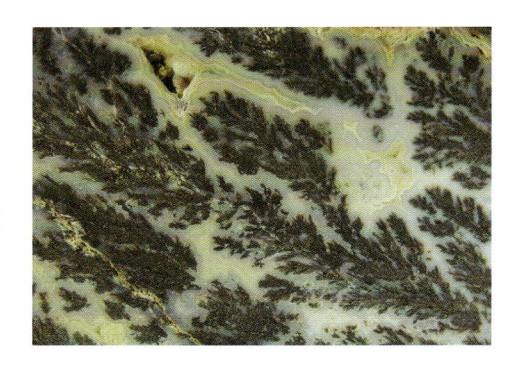

Sarder
Brauner bis dunkelbrauner Achat

Schneeball-Achat
Weiße, kugelförmige Achate von Medanos, Chihuahua, Mexiko

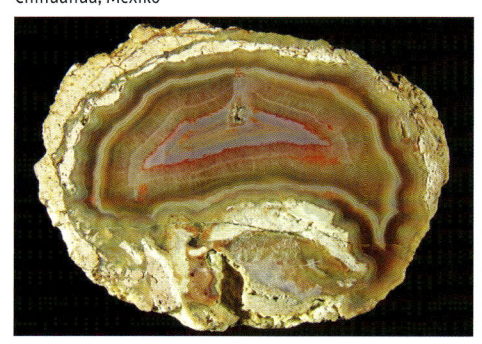

Trümmerachat
Zerbrochenes und wieder verheiltes Achatmaterial z.B. aus Schlottwitz, Sachsen

Schattenachat
Fein gebänderter Achat mit Kippeffekt - „laufende Schatten"

Taubenblut-Achat
Klarer Achat mit typischen roten Farbtupfen von verschiedenen Fundorten, z.B. Cisco, Grand County, Utah, USA

Turritella-Achat
Dunkelbrauner bis schwarzer Achat mit Einschlüssen von Muscheln und Schnecken von nahe Wamsutter, Wyoming

Union-Road-Achat
Sedimentär gebildeter Achat vom Bau des Highway 55 nahe St. Louis, Missouri, USA

Uruguay-Bänderung
Nahezu planparallele Lagen von unterschiedlich gefärbtem Chalcedon in Achaten

Waegeler, Wegeler, Wackler
Achat mit feiner Bänderung, der beim Bewegen schattenartig fortlaufende Effekte zeigt

Wasserachat (Enhydro)
Achatgeode, deren hohles Zentrum ganz oder teilweise mit Wasser gefüllt ist

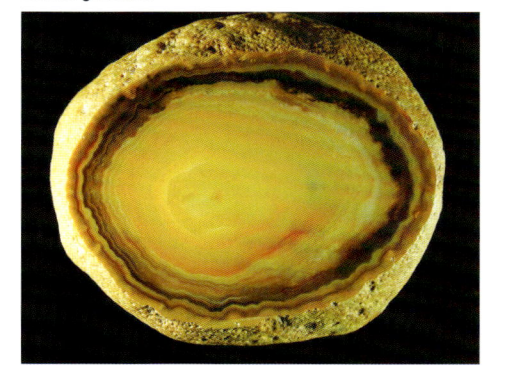

Weintraubenachat
Kugelförmige Bildungen in großer Vielzahl nebeneinander auf Matrix

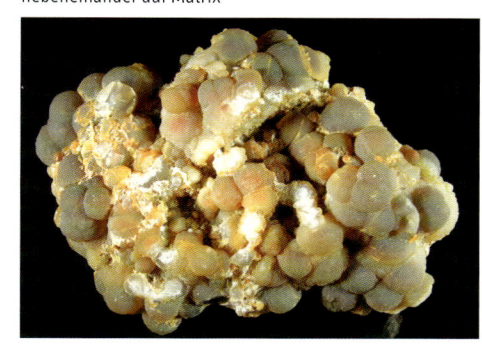

Wolkenachat
Achate und Achatgeoden mit wolkenartigen Zeichnungen, vor allem in den Randbereichen der Mandel

Zebraachat
Schwarzer Achat mit weißen Streifen aus Indien

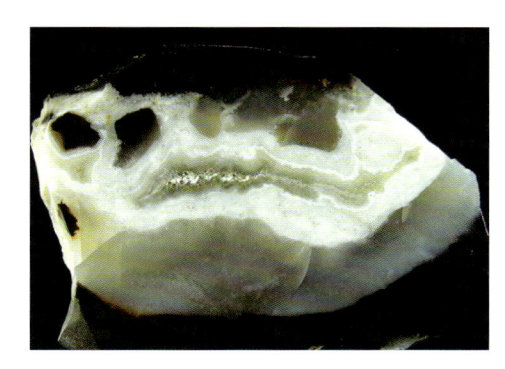

Zick-Zack-Achat
Achat mit extrem verwinkelter Bänderung von Horni Halže, Tschechische Republik

Literatur
(zitierte & empfohlene)

ANDREE, G.; ANDREE, R. (1994): Achate von den Feldern des Landkreises Birkenfeld. - MINERALIEN-Welt 5 (4), 54-55.

ANDREE, G.; ANDREE, R. (2000): Schneekopfkugeln am Seebachfelsen bei Friedrichrhoda, Thüringen. - MINERALIEN-Welt 11 (1), 63-64.

ARNOTH, J. (1986): Achate - Bilder im Stein. - 103 S., Basel (Buchverlag Basler Zeitung/Birkhäuser).

BANK, H. (1984): Das Schaubergwerk Steinkaulenberg in Idar-Oberstein. - 51 S., Idar-Oberstein (Charivari).

BAUER, M. (1896): Edelsteinkunde. - 568-593, Leipzig (Tauchnitz).

BAUMANN, L.; KUSCHKA, E.; SEIFERT, T. (2000): Lagerstätten des Erzgebirges. 300 S., ENKE im Georg Thieme Verl., Tübingen.

BECK, W. (1996): Der Korallenachat von Halsbach bei Freiberg/Sachsen. - Lapis 21 (6), 44-46.

BECK, W. et al. (2004): Achate aus Nordwestsachsen: 14 Fundstellen. - Lapis 29 (2), 29-34.

BERKENHOFF, A.; GLAS, M. (2000): Der Prunk-Kameo von Ptolemaios II. - ExtraLapis 19, 86-93, München.

BERNARD, J. H. u. Koll. (1981): Mineralogie Ceskoslovenska.- 643 S., Verl. Academia, Praha, tschech.

BLANKENBURG, H.-J. (1987): Achat (Monographienreihe Nutzbare Gesteine und Industrieminerale). - 203 S., Leipzig (Deutscher Verlag für Grundstoffindustrie).

BOLDUAN. H. (1957): Ergebnisbericht über die geologische Vorerkundung auf Achate in Halsbach b. Freiberg/Sa..- Bericht Staatl. Geol. Kommission, Geologischer Dienst Freiberg/Sachs., unveröffentl.

CALEY, E.R.; RICHARDS, J.C. (1956): Theophrastus: On Stones. - 238 p., Columbus (Ohio State University).

CLARK, R. (2002): Fairburn Agate - Gem of South Dakota. - 104p., Appleton (Silverwind Agates).

COLLINI, C.A. (1776): Journal d'un voyage qui contient différentes observations minéralogiques ... sur les agates et le basalte.

CROSS, B.L. (1996): The Agates of Northern Mexico. - Edina (Burgess Publ.).

DAKE, H.C. et al. (1938): Quartz Family Minerals. - 304 S., London (Whittlesey House)

DAKE, H.C. (1951): The Agate Book. - 64p., Portland (Mineralogist Publ. Co.).

DRÖSCHEL, R. et al. (2004): Achat, Jaspis. - Deutsches Edelsteinmuseum Idar-Oberstein, Band 7, Idar-Oberstein. GAERTNER, H. (1971): Achate. Steinerne Wunder der Natur. - 71 S., Friedrichsdorf (Alles + Brillant).

GIENGER (2008): Die „Australischen Amulettsteine". - Katalog der Münchner Mineralientage 2008, 100-107, München.

GLAS, M. (2000): Achat. - Extra Lapis 19, München.

GODOVIKOV, A.A.; RIPINEN, O.J.; MOTORIN, S.G. (1987): Agatij. - 368 S., Verl. Nedra, Moskwa, russ.

GRUBER, W. (1980): Achate von Sulzburg. - Lapis 5, 3, 26 - 27.

GÜBELIN, M. (1979): Feuerachat. - Lapis 4 (12), 23-25.

GURKAU, E. (1966): Zu Kenntnissen der Schwerspatführung der Gänge des Freiberger Lagerstättenbezirkes.- Ergebnisbericht Bergbau- und Hüttenkombinat Freiberg, unveröffentl.

GURKAU, E. (1966): Zu Kenntnissen der Schwerspatführung der Gänge des Freiberger Lagerstättenbezirkes.- Ergebnisbericht Bergbau- und Hüttenkombinat Freiberg, unveröffentl.

HAAKE, R. (1990): Über die Achate von St. Egidien. - MINERALIEN-Welt 1 (1), 39-43.
HAAKE, R. & SCHREIBER, G. (1989): Zur Herstellung von Untersetzern aus einheimischen Schmucksteinen. - Uhren und Schmuck 26, 3, S. 72.
HAAKE, R.; FISCHER, J.; REISZMANN, R. (1991): Über das Achat-Amethyst-Vorkommen von Schlottwitz im Osterzgebirge. - MINERALIEN-Welt 2 (1), 20-24.
HAAKE, R. (2000): Achate sammeln in Deutschland, Teil 1. - 95 S., Bode Verlag, Haltern.
HAAKE, R. (2003): Über Amethystvorkommen in Sachsen. - MINERALIEN-Welt 14 (4), 12-25.
HAAKE, R. & SCHYNSCHETZKI, H. (2008): Achat-Neufund im Erzgebirge.- MINERALIEN-Welt, 19, 1, 68-70, Haltern.
HOFFMANN-ROTHE, R. (2002): Die Achate vom Finkenberg in Idar. - Lapis 27 (2), 13-17.
HOLZHEY, G. (1998): Achate aus Sachsen und Thüringen – Ein Überblick zu ihren Vorkommen in Gängen und Vulkaniten. - Gemmologie 47 (4), 199-224.
HOLZHEY, G. (1999): Mikrokristalline SiO_2-Mineralisationen in rhyolithischen Rotliegendvulkaniten des Thüringer Waldes (Deutschland) und ihre Genese. - Chem. Erde 59, 183-205.
HOLZHEY, G. (2001): Beitrag zur petrochemisch-mineralogischen Charakterisierung von Alterationsprozessen in der Randfazies unterpermischer rhyolithischer Vulkanite des Thüringer Waldes, Deutschland. - Chem. Erde 61, 149-186.
HYRSL, J., KORBEL, P. (2008): Tschechien & Slowakei, Mineralien und Fundstellen. Bode Verlag, Haltern.
JAHN, St. et al. (2003): Marokko, Land der schönen Mineralien und Fossilien. - 535 S., Bode Verlag Haltern.
KANKA, A. (1986): Achate von Waldhambach. - Lapis 11 (4), 25-27.
KENNGOTT, G.A. (1850): Ueber die Achatmandeln in den Melaphyren, namentlich über die von Theiss in Tirol. - Naturwiss. Abh., 71.104, Wien (Braumüller).
KILLINGER, D. (1995): Magie edler Steine. - 80 S., Rastatt (Neff).
KÖRNER, F. (2008): „Schneekopfkugeln" - Achate sammeln am Felsenschlag. - MINERALIEN-Welt 19 (4), 123-128.
LANDMESSER, M. (1984): Das Problem der Achatgenese. - 137 S., Bad Dürkheim (Pollichia).
LANDMESSER, M. (2000): „Wie entstehen Achate?" - Extra Lapis 19, 58-73, München.
LANDMESSER, M. (2001): Selbstorganisation und Achatgenese: Wissenschaftsgeschichte, Problemfacetten und Resultate der neueren Forschung. - Sonderdruck aus Selbstorganisation, Jahrbuch für Komplexität in den Natur-, Sozial- und Geisteswissenschaften,139 S., Berlin (Duncker & Humblot).
LEONHARDT, W. (1997): Die neuen Riesen-Achate im Westfeld von St. Egidien/Sachsen. - MINERALIEN-Welt 8 (5), 27-31.
LIEBER, W. (1987): Achat und seine Verwandtschaft. - Katalog der Münchner Mineralientage 1987, 8-12, München.
LIESEGANG, R.E. (1915): Die Achate. - 122 S., Dresden (Steinkopf).

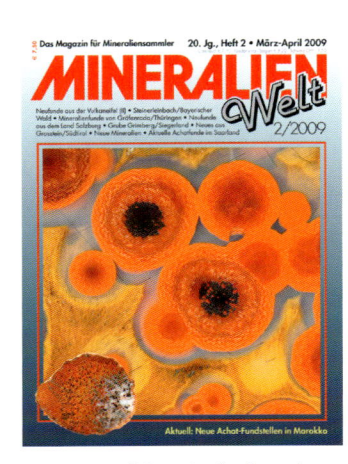

McMAHAN, P. (1995): Sunbursts of Sagenite. - Rock & Gem 25 (3), 84-87.
MOHR, C. (2006): Achatfundstellen in Ungarn. - MINERALIEN-Welt, 17, 4, 68 - 72, Haltern.
MOXON, T. (1996): Agates. Microstructure and Possible Origin. - 104p., Auckley.
MOXON, T. (2004): Persönliche Kommunikation mit dem Autor.
MÜLLER, H.D.; JAHN, S. (2004): Ein interessanter Fund von Achat, Amethyst und Calcit aus dem Steinbruch Juchem bei Idar-Oberstein. - MINERALIEN-Welt 15 (1), 68-72.
NIEDERMAYR, G. (1999): Achat in Österreich.- MINERALIEN-Welt 10, 6, 52-56, Haltern.
NOEGGERATH, J. (1849): Ueber die Achat-Mandeln in den Melaphyren. - Sendschreiben an den k. k. wirklichen Bergrath und Professor Herrn Wilhelm Haidinger in Wien. - 72 S., Bonn.
PANZER, A. (1961): Amethyst und Achat vom Schlüsselstein/Vogesen.- Aufschluß, 12, H. 1, S. 3.
PATSCH, L.C. (2000): Aragonit-Pseudomorphosen in Achatmandeln aus Idar-Oberstein. - Lapis 25 (11), 31-34.
PETSCH, E. J. (1987): Kostbarer Ballast. - Katalog der Mineralientage München 1987, 30-37, München.
RYKART, R. (1989): Quarz-Monographie. Die Eigenheiten von Bergkristall, Rauchquarz, Amethyst und anderen Varietäten. - 343-389, Thun (Ott).
SCHÄFER, K. (2002): Die Achate der Freisener Höhe bei Reichweiler/Rheinland Pfalz. - Lapis 27 (6), 13-20.
SCHMIDT, J. (1997): Achatführende Lithophysen aus dem Lierbachtal, Schwarzwald. - Lapis 22 (5), 32-37.
WERNER, W. & V. DENNERT (2004): Lagerstätten und Bergbau im Schwarzwald. - Landesamt für Geologie, Rohstoffe und Bergbau Baden-Württemberg, Freiburg
WEYGANDT, H. (2001): Onyx im Mainzer Becken. - Lapis 26 (2), 26-31.
ZENZ, J. (2005): Achate. - 656 S., Bode Verlag, Haltern.

Register

Achat-Bänderung 23
Achatfälle 109
Achatgeld 80
Achatgeoden 15
Achatgewinnung 65
achatisierte Korallen 24, 131
achatisierten Schnecken 24
achatisiertes Holz 24
Achatmandeln 15
Achatmuseum Freisen 90
Achatpulver 89
Achatschalen 82
Adrar 126
Agate Creek 140
Agouim 124
Calau-Plieskendorf 115
Albersweiler 99
Alianza (Allanza) 134
Amplepluis 109
Aouli 124
Apache-Achat 66
Äquidistantengesetz 54
Aradon Pty. 145
Arenrath 102, 103
Artigas 138
Atcllachat 104
Augenachat 26, 132
Ausflusskanäle 22
äußerer Rhythmik 52
Ayas 122

Backesberg 94
Baden-Baden 117
Baker Eggs 33, 132
Balyktykol 128
Bandachat 27
Banyan Springs 140
Bärenstein 113
Basaltdecken 136
Baumholder 91, 94
Baumstein 32
Bay of Fundy 130
Bean-Field-Achat 48
Beckers, Joachim 77
Berg Burugdi 129
Bergen 94
Bernhard, Steinbruch 94
Bezdečín 120, 123
Bibel 10
Bighorn-Gebiet 132
Bilderachat 28
Biscuit 132
Blackskin-Achate 129
Black Soil Creek 140
Blue Hole 119
Bohrer, Jürgen 82
Bou Lili-Achat 126
Brecienachat 43, 63
British Columbia 130
Brunke, Herbert und Torsten 73
Brustschild des Hohen Priesters 11
Bulenauge 26
Burn Anne 119

Cabochon 77
Cannitello 9
Canon de Atuel 139
Carillo, Hector 67
Carnarvon 32
Carneol/Karneol 40
Carneros 134
Cerro Mesteno 67
Cerro Victoria 139
Chalcedon 14, 30, 47
Chausse-Schleife 71

Cheviot Hills 119
Chimney Beds 131
Chrysopras 31, 142
Chukotka 122
Colle-de-la-Motte 118
Conejeros 134
Coprolith 24
Coyamo-Achat 33
Crazy Lace-Achat 62
Cronstedt 14
Cubuk 122
Cunnersdorf 106

Dahlheuser, Ralf 77
Dalhousie Junction 130
Darboussieres 118
Darcy's Camp 140
Day and Night-Plume 46
Deming 132
Dendrachat 32
Dendritenachat 32
Dendritenchalcedon 32
Deutsche Edelsteinmuseum 90
Deutscher Lapis 81
Dienstweiler 94
Donnereiachat 33, 61, 132
Donnereier 33
Donorojo 129
Dönschten 113
Donuts 81
Doubravice 120
Drillo 9
Dröschel, Rudolf 75
Dryhead-Achat 63, 131
Dulcote 118

Ebersbach 114
Eckenfelses 117
Eckersweiler 77
Edelsteindorado 96
Edelsteinklause 94
Ejido el Apache 134
Ejido Esperanza 134
El Sueco 134
Enhydros 34
Entgasungsschläuche 22
Erbes-Büdesheim 100
Eruptionskanäle 22
Eskisehir 122
Estacion Moctezuma 134
Ethiebeaton Quarry 119

Fairburn-Achat 63, 132
Färbung 68
Felsenkirche 90
Felsenschlag 116
Ferryden 119
Festungsachat 27, 37
Feuerachat 34
Finkenberg 94
Fischbachtal 91, 110
Flammenachat 36, 51
Flanagans 140
Flonheim 100
Fortifikationsachat 37
Freiberg 107
Freisener Höhe 96
Freisener Kreuz 96
Frejus 118
Fremdmineraleinschlüsse 18
Friedrichroda 116

Ga'ara-Senke 128
Galgenberg 94
Gangachat 38, 62
Garut 129
Gau-Algesheim 100
Gau-Bickelheim 100
Gehlberg 116
Geisberg 117

Gemmen 78
Gewinnung der Achate 65
Golutvin 122
Göttschied 94
Gozdno 120
Gravieren 77
Gröppendorf 114
Großschirma 110
Gunzenbach 117
Gyöngyös 109, 122
Halsbach 107, 110
Hanaishi 129
Hartmann, Bernd 82
Hartmannsdorf-Röthenbach 113
Hauskopf 117
Hawkes Bay 145
Heimbach 94
Heiterer Blick 104
Hellerberg 96, 97
Hennersdorf 115
Hettstein 71
High Speed Sander 74
Hilbersdorf 107, 110, 114
Hildegard von Bingen 12
Hinds River 145
Hirschfeld 115
Hirschsprung 113
Hohenstein-Ernstthal 104
Holosphärolith 96
Hoppstädten-Weiersbach 94
Horní Halže 122, 123
Hororata River 145
Hühnersedel 117
Iberg 117
Idar-Oberstein 91
Imsbach 99
Infiltrationskanal 22, 53, 135, 141
innere Rhythmik 52
intermittierende Thermen 54
Iris-Achat 39
isolierte Zentren 99
Jakobsberg 100
Jaspachate 120
Java Lace 129
Jekaterinenburg 109
Johnsbach 113
Juchem, Steinbruch 92
Kameen 78
Karaganda 128
Karneol 6, 40
Kascholong 123
Kemerovo 123
Kentucky-Achat 131
Kerrouchen 124
Kiesgrube Arcen 102
Kiesgrube Kirchhellen 102
Kippeffekt 96
Kirchberg 111
Kirschweiler Brücke 94
Kizilcahaman 122
Kleinpösna 115
Klodzko 120
Klopfengraben 117
Korallenachat 107
Krater-Achat 139
Kreuzermark 110
kryptokristallin 17
Kühler See 117
Kuhschnappel 104
Kurdjali 122
Kye 120
Lagensteine 78
Lake-Superior-Achat 64, 130, 131
La Manea 139
La Mojina 134
Landschaftsachat 41

Langheckerhof 99
Las Choyas 67
Lausitz 115
La Vigne 118
Lebach-Steinbach 98
Le Baron 134
Leisberges 117
Leisnig 114
Leiss 98
Lichtenberger Kreuz 112
Lichtenburg 127
Liebgens Mühle 113
Lierbachtal 117
Liesegang-Bänder 42, 55
Liparit 34
Lithophysen 33, 61, 118
Los Leones 139
Lubiechowa 120
Lucky Strike Mine 132
Luna-Achat 134
Lune River 140
Maikuduk 128
Maiskoje 128
Malargüe 139
Marlborough 142
Massif de l'Esterel 118
Matragebirge 109
Membran-Trümmerachat 43
Mendip 118, 119
Meuro 115
Michipicoten Island 130
Mochastein 32
Mokkasteine 10
Moneron 122
Monrose 119
Montana-Achat 132
Montana-Iris-Achat 81
Mookasteine 32
Moosachat 17, 44, 47, 132
Mount Bonanza 145
Mount Hay/Mt. Hay 141
Mount Somers 145
Mueller, Eugene 66
Mückenstein 32
Muggins Mountains 131
Müglitztal 106
Museum Idar-Oberstein 90
Mutzschen 114
Nack 100
Nanjing 129
Natur-Selbstdrucke 86
Naunhof 115
Negergeld 81
Nesselhof 116
Ngaba 126
Nierenberg 14
Nilkiesel 6
Nipomo 131
Nonnenwald 110
Novokusnez 123
Nowy Kosciól 120
Nuevo Casas Grandes 134
Oberbobritzsch 112
Obercarsdorf 113
Oberhof 116
Oberthal 98
Ojo Laguna 134
Onyx 14, 45, 100
Onyx-Bänderung 50
Opal-CT 61
Ottendorf-Okrilla 115
Otterwisch 115
Pähnitz 113
Paint-Rock-Achat 131
Parcelas-Achat 134
Paso Berwyn 139

Patagonien 139
Petry, Axel 72, 82
Petry, Emil, Karl und Reinhard 72
Pfeiffer, Joachim 124
Pilbara Block 64
Plinius d. Ä. 14
Plóczki 121
Plóczki Górne 120
Plume-Achat 46, 132
Polditz 114
Poliereinheit 77
Politur 72, 75
Polka dot-Achat 132
Polygonal-Achate 137
Porosität 18
Porzellan-Achat 141
Postler, Heinz 85
Priday-Plumes 46
Priday Ranch 33, 132
Przezdziedza 120
Psaronien 24
Psaronius 114
Pseudomorphosen 17
Puma-Achat 139
Rakaia 145
Rancho Agua Nueva 134
Rancho Aparejos 134
Rancho Coyamito 134
Rancho Derramadero 134
Rancho el Agate 134
Rancho Gregoria 134
Rappenhalde 117
Redwood 24
Regenbogenachat 39
Reichweiler 94
Rhyolith 143
Rimsberg 94
Rio Grande do Sul 136
Rockhampton 142
Röhren 22
Röhrenachat 26, 47
Rosana 119
Rosinenbusch 111
Röthenbacher Berg 113
Rutbah 128
Rutscheij Batha 128
Saalhausen 115
Sagenit-Achat 48, 131
Salto do Jacui 136
Sanitatis 10
San Rafael 139
Sarder 14, 50
Sardinien 120
Sardonyx 6, 14
Sardsteine 78
Saum-Achat 62
Saurierknochen 24
Schatanskoje 109
Schattenachat 96
Scheibenwiesen 111
Scheinfasern 17
Schleiferstube 94
Schleifgeräte, -maschinen 74, 75
Schleifsteine 71
Schloß Freudenstein 108
Schlottwitz 106
Schmelztropfentheorie 56
Schneekopfskugeln 116
Schneiden 72
Schnellbach 116
Schwarzfärbung 69
Seebachfelsen 116
Selbstorganisation 56
Selbstorganisationsphänomen 42
Semipalatinsk 128
Sergeyevka 122

Setz, Steinbruch (Idar-Oberstein) 94
Setz, Steinbruch (Saarland) 98
Sidi Rahal-Asni 124
Sierra de Chachahuen 139
Sierra del Gallego 134
Sierra Pintada 139
Silikatgewächsbildung 45
Simpson's Gully 140
Sir Paul Howard 140
Sizilien 9, 120
Skala Eressos 8
Souris-Achat 130
Sphärolithe 59
Spring Creek 140
Spritzlöcher 22
St. Egidien 104
Steigerberg 100
Steinbruch Peter 117
Steinkaulenberg 65, 94
Steinmosaikherstellung 86
Steinversteigerungen 72
St. Louis 131
Sulzburg 117
Süßenbach 111
Tampa Bay 131
Tebic-Bochovice 109
Tepee Canyon 132
terra mineralia 108
Teufelsgrund 117
Teufelskanzel 98
The Gorge 140
Theophrastos 6
The Saddle 140
Tiefquarz 17
Timan-Bergkette 122
Toparkol 128
Torno-Leippe 115
Trenton 131
Trümmerachat 43, 63
Tube-Achat 26
Tuttendorf 110
Tuxedo-Achat 70
Tyndall-Effekt 18
Uhl, Karl 72
Union Road-Achat 131
Uruguay-Achat 50
Uruguay-Bänderung 8, 17
Usan 119
Vernon 130
Waldhambach 99
Wäschertskaulen 94
Wasser-Achat 34
Wassergehalt 21
Wave Hill Pastoral Station 140
We(e)senstein 106
Weiherschleife 72, 73
Weilers 102
Weiselberg 65, 92
Wendelsheim 100
Wendishain 113
Wild, Manfred 85
Windischleuba 113, 116
Windradbau Freisen 97
Wladiwostok 122
Wolkenachat 36, 51
Wolmeransstad 127
Woodward Ranch 46, 132
Woolshed Creek 145
Wüste Gobi 129
Yozgat 122
Yuhua Stones 129
Zaër-Zaïane 124
Zeischa 115
Zelecnice 120
Zick-Zack-Achate 122, 123
Zufuhrkanäle 22

Sammlungsnachweis

Beckers, Joachim (Mönchengladbach): 101/2; 102/2, 4; 103/2.
Berndt, Gabriele (Kiel): 63/3; 92/4; 125/1, 3, 5; 127/1; 132/2; 133/3; 134/6; 139/6.
Brand, Georg (Schauren): 3.
Bohrer, Günter (Idar-Oberstein): 136/3; 137/6.
Crawford, Nick (Wiltshire, England): 119/1, 3, 4.
Cross, Brad (Pflugerville, USA): 37/1; 134/5; 147/1; 148/3; 154/11; 155/7.
Dahlheuser, Ralf (Kürten): 102/1; 103/3.
Dröschel, Rudolf (Idar-Oberstein): 27/2; 29/1, 2; 42/2; 93/1, 3; 95/3; 98/1; 148/8.
Freels, Karin (Idar-Oberstein): 95/4.
Freund, Achim (Freiberg): 111/1; 113/4.
Gorrie, Jack (USA): 44/1.
Gross, Hans-Jürgen (Hamburg): 24/1, 2; 25/3.
Haake, Reiner (Freiberg): 20/1; 104/1; 105/5. 106/1, 2, 4; 107; 109; 112/2; 113/3; 116/1, 2, 4.
Howard, Sir Paul (Australien): 140/3; 141/3.
Hübner, Siegmund (Maintal): 29/1, 2, 3, 5; 96/1; 97/5; 101/3, 5; 135/1; 136/1; U4/5.
Huber, Robert (Oppenau): 33/1; 117.
Jeckel, Peter (Worms): 127/4.
Jacob, Thorsten (Schrobenhausen): 15/1; 105/6; 134/2.
Jauernig, Falko (Hainichen): 105/3, 4.
Kayes, Don (Australien): Titelseite/2, 33/2; 143; 144.
Krammer, Gerhart (Cottbus): 122/1, 2; 123/5.
Körber, Thomas (Merzenich): 106/3.
Körner, Fr. (Wachsenburggemeinde): 116/3.
Mayer, Dietrich (Eppstein): Titelseite/5; 2; 25/4; 55; 95/2, 97/4, 6; 100/1, 2; 101/4; 105/2; 118/1; 121/1, 2, 3; 122/3; 123/6; 124/1, 2, 3; 126/1; 127/2; 131/1; 132/4; 135/1; 137/5, 6; 139/5; 140/2; 141/5.
Mohr, Dr. Carsten (Bühlertal): 16/4; 123/8, 9; 128/2, 3; 135/6; 137/4.
Moore, Dr. Douglas (Stevens Point/USA): 26/1, 2, 3; 132/1; 148/12.
Moxon, Dr. Terry (Cambridge/England): 64.
Müller, H.-D. (Selm): 28/4; 38/1; 43/1; 98/2-6; 101/1; 102/3; 151/7.
Müller, Sieghard (Koblenz): 28/2.
Museum Edinburgh (Schottland): Titelseite/3; 119/5.
Museum Idar-Oberstein: 85; 88; 92, 95/1.
Naturhistorisches Museum Wien (Österreich): 7/1; 26/4; 80/4; 120/1; 148/7; 149/11.
Noack, Roland (Worms): 103/1; 105/7; 115; 138/3; 139/1.
Ouidhuis, Rene (Biest-Houtakker/NL): 129/4.
Parpart, Peter (Ascheberg): U4/4.
Peitscher, Günter (†, Marl): 32/2, 86.
Pfeiffer, Joachim (Aguelmous/Marokko): Titelseite/1; 16/3; 17; 124/4; 125/2, 4, 6.
Postler, Heinz (Hettenrodt): 84/2.
Rayer, Henk (Venlo/NL): 21/2; 50/4; 47/2; 118/2; 133/2; 148/6.
Schäfer, Klaus (Idar-Oberstein): 127/3.
Schäfer, Rainer-Maria (Freisen): 51/2; 95/5; 96/2; 97/3.
Schmidt, Ralf (Suhl): 123/7.
Schneider, Ekkehard (Kirschweiler): 32/1; 83.
Schuler, Albert (Idar-Oberstein): 138/1.
Schwarz, Dr. Dieter (Cottbus): 113/3; 114/2.
Schynschetzki, Helmut (Freiberg): 110.
Setesdal Mineral Park (Evje/Norwegen): 87.
Stubenrauch, Klaus (Mainz): 51/1; 99/1, 2; 100/3; 138/2.
TU Bergakademie Freiberg/Sachsen: 114/1.
van der Zalm, Leo (Giethoorn/NL): 16/1; 50/2; 141/1, 4.
Waeger, Wolfgang (Ebersberg): 17; 125/2, 4, 6.
Wild, Harald (Idar-Oberstein): 81/2, 5.
Wild, Manfred (Fa. Emil Becker; Kirschweiler): 1, 5, 84/1; U4/1.
Willmann, Erich (Hamm/Westfalen): 148/9.
Yamada, Hideharu (Tokio, Japan): 129/2, 3; 153/6; 154/7.
Zeitvogel, Heinrich (Ingolstadt): 99/3.
Zenz, Johann (Gloggnitz/Österreich): 6; 7/2-3; 9/1-2; 15/2; 16/2; 18/1-2; 19/1-3; 20/3,4,5,6,8; 21/1-4; 22/1-2; 23/1,3; 27/1; 28/1; 30/1-2; 31/1-2; 33/3; 34/1; 35/1-2; 36/1-2; 38/2; 39/1-5; 40/1-2; 41/1-3; 42/1; 43/2-3; 44/2; 45/1-4; 46/1-2; 47/1-2; 48/1-2; 49/1-2; 50/1-3; 54/1-2; 57; 58/1-3; 59/1-4; 60/1-5; 61; 62/1-8; 63/1-2; 70/2-3; 71/3; 80/2,3,5; 81/1,3,4; 86/1-3; 88/2; 89/1; 118/3; 119/2; 121/5; 122/4; 126/2-3; 128/1,4; 129/1-3; 130/1,2,4; 131/2-4; 133/5-6; 134/2-4; 135/4-5; 136/2; 139/2,6; 147/2-6; 148/1,2,4,10,11; 149/1-10,12; 150/1,3-7,9-12; 151/1-6,7-9,12; 152/1-5,9; 153/1-2,4-5,7-8,9-11; 154/1-3,5-10,12; 155/1-6,8-10; 156/1-8,10-12; 157/1-2,5-7.

Fotonachweis

Bode, Rainer (Haltern am See): 1; 2; 3,; 15/1; 16/1, 4; 21/1; 23/2; 24; 25; 28; 29/3-5; 32; 33/1, 2; 37/2; 38/1; 51/2; 55; 63/3; 65; 66; 67/4; 70/1; 74/1-3; 75/4-6; 76/7; 78, 79/3-5); 81/2, 5; 82; 85; 86; 87; 88; 89; 90/3; 92; 93/2, 4; 94; 95/1, 2, 4, 5, 6; 96/1, 2; 97; 99/3; 100/1, 2; 101-107; 108/1, 2, 3; 109-115; 116/1, 2, 4; 117; 118/1, 2; 120/1-3; 121/1-3; 122/1-3; 123/5, 6, 8, 9; 124/1-3; 125/1, 3, 5; 126/1; 127/1, 2, 4; 128/2, 3; 129/4; 131/1; 132/2, 4; 133/2, 3; 134/2, 6; 135/1, 6; 136/1, 3; 137; 138/1, 3; 139/1, 5, 6; 140/2; 141/1, 4, 5; 143; 144; 148/6; 150/2, 8; 151/11; 152/6, 7, 8, 10, 11; 153/3, 9; 155/11, 12; 156/9; 157/3, 8.
Bode, Kristina (München): 67/2, 3.
Brunner, Hermann (München): 16/3, 124/1.
Crawford, Nick (Wiltshire, England): 44/1; 119/1, 3, 4.
Cross, Brad (Pflugerville, USA): 37/1; 134/5; 147/1; 148/3; 154/11; 155/7.
Cullmann, Jürgen (Idar-Oberstein): 83.
Dröschel, Rudolf (Idar-Oberstein): 27/2; 29/1, 2; 42/2; 93/1, 3; 95/3; 98/1; 148/8.
Hosser, Fa. (Idar-Oberstein): 84/1, 2.
Howard, Sir Paul (Elanora, Australien): 140/3; 141/3.
Jahn, Dr. Steffen (Isernhagen): 73; 91.
Kayes, Don (Wycarbah, Australien): 142/1, 2.
Körner, Friedrich (Wachsenburggemeinde): 16/3.
Lorenz, Joachim (Karlstein): 20/2.
Martin, Jenny (Hoyerswerda): 120/4.
Moore, Dr. Douglas (Stevens Point/USA): 26/1, 2; 132/1; 148/12.
Moxon, Dr. Terry (Cambridge/England): 64.
Müller, Detlev (Freiberg): 108/4.
Müller, H.-D. (Selm): 98/2-6; 151/7.
Museum Edinburgh (Schottland): 119/5.
Naturhistorisches Museum Wien: 148/7; 149/1;
Schäfer, Klaus (Idar-Oberstein): 127/3
Schmidt, Ralf (Suhl): 123/7
Stubenrauch, Klaus (Mainz): 51/1; 99/1, 2; 100/3; 138/2
Waeger, Wolfgang (Ebersberg): 17; 125/2, 4, 6:
Willmann, Erich (Hamm): 148/9;
Yamada, Hideharu (Tokio, Japan): 129/2, 3; 153/6; 154/7.
Zenz, Erika (Gloggnitz/Österreich): 15/2; 16/2; 19/1-3; 20/3,5,6; 23/1,3; 47/1; 49/2; 54/1; 57; 58/2-3; 59/1-4;
Zenz, Johann (Gloggnitz/Österreich): 6; 7/2-3; 9/1-5; 10/li.; 11/1-3; 12/1-4; 13/1-7; 14/1-4; 18/1-2; 20/4, 8; 21/1-4; 22/1-2; 27/1; 28/1; 30/1-2; 31/1-2; 33/3; 34/1; 35/1-2; 36/1-2; 38/2; 39/1-5; 40/1-2; 41/1-3; 42/1; 43/2-3; 44/2; 45/1-4; 46/1-2; 47/2; 48/1-2; 49/1; 50/1-3; 52; 54/2; 58/1; 60/1-5; 61; 62/1-8; 63/1-2; 70/2-3; 71/3; 74/4,; 75/4; 77/4-5; 78/2; 80/2,3,5; 81/1,3,4; 86/1-3; 88/2; 89/1; 118/3; 119/2; 121/5; 122/4; 126/2-3; 128/1,4; 129/1-3; 130/1,2,4; 131/2-4; 133/5-6; 134/2-4; 135/4-5; 136/2; 139/2,6; 147/2-6; 148/1,2,4,10,11; 149/1-10,12; 150/1,3-7,9-12; 151/1-6,7-9,12; 152/1-5,9; 153/1-2,4-5,7-8,9-11; 154/1-3,5-10,12; 155/1-6,8-10; 156/1-8,10-12; 157/1-2,5-7.

Der Autor

Johann Zenz, geboren 1960 in Neunkirchen/Österreich, absolvierte nach dem Abitur das Diplomstudium zum Lehrer für Hauptschulen und Polytechnische Lehrgänge (Deutsch, Musikerziehung, Informatik, Berufskunde). Anschließend arbeitete er als Lehrer in verschiedenen Schulen in Niederösterreich und ist zudem Schulbuchautor im Fach Deutsch.

Seit 1985 ist er als Professor für Didaktik und Schulpraxis an der jetzigen Pädagogischen Hochschule in Baden bei Wien in der Lehrerausbildung tätig, außerdem als Dozent für Deutsch und Musikerziehung am Pädagogischen Institut in Niederösterreich. Er ist Kulturpreisträger des Landes Niederösterreich für Musik (Komposition).

Johann Zenz entdeckte sein Interesse für Mineralien und Fossilien schon im Jugendalter. Heute ist er seit vielen Jahren Vorstandsmitglied verschiedener österreichischer Sammlervereine, hält Vorträge im gesamten deutschsprachigen Raum mit Schwerpunktthema „Achate" und schreibt als Autor für internationale Fachzeitschriften.

Sein wichtigstes Werk ist das 2005 im Bode-Verlag erschienene Buch ACHATE, das auch ins Englische übersetzt wurde. ACHATE II, das schwergewichtige Nachfolgewerk, erscheint im Mai 2009. Außerdem ist er seit vielen Jahren verantwortlicher Redakteur des ACHAT-Magazins der Zeitschrift MINERALIEN-Welt. Zahlreiche Sammelreisen zur Achatsuche, vor allem in den Südwesten der USA, verhalfen ihm unter anderem zu einer umfangreiche Achatsammlung von derzeit etwa 5000 Exponaten.

Alle Rechte vorbehalten
Copyright © 2009 by Rainer Bode, Haltern
Es dürfen keine Texte oder Bilder aus diesem Werk ohne schriftliche Genehmigung des Verlages gedruckt oder auf Datenträger gespeichert oder im Internet veröffentlicht werden.
Gedruckt in Deutschland
Gestaltung, Herstellungsleitung:
Rainer Bode
Druck: Rehms-Druck GmbH, Borken
ISBN: 978-3-925094-96-5
Verlags- und Bestelladresse:
Bode Verlag GmbH
Örter Pütt 28, 45721 Haltern
Tel. 02364-16107, Fax 02364-169273
www.bodeverlag.de
bode-verlag@t-online.de